DIE TRICKS DER GAUNER UND GANOVEN

INHALTSVERZEICHNIS

ZUM VERLAG

Seit 1995 bemüht sich der Verlag Kirchschlager um die Herausgabe anspruchsvoller Bücher zur Kriminalistik, Kriminologie und Kriminalgeschichte.

Aus diesem Grund führen wir die Handschelle im Verlagslogo.

KIRCHSCHLAGER

Für unsere Bemühungen um die deutsche Schrift und Sprache – wie die meisten unserer Veröffentlichungen so erscheint auch dieses Werk in alter, besserer Rechtschreibung – wurden wir 2012 mit dem Förderpreis der Stiftung Deutsche Schrift ausgezeichnet.

Wir folgen keinem »Mainstream«. Aus diesem Grund finden Sie uns auch nicht inmitten billiger Massenartikel oder auf fragwürdigen Bestsellerlisten.

Um unserer Leserschaft ein breites Sortiment an kriminalistischer und kriminalhistorischer Sachbuchliteratur zu bieten, scheuen wir auch vor »schweren oder speziellen« Manuskripten nicht zurück.

Weitere Informationen finden Sie auf unserer Internetseite www.verlag-kirchschlager.de.

VORWORT

Liebe Leserinnen, liebe Leser,

sind Sie schon einmal so richtig in die Falle eines Betrügers getappt? Wenn nicht, dann hat Sie entweder eine gesunde Portion Mißtrauen und Instinkt oder ein solides Wissen über die *Tricks der Gauner und Ganoven* vor größerem Unheil bewahrt. Damit Sie sich in Zukunft nicht nur auf Ihr Bauchgefühl verlassen müssen, will ich Ihnen in diesem Buch zeigen, was sich Bösewichte so alles einfallen lassen, um Geld aus den Taschen anderer Leute zu ziehen. Das allein wäre sicher eine interessante Lektüre, vergleichbar mit einem Taschenbuch voller Kurzkrimis oder – für Leser mit einem gestörten Verhältnis zum Eigentum anderer – eine Anleitung zum Handeln. Allerdings würde das an der Absicht, die ich mit meinem Buch verfolge, weit vorbei gehen. Aber keine Sorge, Straftäter – und besonders die Betrüger – sind auf ihrem Gebiet so »kreativ«, daß sie ihre eigenen Maschen nutzen und nicht auf meine Geschichten angewiesen sind.

Ihnen allerdings können sie helfen. Eine Frage: Würden Sie sich 50 Seiten gut gemeinter Tipps durchlesen, wenn sie nicht in interessante Geschichten eingepackt wären? Sicher nicht. Wirkungsvoll Kriminalprävention zu betreiben heißt immer, etwas von der Begehungsweise der Täter preiszugeben, um potentielle Opfer vor den Maschen zu warnen. Wir nicht über die üblen Methoden berichtet, tappt s manch einer ahnungslos in eine Falle, die er mit den entsprechenden Informationen rechtzeitig erkannt hätte. Und mal ehrlich, könnten Sie mit Warnmeldungen etwas anfangen, wenn Sie die Geschichte nicht kennen, vor der gewarnt wird? Also vergessen Sie das mit dem Nachahmungseffekt. Rechtsbewußte Bürger werden nicht zu Straftätern, wenn sie eine kriminelle Story hören, sehen oder lesen; und die andere Kategorie der Mitmenschen holt ihre Anregungen aus dem wahren Leben. Da spielen Tausende Krimis, Berichte über Straftaten und beliebte Fahndungs- oder Präventionsbeiträge in Radio und Fernsehen eher eine vorbeugende als stimulierende Rolle.

In meinem Buch finden Sie Hinweise, die Ihnen helfen, nicht auf üble Tricks hereinzufallen. Natürlich gibt es nie einen 100prozentigen Schutz, aber wenn Sie nur einige der Informationen beachten, haben Sie schon viel dafür getan, nicht Opfer einer Straftat zu werden. Das mit den Tipps habe ich mir nicht verkniffen, aber versprochen: Die sind schön in der Geschichte verpackt, auf keinen Fall aufdringlich und werden Sie nicht langweilen.

Für das Betätigungsfeld Kriminalität habe ich mich ganz bewußt entschieden. Allerdings nicht, um zu probieren, wie man sich damit am schnellsten bereichern kann, sondern um etwas dagegen zu tun. 1970 bin ich Kriminalist geworden. Genauer gesagt Kriminalassistent in der Deutschen Volkspolizei. Ich habe mir vorgenommen, die Kriminalität in der DDR zu bekämpfen. Das hört sich erst einmal nach nicht sehr viel Arbeit an, denn: »Die Kriminalität ist dem Sozialismus wesensfremd!«, so die offizielle Lehrmeinung. Der Haken daran war, daß sich einige Mitmenschen nicht an diese gesellschaftliche Gesetzmäßigkeit hielten und fleißig Straftaten begingen. Es wurde gemordet, vergewaltigt, geraubt, gestohlen und betrogen, wie es überall auf der Welt geschah, allerdings auf einem geringen Level. Das so zu beurteilen, gelang mir erst 25 Jahre später, als ich in meiner Heimatstadt – immer noch als Kriminalist – arbeitete und 1995 den bisherigen Höchststand der Kriminalität erleben mußte. Magdeburg hatte zu DDR-Zeiten, auf das Territorium unseres Landes bezogen, eine mittelmäßige Kriminalitätsbelastung. In unserem Teil von Berlin war dagegen bedeutend mehr los. Wir haben die Berliner deshalb nicht unbedingt bedauert, denn als Äquivalent für diese Unannehmlichkeit hatten diese »Spee gekörnt«, Pflaumenmus, Rosenthaler Kadarka, H-Milch und noch so einige Vorteile, die über das unangenehme Gefühl einer höheren Kriminalitätsbelastung hinweghalfen. Etwas beneidet haben wir allerdings damals die Kollegen in der autonomen Gebirgsrepublik Suhl (inoffizielle, interne Bezeichnung für ein friedliches Bergvölkchen an der Grenze zur Bundesrepublik). Die kannten fast keine Kriminalität. Bedingt sicherlich auch dadurch, daß potentiellen Räubern der Fluchtweg in mehrere Richtungen durch einen extrem hohen Zaun versperrt wurde.

Pro Jahr zählten wir damals im VPKA Magdeburg zwischen 6.000 und 8.000 Straftaten. Bedenkt man, daß in Magdeburg zu dieser Zeit rund 290.000 Einwohner lebten, war das nicht sehr viel. Mit der Öffnung der Grenzen änderte sich das Verhältnis rasant. Bis zum Jahr 1995 war die Kriminalität auf rund 62.000 Delikte angestiegen. Das bekam die Polizei – und vor allem die Bevölkerung – schmerzlich zu spüren. Die Einwohnerzahl war bis 1995 auf 257.656 geschrumpft und nahm in den Folgejahren immer mehr ab.

Diese beiden Zahlenwerte für Magdeburg, also 6.000 bis 8.000 zu DDR-Zeiten und 62.000 im Jahr 1995 im vereinten Deutschland, möchte ich aber nicht kommentarlos stehen lassen. Zwar wurde jedes Delikt, das nach dem Strafgesetzbuch strafbar war, ebenso als ein Fall registriert wie in den Jahren nach der Wende, es gab aber einen Umstand, der die Zahlen in einem etwas anderen Licht erscheinen läßt. In der DDR gab es eine gesetzliche Regelung, die es – ganz legal – ermöglichte, bestimmte strafbare Handlungen nicht in der Kriminalstatistik erscheinen zu lassen. Ich rede von sogenannten »Verfehlungshandlungen«. Das heißt, wenn jemand im Konsum eine Flasche Goldbrand stahl, die 14,50 Mark kostete, und sich dabei noch erwischen ließ, wurde gegen ihn eine Anzeige wegen Diebstahls erstattet. Diese Anzeige ging aber, wenn der Täter nicht schon einschlägig vorbestraft war, wegen Geringfügigkeit als »Verfehlungshandlung« an ein gesellschaftliches Gericht und wurde nicht in der Kriminalitätsstatistik erfaßt. Der Übeltäter wurde also von einer Schiedskommission (im Wohngebiet) oder einer Konfliktkommission (in einem volkseigenen Betrieb) zur Wiedergutmachung des Schadens, Entschuldigung beim Opfer, gemeinnütziger Arbeit oder ähnlichem verurteilt. Das geschah zudem relativ zeitnah, was durchaus erzieherische Wirkung zeigte. Würde man die Anzahl der Verfehlungshandlungen, zu denen auch Beleidigung und die leichte Ohrfeige zählten, und den Umstand, daß das Territorium des VPKA Magdeburg etwas kleiner war als das der späteren Polizeidirektion Magdeburg, in der Kriminalstatistik mit berechnen, wären wir in der damaligen Bezirkshauptstadt bei 10.000 oder etwas mehr Straftaten gelandet. Immer noch meilenweit entfernt von den 62.000 im Jahr 1995.

In den Jahren nach 1990 hat sich die Kriminalität auch in ihrer Intensität sehr verändert. Gewaltstraftaten wurden brutaler begangen, Drogenkriminalität spielte plötzlich eine erhebliche Rolle in Form der Beschaffungskriminalität und Einbrüche häuften sich in vorher nie gekanntem Ausmaß. Was aber im Hinblick auf Vielfalt und Häufigkeit gerade in den 1990er Jahren ein absolutes Novum darstellte, waren die Tricks, mit denen Gauner und Ganoven als Betrüger und Diebe auftraten. Es betraf – und betrifft noch immer – alle Schichten der Bevölkerung, aber ganz besonders häufig diejenigen, die ohnehin nicht gerade mit Reichtum gesegnet sind.

In meinen Dienstjahren bei der Kriminalpolizei hat sich einiges an Kriminalgeschichten angehäuft. Das Material für dieses Buch stammt aus Strafakten, Pressemeldungen und anderen öffentlich gemachten Informationen der Polizei.

Die geschilderten Fälle sind ausnahmslos authentisch. Um die Persönlichkeitsrechte zu schützen, wurden Namen von Personen und Unternehmen verändert. Orte habe ich anonymisiert.

In jedem geschilderten Fall gibt es Opfer – das ist eine traurige Sache –, doch die Umstände, die den Fall begleiten, sind häufig so außergewöhnlich, daß Sie ruhig mit mir gemeinsam darüber schmunzeln dürfen.

Also dann, viel Spaß beim Lesen und bleiben Sie schön wachsam!

Lothar Schirmer
Kriminalrat a. D.

I

TRICKBETRÜGER

Trickbetrüger machen gerne »Hausbesuche« und kennen viele Wege, sich Ihr Mitleid oder Ihr Vertrauen zu erschleichen. Sie gehen nicht mit Gewalt vor, ihre Waffe ist das Wort. Sie verstehen es, ihre Opfer einzuwickeln, um auf diese Weise an ihr Ziel zu kommen.

Es tauchen also plötzlich Leute auf, die wollen ihren Zähler ablesen, Leitungen überprüfen oder Rentenbescheide kontrollieren. Manche benutzen auch die Mitleidsmasche, täuschen Ohnmacht, Übelkeit oder Schwangerschaft vor. Andere geben vor, Umfragen durchzuführen oder Blumen für die Nachbarn abzugeben. Wieder andere sprechen Sie auf der Straße an oder suchen sich ganz gezielt Geschäftsleute für Ihre Maschen aus. Aber alle wollen nur eines: Ihr Geld! Wie Sie sich vor diesen Gaunern schützen können, erzähle ich Ihnen in den nachfolgenden Geschichten.

Das Strafgesetzbuch (StGB) beschreibt im § 263 den Betrug. Im Absatz (1) heißt es dort:

Wer in der Absicht, sich oder einem Dritten einen rechtswidrigen Vermögensvorteil zu verschaffen, das Vermögen eines anderen dadurch beschädigt, daß er durch Vorspiegelung falscher oder durch Entstellung oder Unterdrückung wahrer Tatsachen einen Irrtum erregt oder unterhält, wird mit Freiheitsstrafe bis zu fünf Jahren oder mit Geldstrafe bestraft.

Hört sich erst einmal kompliziert an, sagt aber nichts anderes, als daß da einer durch eine Täuschung bei einem anderen einen Irrtum erregen muß, der dann auch noch dazu führt, daß dieser sein Geld rausrückt. Auch wenn Sie es nie so formuliert haben, kennen Sie das Gefühl, das Sie kurzerhand sagen läßt: Das ist doch Betrug! Und meist liegen Sie damit sogar richtig. Aber nicht jeder Betrug ist eine Straftat im Sinne des Strafgesetzbuches. Manchmal ist das, was uns die Zornesröte ins Gesicht treibt, einfach »nur« eine Gratwanderung zwischen einer unseriösen Geschäftspraxis und einer Straftat. Hin wie her, die Betroffenen sind in jedem Fall gebeutelt. Noch etwas: So richtig »sortenrein« gehen Trickbetrüger meist nicht vor. Wenn sie die Gelegenheit haben, stecken sie auch gern etwas ein, was ihnen so zwischen die Finger kommt – und schon sind sie Trickbetrüger und Dieb in einer Person.

DIE MITLEIDSMASCHEN – AUSGENUTZTE HILFSBEREITSCHAFT

1. Der betrügerische Möchtegern-Juwelier

Frau D. war schon über 80 Jahre alt und dennoch geistig und körperlich in guter Verfassung. An einem Nachmittag sprach sie ein etwa 70jähriger, gut gekleideter Mann in einer Einkaufspassage an und plauderte einige Minuten mit ihr. Als sie nach gut einer Stunde wieder in ihrer Wohnung war, die sie gemeinsam mit ihrem 87jährigen Mann bewohnte, klingelte es an der Tür und ihr flüchtiger Bekannter aus der Einkaufspassage stand vor ihr. Nun stellte er sich mit dem Vornamen »Max« vor und erklärte, daß er ein jüdischer Juwelier aus Zürich sei. Weil er das Gespräch in der Einkaufspassage als sehr angenehm empfunden habe, käme er nicht umhin, sie zu Hause aufzusuchen und ihr (und ihrem Gatten) ein Geschenk zu machen. Beeindruckt von so viel Höflichkeit, baten die Rentner den Herrn in die Wohnung und bewirteten ihn mit Kaffee. Während der gemütlichen Kaffeerunde holte der Herr zwei goldfarbene Uhren aus der Tasche und schenkte sie dem Ehepaar. Mit der Sachkunde eines Juweliers erklärte er ihnen, daß es Qualitätsuhren im Wert von 1.500 Euro seien.

Kurz nach dieser gönnerhaften Schenkung fragte er, ob die Rentner ihm mit einigen hundert Euro aushelfen könnten. Er komme zur Zeit nicht an Bargeld, benötige dies aber dringend, weil er sein Auto, das beim Zoll stünde, auslösen müsse. Noch unter dem

Eindruck der großzügigen Schenkung begab sich der Ehemann ins Schlafzimmer und kam mit einem großen Bündel 50-Euro-Scheine wieder, von denen er 550 Euro für den Gast abzählte.

Mit einem herzlichen Dankeschön verabschiedete sich der vermeintliche Juwelier, und alle wären zufrieden gewesen, wenn die Geschichte nicht am Folgetag ihre Fortsetzung gefunden hätte. Da klingelten unverhofft ein Mann und eine Frau, beide um die 60 Jahre alt, bei den Rentnern. Die Fremden stellten sich als Kriminalbeamte vor und erklärten, daß sie den Herrn vom Vortag als Betrüger festgenommen hätten. Jetzt müßten sie Spuren als Beweismittel sichern.

Die angebliche Kriminalistin notierte sich am Küchentisch die Aussagen der Rentner, während sich ihr Partner mit einer Taschenlampe (!) zur »Spurensicherung« ins Schlafzimmer begab. Nach fünf Minuten war der Spuk vorbei und die beiden Besucher verabschiedeten sich. Mit ihnen verließen knappe 15.000 Euro, die von den Rentnern in einer Kassette im Schlafzimmer aufbewahrt wurden, die Wohnung.

Eine böse Geschichte, die Sie unbedingt weitererzählen sollten mit dem dringenden Hinweis, keine Fremden in die Wohnung zu lassen, stutzig zu werden, wenn Sie einfach so beschenkt werden, und nur so viel Geld zu Hause aufzubewahren, wie Sie für das tägliche Leben benötigen.

2. Der ausgeraubte Adlige

Adel verpflichtet« lautet ein allerorts bekanntes Sprichwort. Adel scheint aber auch noch etwas anderes auszulösen, nämlich Glaubwürdigkeit und – bei denen, die von Adligen angesprochen werden – spontane Hilfsbereitschaft.

Das konnte jedenfalls ein Betrüger erleben, der sich über mehrere Jahre mit der »Adelsmasche« über Wasser hielt. An Autobahnraststätten versuchte er, per Anhalter mitgenommen zu werden, und gaukelte den Fahrern vor, daß er in Spanien ausgeraubt worden und nun völlig mittellos sei. Mit der Redegewandtheit des Hochstaplers Felix Krull suggerierte er seinen Gesprächspartnern, daß er Adliger sei, und brachte sie dazu, ihm – selbstverständlich nur leihweise – 50 oder 100 Euro auszuhändigen. Selbstredend sahen die Gutgläubigen keinen Cent des Geldes je wieder. Eine Überprüfung des angegebenen Adels-

sitzes verlief ebenfalls negativ. Zumindest einige haben Anzeige erstattet, weitaus mehr aber haben mit Ärger über sich selbst die Sache auf sich beruhen lassen.

Sie sollten einfach wissen: Es gibt sie noch, die qualifizierten Hochstapler, die mit blumenreichen Reden die Portemonnaies fremder Menschen öffnen und so ohne Arbeit gut durchs Leben kommen. Passen Sie auf, daß Sie nicht solch einem auf den Leim gehen.

3. Die attraktive Überredungskünstlerin

Also ich will es mal so sagen: Wenn die junge Frau, von der ich nun berichte, bei einer Versicherung arbeiten würde, dann hätte sie mit Abstand die höchste Quote an abgeschlossenen Versicherungen in ihrem Team. Aber was macht diese Frau mit ihrer gottgewollten Gabe, Leute zu überreden, Geld lockerzumachen? Sie begibt sich auf die schiefe Bahn und betrügt ohne Ende.

Ihr Einzugsgebiet erstreckt sich von der Schweiz bis nach Deutschland und die Opfer sind gestandene Leute mittleren Alters genauso wie Rentner. Vielleicht half ihr bei ihrem schändlichen Tun auch ihr gutes Aussehen. Von allen Geprellten wurde sie als attraktive Mittdreißigerin mit langem schwarzem Haar und einer super Figur beschrieben.

Auf der Straße, in Einkaufszentren, Restaurants und Cafés sprach sie Personen an, spiegelte eine

akute Notlage vor und bat um eine finanzielle Unterstützung. Da war die Rede von Mietschulden und der Drohung, sie würde mit ihren drei Kindern auf die Straße gesetzt werden, von einem Pfändungsbescheid, der – durch ihren geschiedenen Mann verursacht – nun sie vor die Alternative setzte, zu bezahlen oder ins Gefängnis zu wandern, oder von einer dringenden Operation ihres Kindes.

Bei einigen ihrer Opfer hielt der Kontakt über mehrere Tage an, bis sie endlich bares Geld sah. Umgerechnet insgesamt gut 114.000 Euro flossen in ihre Tasche – vor dieser zweifelhaften Erfolgsquote muß ich neidlos den Hut ziehen.

Ihnen kann ich nur empfehlen, sich die Leute, denen Sie finanziell helfen wollen, gut anzuschauen. Nicht hinter jeder attraktiven Fassade verbirgt sich auch ein edelmütiger Kern.

4. Nicht überall, wo »Rolex« drauf steht, ist »Rolex« drin

Ich weiß nicht, was sie an sich haben, die Betrüger, die sich mit dem sogenannten »Judentrick« ihr Geld verdienen. Ich weiß nur, daß genügend Leute auf ihre Masche reinfallen.

Unlängst suchten zwei Ganoven in einem Café den Kontakt zu einem älteren Herrn.

Sie erklärten, daß sie Juden seien und ihre Familie seit Kriegsende in Deutschland lebe. Dann folgte eine rührende Geschichte von einem verstorbenen Verwandten in Israel, zu dessen Beerdigung man fliegen wolle, aber dafür nicht genügend Geld habe. Weil die

Herren recht freundlich waren und auch sofort die Rechnung im Café übernahmen, erklärte sich der Senior bereit, ihnen das Geld auszulegen, zumal ihm dafür zwei angeblich echte Rolex-Uhren als Pfand überlassen wurden.

Es verging keine Woche, da tauchten an der Wohnungstür ein Mann und eine Frau auf, die sich als Kriminalpolizisten vorstellten. Sie berichteten von den beiden Juden, die als Betrüger entlarvt und mit Falschgeld aufgegriffen wurden. Da nun der Verdacht bestünde, daß die zwei das Falschgeld von dem Senior bekommen hätten, müßten sie das vorhandene Bargeld des Herrn überprüfen. Gesagt, getan. Der völlig verschreckte Mann holte seinen Sparstrumpf mit einigen tausend Euro hervor und übergab es bereitwillig zur Prüfung.

Na ja, Ihnen muß ich nicht erzählen, daß die vermeintlichen Kriminalisten die Komplizen der angeblichen Juden waren.

All das wäre nicht passiert, wenn man erstens nicht so leichtfertig Fremden Geld leihen würde, und zweitens beim Auftauchen angeblicher Polizeibeamter nach dem Dienstausweis und zum Vergleich auch noch nach dem Personalausweis oder dem Führerschein fragen würde.

5. Die Reise nach Jerusalem

Wenn ich nicht wüßte, daß sie wirklich stimmen, würde ich die eine oder andere Geschichte, die ich Ihnen erzähle, nicht für möglich halten. So auch die folgende von einer Frau aus einem kleinen Ort nahe der Landeshauptstadt.

An drei verschiedenen Tagen wurde sie von einem Ausländer besucht, der ihr ein zwölfteiliges Topf-Set und an den darauffolgenden Tagen jeweils ein Messer-Set hinterließ. Einfach so ... Bei den vertraulichen Gesprächen, die er mit der Frau führte, erzählte er, daß er ein ungarischer Jude und sein Lebenstraum eine Reise nach Israel sei. Da ihm dafür aber das Geld fehle, suche er dringend jemanden, der ihm die erforderliche Summe vorstrecke.

Die gute Frau war offensichtlich die richtige Kreditgeberin. An wiederum drei aufeinanderfolgenden Tagen holte sie jeweils einen Geldbetrag von der Bank oder aus dem Automaten, so daß der vermeintliche Gläubige, den es angeblich zu den Wurzeln seiner Religion zog, am Ende 7.000 Euro in seine Tasche stecken konnte.

Blumige Reden können manchmal wie Alkohol wirken: Sie vernebeln das Denkvermögen und führen zu solchen Fehlleistungen.

Wenn Sie mich fragen: Religiöse Stätten sucht der Täter schon deshalb nicht auf, weil ihn dort mit Sicherheit der Blitz treffen würde.

6. Je rührseliger die Geschichte, desto mehr Geld fließt

Daß Täter sich die Mitleidsmasche aussuchen, um ihren Mitmenschen Geld aus der Tasche zu ziehen, ist eine Methode, die so alt ist wie Methusalem. Die Varianten dieser Mitleidsmaschen haben indes immer neue Gesichter.

In einer Kleinstadt ganz in der Nähe suchte ein 25jähriger Mann aus Bremen mehrfach auf durchaus vertrauensselige Art und Weise Kontakt zu einem Herrn. Eigentlich wollte er die neue Bekanntschaft nutzen, um ein paar Töpfe oder Messer-Sets zu verkaufen. Weil das Verkaufsgeschäft aber nicht so recht in Gang kommen wollte, schilderte er mit vielen Emotionen seine Familiengeschichte und das große Leid, das ihm widerfahren sei. Jude sei er, aus Israel. Und eben dort gab es einen Todesfall in der Familie.

Hin wie her, ihm fehle einfach das Geld für den Flug und die Beerdigungskosten. Das muß bei dem älteren Herrn so das Herz gerührt haben, daß er dem bedauernswerten Geschöpf 5.000 Euro übergab. Bedenken an der Glaubwürdigkeit dieses Möchtegern-Juden kamen ihm erst einige Tage nach der Geldübergabe. Der Mann erstattete Anzeige, woraufhin die Polizei den Betrüger dingfest machte. Eine Handlung haben sie ihm nachgewiesen, aber wer Reisender in solchen Dingen ist, der hat bestimmt noch mehr auf dem Kerbholz.

Wenn Ihnen dieser Typ begegnet ist und Sie noch keine Anzeige erstattet haben, dann rufen Sie schnell mal bei der Polizei an.

7. Der Geld-Koffer-Trick

Wenn man in einem fremden Land lebt, dann ist man gern bereit, Landsleuten zu helfen, wenn diese Hilfe benötigen. So ungefähr muß auch die junge Jugoslawin empfunden haben, als ein Landsmann die in Deutschland lebende Frau darum bat, bei einem Geschäft zwischen ihm und einem Ägypter zu dolmetschen. Beide Herren gaben vor, Schmuckhändler zu sein, die einen Goldverkauf abwickeln wollten. Man traf sich in einem Café in entspannter Atmosphäre, und die Frau übersetzte vom Jugoslawischen ins Englische und umgekehrt. Als das Geschäft abgewickelt werden sollte und der Jugoslawe das Gold bar in Euro-Scheinen bezahlen wollte, erklärte der Ägypter plötzlich, daß er nur Scheine nähme, die frisch von der Bank kämen. Da fing das hausgemachte Problem an. Der Jugoslawe hatte weder ein deutsches Konto noch eine EC-Karte bei sich. Nun kam die Dolmetscherin ins Spiel. Sie wurde gebeten, 1.500 Euro abzuheben und diese dem Ägypter zu übergeben; dafür würde sie die 1.500 Euro des Jugoslawen

bekommen. Gesagt, getan, das Geld wurde abgehoben, von dem Jugoslawen in ein Kuvert gesteckt und in einem Diplomatenkoffer verstaut. Jetzt erklärten die beiden Männer, daß sie das Gold holen gingen; die Frau solle so lange mit dem Geldkoffer im Café warten. Nach der Rückkehr würde dann Geld gegen Gold getauscht.

Schön eingefädelt. Als sich die beiden nach einer Stunde noch nicht eingefunden hatten, schaute die hilfsbereite Frau im Koffer nach und mußte feststellen, daß sich im Kuvert nur Papierschnipsel befanden. Zu dem herben Verlust des Bargeldes bekam sie obendrein die Rechnung vom Kellner präsentiert. Muß ich dazu noch etwas sagen?

8. Der clevere Professor im Ruhestand

Wahre Intelligenz vergeht nicht von heute auf morgen. Und bei manch einem kann auch der verdiente Ruhestand nichts daran rütteln. Das muß ich auf alle Fälle einem cleveren Professor im Ruhestand zugestehen, der ein tiefgreifendes Erlebnis mit einem Betrüger hatte.

Besagter Mann stellte sich beim Herrn Professor vor, gab an, ihn noch von seinem Studium her zu kennen, und erklärte nicht ohne Stolz, daß er Pfarrer in Peru sei. An die Großzügigkeit seines angeblichen Lehrmeisters appellierend, tat er kund, daß er für einen Ärztekoffer, den er in das von Armut gebeutelte Land mitnehmen wolle, sammle. Um sein edles Vorhaben, für das er bereits 2.000 Euro zusammen habe, zu verwirklichen, fehlten ihm aber noch ganze

1.000 Euro. Der Professor zeigte sich für derartig noble Taten durchaus aufgeschlossen und sagte ihm zu, die noch fehlenden Gelder zu spenden – allerdings erst am nächsten Tag, da er diese Summe nicht im Haus habe.

Was so ein richtiger Professor ist, der bewahrt sich bei aller Offenheit auch eine gesunde Portion Mißtrauen; und eben dieses bewog ihn, bei der nächsten Diözese anzurufen und sich nach dem Pfarrer zu erkundigen. Volltreffer! Dort war man bestens über den angeblichen Geistlichen, der mit dieser Geschichte schon andere hinters Licht geführt hatte, informiert.

Alles weitere war ein Kinderspiel. Die Polizei erwartete den falschen Herrn Pfarrer am nächsten Tag und beschaffte ihm kostenlose Logis mit Gittern vor den Fenstern. Ich weiß jetzt gar nicht so recht, ob dort eine Bibel zur Grundausstattung gehört.

9. Nicht unter jeder Kutte verbirgt sich ein Mönch

Seinen Kopf schmückte nur ein spärlicher Haarkranz und seinen Körper bekleidete eine schlichte Kutte aus grobem Stoff. Er sah eben aus wie ein Mönch, nannte sich »Bruder Michael« und gab vor, aus dem Kloster Sankt Blasien zu kommen. Seine vermeintliche Mission bestand darin, Geld für notleidende Kinder aus Sibirien zu sammeln. Was er da vor den Türen von Geschäftstreibenden der Region an Sprüchen abließ, war das Repertoire eines wortgewandten Schwindlers, der skrupellos die Hilfsbereitschaft von Menschen für seine ganz persönlichen Bedürfnisse ausnutzte. Dem Möchtegern-Mönch gelang es auf diese Weise, eine stattliche Summe zu ergaunern. Von Berufs wegen habe ich überproportional viel mit bösen Menschen zu tun gehabt, vielleicht wäre der Mönch deshalb bei mir auf Granit gestoßen.

Aber mal ehrlich: Wer möchte einem gottesgläubigen Menschen unlautere Absichten unterstellen? Da greift man schnell zum Portemonnaie, übergibt freimütig eine Spende und hat anschließend sogar noch ein gutes Gefühl.

Und genau damit rechnen Schurken wie dieser falsche Mönch. Soll heißen: Liebe Mitmenschen, eine gesunde Portion Mißtrauen ist auch in solchen Fällen nicht verkehrt. Sagen Sie dem Bittsteller ruhig, daß Sie seinen Einsatz für arme Menschen bewundern. Aber weil es besagte Bösewichte gibt, fragen Sie, in wessen Auftrag er sammelt, und rufen Sie dort einfach einmal an – natürlich über eine Telefonnummer, die Sie selbst aus dem Telefonbuch gesucht haben.

Wählen Sie die Nummer, die Ihr Gegenüber Ihnen sagt, dann könnten Sie leicht bei seinem Komplizen landen, und der klärt den Betrug mit Sicherheit nicht auf.

10. Mein Mann ist ein gewalttätiger Alkoholiker

Wenn man als Schwindler schon auf die Mitleidsmasche reist, dann auch bei den richtigen Leuten, sagte sich eine 40jährige Trickbetrügerin und sprach in so einigen evangelischen und katholischen Pfarrämtern vor. Ihre Geschichte war wirklich herzzerreißend und löste bei den Pfarrern auch prompt den Helferreflex aus.

Angeblich sei sie die Ehefrau eines Kriminalbeamten, der wiederum sei Alkoholiker und würde sie schon über längere Zeit körperlich und seelisch mißhandeln, ihr kein Geld geben und sie sogar zu Hause einsperren. Ihr einziger Ausweg sei nun eine schnelle Flucht. Sie plane angeblich in ein Frauenhaus einer Stadt, die gute 150 Kilometer von ihrem Wohnsitz entfernt sei, einzuziehen. In das örtliche Frauenhaus könne sie, wegen der Informationsmöglichkeiten, die ihr Mann als Polizist habe, nicht gehen. Da sie völlig mittellos sei, bat sie um Geld für

eine Fahrkarte. Die Geschichte muß so lebensnah von ihr vorgetragen worden sein, daß ihr die Pastoren bereitwillig 30 bis 75 Euro in die Hand drückten, die sie natürlich nie wieder gesehen haben.

Ich vermute, daß es gerade in solchen Fällen eine sehr hohe Dunkelziffer gibt, weil nicht jeder mildtätige Spender zugeben will, daß er reingelegt wurde.

Also meine Herren Seelsorger, auf solch eine Sache hereinzufallen, ist durchaus keine Schande, deshalb vertrauen Sie nicht nur auf Gott, sondern auch der Polizei, wenn die Sünderin es auch bei Ihnen geschafft hat. Vielleicht können Sie sie ja gemeinsam auf den Weg der Tugend zurückführen.

11. Betrogene Pfarrer

Es scheint sie doch öfter zu erwischen, als vermutet, die Pfarrer, die sich für Menschen in Not engagieren und somit zum Zielobjekt von Betrügern werden. Er, 37, sie, 52 Jahre alt, und beide ausgestattet mit einer naturgegebenen Leidensmiene, suchten im vergangenen Jahr immer wieder den Pfarrer einer kleinen Gemeinde auf und trugen ihm mit komödiantischer Spitzenleistung herzerschütternde Leidensstationen ihres Lebens vor. Vom bevorstehenden Bankrott ihres angeblichen Kleinzirkus über den tragischen Tod von Familienangehörigen, Behandlungskosten beim Arzt, Raubüberfällen durch Albanerbanden, Verfolgung durch Geldeintreiber bis hin zur Ankündigung des Selbstmordes, falls die finanziellen Probleme nicht gelöst werden könnten. Dem betroffenen Pfarrer müssen diese Geschichten sehr zu Herzen gegangen sein, denn portionsweise hat er dem Gaunerpärchen insgesamt 90.000 Euro zukommen lassen.

Mittlerweile hat das lukrative Spiel für die beiden ein Ende gefunden. Sie sitzen in Untersuchungshaft und die Polizei ist dabei, ihr Notizbuch mit einer Vielzahl von Adressen und Telefonnummern abzuarbeiten.

Meine Befürchtung ist groß, daß so mancher hilfsbereite Diener Gottes eine herbe Enttäuschung erleben wird – das ergaunerte Geld wird er aber kaum wiedersehen.

12. Der guten Nachbarschaft wegen

Er ist zwischen 50 und 60 Jahre alt und suchte sich mit Vorliebe mehrgeschossige Mietshäuser aus, in denen ein oder zwei Wohnungen leer standen. Er beobachtete die Bewohner des Hauses und tauchte eines Tages bei meist älteren Mietern auf. Wortgewandt und mit ausgesprochener Höflichkeit stellte er sich

als neuer Nachbar vor und brachte es immer fertig, daß die Leute ihn in ihre Wohnung ließen. Nachdem er verkündete, daß der Umzug gerade »anrolle«, zog er meist sein Handy, um seine Frau zu fragen, wann der Lkw da sein würde.

Bei diesem fingierten Telefongespräch täuschte er Schwierigkeiten vor. Er fragte: »Wie soll ich das machen, du hast doch mein Portemonnaie mit meiner EC-Karte in deiner Tasche ...« Damit vermittelte er seinen Zuhörern den Eindruck, er stecke kurzzeitig in finanziellen Schwierigkeiten. Wenn die vermeintlichen neuen Nachbarn nicht von selbst Hilfe anboten, kam er mit der Bitte heraus, ihm für die Lieferung einer Waschmaschine, die schon unterwegs sei, auszuhelfen. Selbstverständlich würde er das Geld am darauffolgenden Tag nebst einem Blumenstrauß als Dankeschön zurückbringen. Da man auch mit solchen Gesten eine gute Nachbarschaft beginnen kann, gab es viele, die gegen eine auf einen Zettel geschmierte Quittung bis zu 800 Euro übergaben. Und schlimmer noch: In zwei Fällen bekam er sogar die EC-Karte nebst PIN und räumte damit 2.000 Euro ab!

Gute Nachbarschaft ist sicherlich die halbe Miete, aber wenn Sie in solchen Fällen die Umstände etwas hinterfragen und sich dann noch beim Geldverleihen die Personalien des vermeintlich neuen Nachbarn vom Ausweis notieren, hilft es Ihnen, eine ganze Menge Geld zu sparen.

13. Die Schwägerin vom Brillenmogul

Andere zu betrügen, ist immer eine schlechte Sache. Manche Trickbetrüger zeichnen sich aber dadurch aus, daß sie besonders miese Methoden haben. So eine Endvierzigerin, die auf der Straße eine Sehbehinderte 84jährige, die mit dicker Brille und weißem Stock durch eine Fußgängerpassage ging, ansprach. Fielmann heiße sie, sagte die Betrügerin, ihr Mann sei der Bruder des Brillen-Fielmann. Obwohl sie eigentlich steinreich sei, habe sie im Moment keine EC-Karte und kein Bargeld bei sich, dabei brauche sie solches dringend, weil sie am Bahnhof einen Rollstuhl für ihre kranke Schwester einlösen müsse.

Vielleicht brachte die Aussicht, künftig gute Beziehungen zur Familie Fielmann zu unterhalten, die Oma zum Handeln. Oder sie wollte ganz einfach nur helfen. Fest steht, daß sie im Beisein der Betrügerin einen Geldbetrag von der Bank abhob, für den man gut und gerne einen elektrischen Rollstuhl hätte kaufen können, und es der angeblichen Schwägerin des Brillengiganten übergab. Auf die Rückgabe wartet die arme Frau heute noch.

Ich bin mir sicher, daß Sie angesichts solcher Wünsche von Unbekannten einen besseren Durchblick haben.

14. Einfach mal so ausgesperrt

Hilfsbereit zu sein, ist eine lobenswerte menschliche Eigenschaft. Wenn dieser wohltuende Aspekt in den zwischenmenschlichen Beziehungen immer mehr verkümmert, dann nicht zuletzt deshalb, weil zwielichtige Gestalten gerade diese Charaktereigenschaft schamlos ausnutzen.

Im Norden unseres Landes reiste eine solche schamlose Frau. Sie sprach auf der Straße oder in Lokalen Personen an, gab sich hochgradig erregt und erklär-

te, daß ihre Wohnungstür zugefallen sei. Das Problem: Der Wohnungsschlüssel und ihr Baby lägen in der Wohnung. Angeblich, so erklärte sie glaubhaft, würde ein Schlüssel-Notdienst nur kommen, wenn man vorab bar zahlt. Ein Widerspruch in sich, aber das hielt viele Menschen nicht davon ab, der Frau mit Geldsummen bis zu 750 Euro auszuhelfen.

Ähnlich ging ein Betrüger im Süden Deutschlands vor. Er erklärte, seine Geschäftstür sei zugeschlagen. Dann erbat er von anderen Geschäftsleuten in der Nähe die finanzielle Aushilfe für den Schlüssel-Notdienst. Als Unterstützung für seine Glaubwürdigkeit legte er einen Mietvertrag für sein Geschäft, den er zufällig bei sich hatte, vor. Sie können sich leicht vorstellen, daß die Helfer ihr Geld niemals wieder gesehen haben.

Falls bei Ihnen mal jemand mit der Bitte um einen Vorschuß für den Schlüsseldienst auftaucht, geben Sie ihm einen Laufpaß und der Polizei (110) eine Information über den Betrüger.

15. Hilfsbereitschaft mißbraucht

Mal ehrlich: Wenn ich von Fällen wie diesen höre, dann steigt der Zorn in mir auf. Wir haben uns in all den Jahren zu einer Gesellschaft entwickelt, in der Menschen immer häufiger auf sich allein gestellt sind und nur selten Hilfe erfahren. Gut zu wissen, daß es immer noch Leute gibt, die uneigennützig, aus freien Stücken und mit Herzblut helfen, wenn sich außenstehende, ihnen völlig fremde Personen in einer Notlage befinden. Aber erfahren Sie, was geschehen ist.

Auf einer Bundesstraße stand ein Pkw mit geöffneter Motorhaube und ein Mann winkte den vorbeifahrenden Autofahrern zu. Als einer hielt, erklärte er, daß er gerade mit seiner Familie aus dem Urlaub käme. Im Ausland seien sie bestohlen worden, weshalb er nun weder Geld für Benzin noch etwas zu essen für sich, seine Frau und die beiden Kinder habe. Der hilfsbereite Mann fuhr daraufhin mit dem vermeintlich in Not geratenen Familienvater in den nächsten Ort, holte 500 Euro aus dem Geldautomaten, tankte einen 5-Liter-Kanister voll Benzin und brachte ihn zurück zu seinem Fahrzeug. Dort tauschten beide die Adressen und Telefonnummern aus und die Reise der gebeutelten Familie konnte ohne Sorge fortgesetzt werden. Das war der erfreuliche Teil der Geschichte.

Weniger schön klingt es, wenn man weiß, daß die 500 Euro nie an den edlen Helfer zurücküberwiesen wurden. Die Überprüfung der Adresse und Telefonnummer ergab, daß beide nicht existierten. Und das ist es, was mich so zornig macht. Solche Gauner sind schuld daran, daß immer mehr Menschen ihre Hilfe verweigern. Sie sollten sich von solchen Geschichten nicht beeinflussen lassen und trotzdem helfen, wenn jemand in Not ist. Allerdings ist es ratsam, sich bei materieller Hilfe gut abzusichern.

Ein Schuldschein gehört genauso dazu wie der Umstand, daß die Personalien von einem gültigen Dokument abgeschrieben werden. Wenn Sie das tun, können Sie mit dem schönen Gefühl, etwas Gutes getan zu haben, getrost nach Hause fahren.

16. Der verzweifelte Anhalter

Es gibt Menschen, die können Geschichten erzählen, die einem das Herz zerreißen. Genau solch ein rhetorisch begabter Typ stand unlängst an der Autobahnauffahrt der A2 Richtung Westen, mit einer Landkarte in der Hand und ausgestattet mit einem so verzweifelten Blick, daß ein 53jähriger Pkw-Fahrer anhielt und fragte, ob er helfen könne. Mit gebrochenem Deutsch erklärte der südländisch aussehende Anhalter, daß er hier in Deutschland arbeite und gerade erfahren habe, daß seine Frau nach einem schweren Unfall in Frankreich ins Krankenhaus eingeliefert wurde.

Da er zur Zeit völlig mittellos sei, bat er leihweise um 300 Euro und die Möglichkeit, so weit es geht, in Richtung Frankreich mitfahren zu dürfen. Sein Flehen kam bei dem mitfühlenden Fahrer an. An der nächsten Raststätte hob er 300 Euro ab und übergab sie dem Mann. Dieser wiederum händigte ihm Schmuck im Wert von angeblich über 500 Euro aus. Man tauschte schnell noch die Adressen, die natürlich nur mündlich angesagt und nicht von einem Ausweis abgeschrieben wurden, und dann reiste der leidtragende Mann mit dem nächsten Anhalter weiter in Richtung Frankreich.

Sie ahnen schon, wie die Geschichte ausging: Aus Frankreich gab es weder ein Lebenszeichen noch eine Geldüberweisung. Die Hoffnung des blauäugigen Pkw-Fahrers, wenigstens mit dem Schmuck ein Schnäppchen gemacht zu haben, zerschlug sich. Ein Juwelier, den er nach dem Wert der Objekte befragte, erklärte mit mitfühlender Miene, daß er dafür maximal 50 Euro bekäme.

Haben Sie immer eine gesunde Portion Mißtrauen, wenn Ihnen jemand so rührende Geschichten erzählt.

17. Der schlitzohrige Untermieter

Lassen Sie mich raten. Sie sind auch Kunde bei einem Versandhaus? Ja, das dachte ich mir. Ist ja auch eine feine Sache, wenn man die Waren ins Haus geliefert bekommt und dann nur noch per Überweisung die Rechnung begleicht.

Wie das Ganze auch ohne Bezahlung funktioniert, zeigte ein junger Mann im Norden des Landes. Er mietete sich kurzerhand bei einem Gleichaltrigen, den er in einer Kneipe kennengelernt hatte, ein und erklärte ihm, daß er Sammelbesteller bei verschiedenen Versandhäusern sei. So erreichte er, daß er als Anschrift vorübergehend die Adresse seines Vermieters nutzen durfte. Zu diesem Zweck versah er den Postkasten seines Gastgebers gleich mit vier verschiedenen Namen. Was sich in der Folgezeit abspielte, war für diese Wohngegend ein regelrechter Warentourismus. Innerhalb kürzester Zeit kamen bis zu 40 Pakete und Warensendungen an, von Textilien über Elektrogeräte bis hin zu Schrankwänden und Doppelbetten. Zum Abtransport erschien auch immer besagter Sammelbesteller mit einem Komplizen in einem silberfarbenen VW Sharan. Als allerdings Wochen später die Mahnungen für die nicht bezahlten Rechnungen eintrudelten, hatte der Übeltäter seinen Scheinwohnsitz längst nach Unbekannt verlegt. Den Ärger hatte folglich nur der blauäugige Vermieter am Hals, der der Polizei gegenüber in Erklärungszwänge geriet.

Meine Empfehlung: Schauen Sie sich die Leute genau an, die Sie bei sich wohnen lassen. Nicht jeder Untermieter bringt Freude ins Haus.

18. Der Neffe des Modedesigners

Sie lernte ihn über das Internet kennen, ihren Traummann, der die großen Euro-Scheine in der Hosentasche trug wie andere Papiertaschentücher. Sie wunderte sich nicht, schließlich erzählte er ihr, daß er der Neffe des Modedesigners JOOP sei. Und – bei Gott – bei solch einer Verwandtschaft scheint das Vorhandensein von ausreichend Bargeld wohltuende Selbstverständlichkeit zu sein. Nach einigen gemeinsam in Mallorca verbrachten Wochenenden besuchte er die bis über beide Ohren in ihn Verliebte in Deutschland. Was ihm bei ihr an Lebensstandard geboten wurde, entsprach allerdings nicht unbedingt seinen gehobenen Ansprüchen. Als Mann der Tat verkündete er, daß dagegen etwas unternommen werden müsse. Er forderte seine Flamme auf, ein Konto bei der Sparkasse zu eröffnen, weil er plane, ihr regelmäßig Geld zu überweisen. Gesagt, getan. Das Konto wurde eröffnet und schon kurze Zeit danach waren satte 130.000 Euro überwiesen. Von dem Geld hatte die Frau allerdings nicht viel, denn sie hob es in seinem Auftrag ab und händigte es ihm gleich vor der Sparkasse aus. Das war zugleich der letzte Tag, an dem sie ihn gesehen hat. Die Herren, die sie eine Woche später besuchten, waren von der Kriminalpolizei. Es stellte sich heraus, daß besagter Gentlemen über das Internet hochwertige Pkw zum Kauf anbot, sich Vorauszahlungen der Interessenten auf eben dieses Sparkassenkonto überweisen ließ und bedauerlicherweise vergaß, den Kunden die Fahrzeuge zu liefern.

Na ja, die junge Frau ist um eine Lebenserfahrung reicher und weiß jetzt, daß nicht jeder, der bereit ist, mit ihr das Bett zu teilen, auch sein Geld teilen möchte.

19. Geld für den Tierheimbau

Sie ist 89 Jahre, die Tierliebhaberin, die in ihrem fortgeschrittenen Alter noch einmal etwas Gutes für die Wesen tun wollte, die ihr besonders im Alter sehr nahestanden. In einem Café kam sie mit einem Pärchen ins Gespräch, welches erklärte, Geld für den Bau eines Tierheims zu sammeln. Die zwei ließen viel Herzblut in phantastische Geschichten von geretteten Tieren einfließen, hatten sogar Fotos von den niedlichen kleinen Vierbeinern und wußten genau, wie sie ihrer Gesprächspartnerin aus der Seele sprechen mußten. Gerührt von dem Engagement der beiden, hob sie insgesamt 22.000 Euro ab und übergab das Geld den angeblichen Wohltätern. Unschwer zu erraten, daß die lieben Tiere von diesem Geld keinen Cent zu sehen bekamen.

Was einmal geklappt hat, kann immer wieder funktionieren, deshalb sollten Sie sich vor einem etwa 40jährigen, gut gekleideten Mann und der dazugehörigen mittdreißiger Blondine, die angeben, ihr Leben in den Dienst hilfsbedürftiger Kreaturen gestellt zu haben, hüten.

Das Geld, das die beiden sammeln, versüßt mit Sicherheit nur das Leben des Betrügerpärchens, nicht aber das der lieben Tiere.

DAS SCHNÄPPCHENPRINZIP

20. Geschenkt – und trotzdem abgezockt

Das Ding mit den billigen Kunstlederjacken, die zu überhöhten Preisen als angeblich echte an den Mann gebracht werden, kennen Sie sicherlich schon. Und Sie wissen auch, daß die meisten Betrüger, die sich auf diese Sache spezialisiert haben, als angebliche Messevertreter auftreten, um so auf ihre vermeintliche Spitzenware aufmerksam zu machen. Ich habe von einem Fall erfahren, der selbst mir ein Kopfschütteln über die Dreistigkeit des Gauners abverlangte.

Da gab es einen 60jährigen, der überwiegend in Kleinstädten Leute ansprach. Denen erzählte er, daß er im Auftrag seines Vaters, der Besitzer einer Lederwarenfabrik sei, an eine Familie, bei der sein Vater als französischer Kriegsgefangener gearbeitet habe, als Dank für die gute Behandlung in den Kriegsjahren wertvolle Lederjacken als Geschenk übergeben solle. Da seine Recherchen ergaben, daß diese Leute bereits verstorben waren, wollte er, um seinem Gewissen etwas Gutes zu tun, die Jacken an andere Leute dieses Ortes verschenken. Mit dieser rührenden Geschichte hatte er erst einmal einen Kontakt hergestellt, der durchaus mit positiven Emotionen von Seiten der Angesprochenen belegt war. Bei einem Täßchen Kaffee plauderte er beiläufig über seine weiteren Vorhaben und erwähnte ganz nebenbei, daß seine Kreditkarte unverständlicherweise nicht akzeptiert würde und er ohne Geld dastehe. Natürlich wollte er sich nichts schenken lassen und bot deshalb eine weitere Lederjacke, die angeblich richtig teuer sei, für gute 350 Euro zum Kauf an. Es kam, was kommen mußte. Die Beschenkten wollten sich nicht beschämen lassen und kauften ihm das gute Stück ab. Die Freude über das vermeintlich faire Geschäft nahm ihnen allerdings wenige Stunden später ein Bekannter. Der kannte sich tatsächlich in Sachen »echtes Leder« aus und machte ihnen die betrübliche Mitteilung, daß die guten Stücke nur Imitate seien und zusammen maximal 120 Euro kosten.

Nicht hinter jedem, der scheinbar uneigennützig handelt, verbirgt sich ein guter Kerl.

21. Das schnelle Geld aus Jugoslawien

Sie brauchen dringend Geld? Kein Problem. In Zeitungsannoncen wird Ihnen das Geld förmlich aufgedrängelt: »Kredite aller Art! Auch von Privat und ohne Schufa-Abfrage«. Man braucht nur die angegebene Telefonnummer anzurufen, und schon gibt es einen Termin zu einem Vermittlungsgespräch. Ein solches ergab sich im Raum Magdeburg mit Vertretern einer dubiosen Vermittlerfirma. Der Kreditsuchende brauchte dringend 50.000 Euro. Diese wurden ihm auch gegen Barzahlung von 2.900 Euro Bearbeitungsgebühr sofort zugesichert. Schriftstücke über die Rückzahlungsmodalitäten und die anfallenden Zinsen gab es nicht. Allein dieser Umstand hätte den Kreditsucher schon stutzig werden lassen müssen ... In diesem Fall leider nicht. Für das Bargeld erhielt der Kunde ein Wechselformular, auf dem die 50.000 Euro und eine Firmenanschrift nebst Telefonnummer in Jugoslawien angegeben waren. Dort, so erklärte der Vermittler, brauche der Kreditnehmer nur anzurufen. Er bekäme umgehend eine Geheimnummer, und unter Vorlage des Wechsels könne er mit dieser Nummer bei jeder Bank das Geld abheben.

Ehrlich, mir läuft eine Gänsehaut über den Rücken, wenn ich mir vorstelle, daß es tatsächlich Leute gibt, die auf diese Weise versuchen, über ihren finanziellen Engpaß zu kommen.

Was bleibt, ist ein frustrierter Kreditsuchender, der jetzt noch weniger Geld hat als vorher, und eine Polizeidienststelle, die wieder einmal eine Anzeige mehr bearbeiten darf.

22. Teure Uhren für wenig Dollar

Wenn ich in einem Geschäft etwas kaufe, dann bezahle ich meine Ware entweder bar oder ich begleiche die Rechnung mit der EC- bzw. Kreditkarte. Wie kompliziert einige den Verkaufsprozeß gestalten, läßt mich schwer nachdenken und sollte vor allem die Geschäftsleute zum Grübeln bringen. Aber ich nehme an, mit der Aussicht auf ein vermeintlich lukratives Geschäft lassen sich Kaufleute schon mal auf kuriose Dinge ein ... So geschehen in einem Juweliergeschäft einer Großstadt.

Zwei Männer zeigten Interesse an sechs Armbanduhren im Gesamtwert von rund 22.000 Euro. Zahlen wollten sie mit US-Dollar-Noten. Diese hatten die potentiellen Käufer bei sich. Um jeden Zweifel zu zerstreuen, forderten sie einen Mitarbeiter des Schmuckgeschäftes auf, mit zur benachbarten Bank zu kommen, um dort die Echtheit der 100- und 50-Dollar-Scheine bestätigen zu lassen. So geschah es. Die Scheine erwiesen sich als echt, und gemeinsam ging man zurück zum Geschäft. Hier geschah nun das, was sich mit Logik nicht erklären läßt. Die beiden Kaufinteressenten verstauten die US-Dollar in einer Handgelenktasche und übergaben sie dem Verkäufer mit der Bitte, sie aufzubewahren, weil sie jetzt doch lieber Euro abheben und diese dann gegen die Dollar eintauschen wollten. Die Uhren, um die es ihnen ging, nahmen sie allerdings gleich mit.

Als die Amerikaner um 18 Uhr immer noch nicht zurück waren, schaute der Verkäufer in die Tasche und mußte feststellen, daß bei dem Geldscheinstapel lediglich der oberste Schein ein Hunderter, alle anderen 1-Dollar-Noten waren.

Leider Pech gehabt. Aber mal ehrlich: Mit ein bißchen gesundem Mißtrauen hätte man sich auf solch ein Verwirrspiel gar nicht erst eingelassen.

23. Wer wagt, verliert!

Vor Jahren kam es als sogenanntes »Hütchenspiel« nach Deutschland, das Spiel, bei dem meist ausländische Akteure auf der Straße unter drei Hütchen eine kleine Kugel verstecken, die Hütchen bewegen und dazu herausforderen herauszufinden, unter welchem Hütchen die Kugel letztlich liege. Natürlich erfordert es einen Spieleinsatz sowie einen augenscheinlich leichten Gewinn. In Variation dieser Methode sind jetzt Betrüger unterwegs, die die gleiche Masche mit zwei Herz-Spielkarten und einer Pik-Dame abziehen. Spieleinsatz ist ein 50-Euro-Schein. Wie leicht man gewinnen kann, wird den Passanten durch ein Trio von Herren vorgeführt, die einen Gewinn nach dem anderen abschöpfen und dabei für alle Vorbeikommenden lauthals ihre Freude kundtun. Wer sich entscheidet, das Treiben ein bißchen zu beobachten, der stellt fest, daß bei diesem Spiel der Gewinn zum Greifen nah liegt. Wer sich nicht sicher ist, ob er es wagen soll oder nicht, der wird von den anwesenden Herren animiert, es einfach mal zu versuchen. Läßt man sich darauf ein, hat man keine Chance. Die Herren, die im Vorfeld Gewinne eingeheimst haben, sind in Wirklichkeit Animateure des Kartenlegers, und der hat es mit Leichtigkeit so hingebogen, daß Sie ihren Einsatz verlieren.

Ob in deutschen Landen oder während Ihres Urlaubs im Ausland, ob Hütchenspiel oder Kartentrick, Sie sollten wissen, daß diese Art von Straßenkünstlern keine Gesellschaftsspiele veranstalten, sondern Ihnen nur knallhart das Geld aus der Tasche ziehen.

24. Wer sich auf windige Geschäfte einläßt ...

Auf Geschäfte einzugehen, bei denen man von vornherein das Gefühl hat, daß sie sich an der Grenze der Legalität bewegen, kann bittere Folgen haben. Das mußte auch der Geschäftsführer eines griechischen Restaurants erfahren, der von einem angeblichen Mitarbeiter eines Supermarktes preisgünstig Waren aus Überbeständen angeboten bekam. Einzige Voraussetzung war Barzahlung. Zur Übergabe trafen sich die Geschäftspartner an der Warenausgabe des Supermarktes. Hier ließ sich der vermeintliche Supermarktmitarbeiter sicherheitshalber das Bargeld, ganze 2.000 Euro, vorzählen und steckte diese in einen Briefumschlag, den er sofort verschlossen dem Griechen übergab. Um die Auslieferung der Ware zu veranlassen, verschwand er dann im Supermarkt. Der Grieche wartete noch eine halbe Stunde vergeblich, bevor ihm die Sache verdächtig vorkam. Er öffnete das Kuvert und war sichtlich erstaunt, als er statt des Bargeldes nur zurechtgeschnittenes Papier vorfand.

Also, liebe Geschäftsleute, ein vermeintliches Schnäppchen kann unter Umständen verdammt teuer werden.

25. Handy-Betrug im großen Stil

Es geschah im deutsch-niederländischen Grenzgebiet, hätte aber genauso gut in unserer oder jeder anderen Region geschehen können. Bei Kneipengesprächen und manchmal auch gezielt in kleinen Geschäften, die Mobiltelefone vertreiben, boten Männer

Gästen bzw. den Geschäftsinhabern Handys in großer Stückzahl zu super günstigen Konditionen an. Die Aussicht, diese guten Stücke gewinnbringend weiterverkaufen zu können, ließ die potentiellen Geschäftspartner alle Vorsicht vergessen. Man orderte meist mehrere Hundert dieser Geräte und traf sich Tage später zur Übergabe auf einem Parkplatz. Die Handyverkäufer hatten ihren Pkw oder Kleintransporter mit scheinbar original verpackten Großkisten voll beladen. Sie öffneten vor den Augen der Käufer eine Kiste und zeigten die darin befindlichen Handys. Dann wickelte einer der Verkäufer mit dem neuen Besitzer das Geschäft ab, während sein Partner die Kisten in das andere Fahrzeug verlud. Die böse Überraschung kam für den Verkäufer, als er die Ware zu Hause auspacken wollte: Mit Ausnahme des einen Kartons, der in seinem Beisein geöffnet wurde, befand sich in den anderen alles andere, nur keine Handys. So wechselten bis zu 10.000 Euro ohne wirklichen Gegenwert den Besitzer.

Na ja, wer glaubt, auf halbseidene Art und Weise einen Gewinn machen zu können, der muß damit rechnen, daß er einen Denkzettel verpaßt bekommt.

Mal ehrlich, würden Sie von einem Geschäft, das auf einem Parkplatz in aller Heimlichkeit abgewickelt wird, glauben, daß es sauber ist?

26. Der Deal am Media Markt

Ein Schnäppchen besonderer Art versprach sich ein Elektronikhändler, als ein Herr in seinem Geschäft auftauchte und ihm einen Verkauf von Computern

und Zubehörteilen aus »Überbeständen« – was auch immer das sein mag – versprach. Per Fax, welches der unbekannte Anbieter von einer Autobahnraststätte aus abschickte, bekam der Händler Detailangaben zu den Produkten. Gelockt von der riesigen Gewinnspanne, ging er auf das Geschäft ein und traf sich mit dem Anbieter vor einem Media Markt. Hier tauchte eine Frau auf, die ein Namensschild des Media Marktes trug, erzeugte Zeitdruck und gab zu verstehen, daß andere von der Aktion nichts mitbekommen dürfen. Der Elektronikhändler zahlte für die zu erwartende Ware 5.750 Euro, die Verkäuferin und ihr Komplize verschwanden im Media Markt und waren nicht mehr gesehen.

Jedem sollte klar sein: Seriöse Geschäfte dieser Größenordnung wickelt man nicht klammheimlich ab. Daß etwas nicht stimmte, war dem Geschäftsmann sicher von vornherein klar.

Die Aussicht ein Geschäft zu machen, läßt den einen oder anderen schon schnell einmal Dinge tun, die man lieber lassen sollte.

27. Die Masche mit den Superpreisen

Sie flatterten per Mail und Fax in die Büros vieler Unternehmen, die Angebote zum Kauf von Handys, Laptops, Playstations und anderen elektronischen Artikeln, die es zu großen Stückzahlen weit unter dem Einzelhandelspreis geben sollte. Wer echtes Interesse daran bekundete, der konnte sich über eine Handynummer mit dem Vertreiber dieser Artikel in Verbindung setzen. Die Erklärung für den Superpreis gab es gleich beim ersten Gespräch: Bei den Artikeln handle es sich angeblich um »Überbestände« eines Elektronikmarktes, die wegen neuer Artikel einfach raus müßten. Hört sich halbwegs glaubwürdig an und brachte deshalb auch zwei Interessenten dazu, sich mit dem Anbieter auf dem Parkplatz eines Einkaufcenters zu verabreden.

Hier tauchte eine junge Frau auf, die einen Anstekker des Marktes an der Bluse trug, hakte auf einer Liste die telefonisch bestellten Elektronikgeräte ab, kassierte die vorher vereinbarten 27.600 Euro und bat die Kunden, mit ihrem Fahrzeug an der Warenausgabe des Marktes zu warten. Sie betrat den Markt gemeinsam mit dem Anbieter von der Vorderseite – und genau dort wurden die beiden auch das letzte Mal gesehen. Die tatsächlichen Mitarbeiter des Marktes wußten von einer derartigen Transaktion nichts und konnten über so viel Leichtgläubigkeit nur den Kopf schütteln.

Liebe Geschäftsleute, sicherlich lauern hier und da Schnäppchen, die man sich nicht entgehen lassen sollte. Aber je größer der vermeintliche Gewinn für Sie dabei ausfällt, um so größer sollte Ihre Skepsis sein. Auf keinen Fall gibt man Geld aus der Hand, bevor die Übergabe der Waren stattgefunden hat.

28. Der Handy-Notverkauf

Natürlich kommt es schon mal vor, daß jemand knapp bei Kasse ist und deshalb schnell etwas verkaufen muß, das er eigentlich dringend benötigt. Wer in solchen Fällen als potentieller Käufer angesprochen wird, sollte einen kühlen Kopf behalten und stutzig werden, wenn der Preis weit unter dem eigentlichen Wert des Gegenstandes liegt, der angeboten wird – und das nicht nur, weil er auf diese Weise Diebesgut angeboten bekommen könnte. Zwei Mittdreißiger, die Spanier oder Italiener gewesen sein könnten, hatten sich diesbezüglich einen besonderen Trick ausgedacht.

An einer Tankstelle sprachen sie Pkw-Fahrer an, gaben vor, in Geldnot zu sein, und boten mehrere neue Mobiltelefone in Originalverpackung zu einem Vorzugspreis an. Die Handys befanden sich in einer handelsüblichen Umhängetasche und wurden einem Kaufinteressenten gezeigt. Als der sich einverstanden erklärte, dafür 500 Euro zu zahlen, fuhr man zu seiner Wohnung. Der Mann holte also das Geld und bekam dafür die Tasche nebst Inhalt übergeben. Als die beiden Unbekannten mit ihrem Auto verschwunden waren, wollte der Mann seine neue Errungenschaft begutachten und bekam dabei schlagartig einen erhöhten Blutdruck. Die vermeintlich in Geldnot geratenen Geschäftspartner hatten die Tasche unbemerkt gegen eine artgleiche ausgetauscht, in der sich lediglich Tetrapacks mit spanischem Fruchtsaft befanden.

Fruchtsaft soll ja gesund sein, aber ob er über den Verlust von 500 Euro hinweggeholfen hat, wage ich zu bezweifeln.

29. Windige Geschäfte mit Laptop und Navi

Er benutzt die Internetplattform mobile.de, der Endvierziger, dem eine ganze Reihe kaufwilliger Kunden auf den Leim gegangen sind. Seine Masche ist ganz einfach.

Über die Plattform nimmt er Kontakt zu ortsfremden Autokäufern auf und bietet ihnen ein Navigationssystem und einen Laptop zu Konditionen an, die das Herz eines jeden Interessenten höher schlagen lassen. Die Artikel stammen, laut Aussage des Mannes, aus einem Sonderverkauf. Mit einem derart niedrigen Preis geködert, verabreden sich Kunden mit dem Anbieter meist in einem größeren Einkaufscenter, in dem sich auch ein Elektronikfachmarkt befindet. In einem Café des Centers erklärt er seinen potentiellen Opfern, daß er Mitarbeiter des Elektronikfachmarktes sei und für sie die Ware, für die er natürlich auch eine Provision bekäme, aus dem Lager holen werde. Da das Ganze selbstverständlich nicht über die normale Kasse laufe, bitte er um das Geld; für die Übergabe der Ware im Café sei er gleich zurück.

Und an dieser Stelle ist es für mich doch immer wieder erstaunlich, wie viele Menschen sich auf ein Geschäft, von dem sie offensichtlich wissen, daß es nicht sauber ist, einlassen. Die Aussicht, einen Gewinn zu machen, schwächt bei vielen das Gefühl für Recht und Ordnung erheblich ab. Die Leute, die sich mit unserem Navi-Anbieter eingelassen haben, wurden dafür an Ort und Stelle bestraft. Der »saubere« Herr war natürlich kein Mitarbeiter des Fachmarktes und verschwand mit dem Geld. Insgesamt hat er damit einen Schaden von über 40.000 Euro angerichtet.

Ich weiß, Ihnen würde das nicht passieren, weil Sie um windige Geschäfte einen Bogen machen. Und ich sage Ihnen: Das ist gut so!

30. Ganoven linken Ganoven

Wer sich auf ein Geschäft einläßt, das nicht ganz sauber aussieht, muß auch damit rechnen, daß er selber geprellt wird. Diese bittere Erfahrung mußten einige Geschäftsleute machen, die von dubiosen Typen das Angebot bekamen, einen ganzen Kleintransporter voller Handys zu super Preisen zu bekommen.

Man traf sich zur Übergabe der Ware vor Einkaufszentren oder in anderen öffentlichen Bereichen. Hier wurden den potentiellen Käufern einige Muster der in großen Kartons verpackten Mobiltelefone vorgeführt und dann das Angebot unterbreitet, die Ware gleich zum Käufer nach Hause zu bringen. Nach der Geldübergabe – es handelte sich immer zwischen 2.000 und 4.000 Euro – ging die Fahrt stets über eine Autobahn. Kleintransporter mit Verkäufern vorneweg, der Käufer mit Pkw hinterher. Plötzlich geschah das Unfaßbare: Ein Zivil-Pkw, ausgestattet mit Blaulicht, setzte sich neben den Transporter und forderte den Fahrer zum Halten auf. Das tat dieser auch. Unser Käufer, beladen mit einer schönen Portion schlechten Gewissens, fuhr mit rasendem Puls weiter – wer will in dieser Situation schon etwas mit der Polizei zu tun haben? Daß besagte Blaulichtfahrer die Komplizen der Handyverkäufer waren, merkten die Geschäftsleute immer erst, wenn der Transporter nebst angeblichen Polizisten auf Nimmerwiedersehen verschwunden war.

Wer sich auf unsaubere Geschäfte einläßt, wird schnell selber zum Opfer.

31. Euro-Zeichen in den Augen

Wenn es darum geht, so richtig Profit zu machen, dann leidet schon manchmal bei dem einen oder anderen die Fähigkeit, logisch und rational zu denken. Vor den Augen tun sich unversehens große Euro-Zeichen auf, und über alles, was Mißtrauen erwecken könnte, legt sich ein rosaroter Schleier – so geschehen bei dem Betreiber eines Tabakladens.

Eines Tages meldete sich ein Mann bei besagtem Betreiber, der damit prahlte, daß er – an den Geschäftsbüchern vorbei – Zigaretten von einem Waren-Großhändler besorgen könne. Man war sich recht schnell einig, duzte sich, stieß schon mal auf das kommende Geschäft an und verabredete sich an der Warenausgabe des Großhändlers.

Stolze 17.000 Euro wollte der Tabakwarenhändler in die Zigaretten investieren, für die er sich Einnahmen von 32.000 Euro ausrechnete. Vor Ort erschien sein neuer Bekannter in Begleitung einer jungen Frau, die ganz so gekleidet war, als gehöre sie zu dem Großhändler. Sie nahm das Geld, zeigte noch an, welche Laderampe der Händler mit seinem Kleintransporter anfahren sollte, und verschwand dann mit ihrem Begleiter um die Hausecke. Eine knappe halbe Stunde wartete der Tabakhändler noch, bekam dabei einen immer höheren Blutdruck und sichtbare Schweißperlen auf der Stirn, bis er endlich in das Gebäude ging, um dort zu erfahren, daß er Betrügern auf den Leim gegangen war.

Erstens läßt man lieber die Finger von halbseidenen Geschäften, und zweitens rückt man sein Geld erst dann heraus, wenn man die Ware dafür erhalten hat. Wer beides nicht beachtet, muß dieses Stück Lebenserfahrung unter Umständen teuer bezahlen.

32. Der Trick mit dem gefundenen Goldring

Das muß ich Ihnen erzählen! Jahrzehnte warne ich brave Bürger vor den Machenschaften der Gauner und Ganoven, und dann versucht es doch tatsächlich einer bei mir.

Nach einem Cappuccino in einem kleinen Café machte ich mich auf den Weg zu einem Vortrag, im Rahmen dessen ich meine Zuhörer über Betrugsmaschen aufklären wollte. Als ich an einer Straßenbahnhaltestelle vorbeiging, bückte sich neben mir ein Mann, hob einen goldenen Ring auf und sagte in gebrochenem Deutsch: »Du haben verloren goldene Ring.« Nein, jetzt nicht wirklich, dachte ich. Da will doch tatsächlich einer diesen Ringtrick mit mir abziehen. Hundertmal habe ich davor gewarnt, viele Berichte von Betroffenen gehört, und jetzt sollte ich selber dran sein? Ein absoluter Glücksfall für mich und die Gelegenheit, mal alles, was ich darüber wußte, auszutesten.

Also zuerst einmal ablehnen: »Nein, das kann nicht sein, ich habe keinen Goldring.« Er darauf: »Aber ich habe gefunden hier in Deutschland. Ich nix Deutsch, aber Du. Ich darf nicht behalten Ring, aber Du darfst.« So weit der Versuch, mir die Annahme als rechtmäßig zu verkaufen. Meine nächste Frage: »Ist der überhaupt echt?« Und darauf genau die Antwort, die ich erwartet habe: »Musse gucken. Isse echt – hier isse Stempel.« Und tatsächlich war innen, in dem dicken Ring ein 858er Stempel. Jetzt wieder ich mit einem: »Was wollen Sie denn dafür haben?« und er mit einem Schulterzucken: »Geben mir 20 Euro, isse ja nicht mein Ring.« An dieser Stelle kommt normalerweise bei vielen Angesprochenen der Raffke-Faktor ins Spiel, nach dem Motto: »Mann, ist der doof. 20 Euro für einen echten Goldring.« Und nicht wenige geben das Geld hin und verschwinden mit einem Kribbeln im Bauch und einem vermeintlich echten Goldring. Ich war in der Situation etwas zurückhaltender und habe einfach gesagt: »Also, ich brauche den Ring nicht, aber ich frage mal meine Frau«. Das muß er wohl geradeso verstanden haben und war deshalb nicht mißtrauisch, als ich mein Telefon zückte und die 110 anrief. Den Kollegen von der Polizeizentrale, die mich kannten, sagte ich dann, sehr schnell gesprochen, wo ich bin, daß ein Betrüger gerade versucht, mir einen Ring anzudrehen, und ich fragte, ob sie ihn haben wollen. »Halt ihn fest, wir kommen gleich«, war die klare Ansage. Na gut, jetzt mußte ich den Menschen eine Weile beschäftigen. Meine Fragen nach dem Woher und Wohin hörte er sich nur kurz an, bis er mit einem Spurt quer über die gut befahrene Hauptstraße flüchtete oder besser flüchten wollte, denn nach knappen einhundert Metern habe ich ihn auf der anderen Straßenseite erwischt, seinen Arm auf dem Rücken verdreht und gegen die Hauswand gepreßt. Da standen nun zwei Herren, die ziemlich eng aneinander zum allgemeinen Interesse der Passanten auf der anderen Straßenseite »kuschelten«. Nach etwa zehn Minuten nahmen mir die Kollegen von der Polizei den Ausreißer ab. Er war Rumäne, hatte noch eine ganze Tüte voll Messingringen bei sich und wurde von der Hamburger Polizei gesucht.

Alles gut gegangen. Ich muß Ihnen allerdings sagen, daß sich mein Mitleid mit den auf diese Weise übers Ohr gehauenen anderen Passanten in Grenzen hält. Wer für einen gefundenen Ring 20 Euro gibt und ihn behält, statt ihn beim Fundbüro abzugeben, begeht eine Fundunterschlagung – und das ist nun einmal nicht erlaubt.

UNTER DRUCK GESETZT

33. Die angebliche Bestellung aus Zagreb

Pakete bekommen, ist schön – sollte man jedenfalls meinen. Daß es damit auch eine Menge Ärger geben kann, mußten viele Bewohner unserer Region spüren. Unerwartet kam Post von einer »PO Marketing s.s.v« mit Firmensitz in Zagreb, Kroatien. Angeblich seien Waren bestellt worden, die vertragsgemäß zugeschickt, deren Annahme allerdings von dem Empfänger verweigert wurde. Das ist natürlich nicht in Ordnung, meint das Zagreber Unternehmen, und empfiehlt deshalb – um Schadenersatzforderungen zu umgehen – entweder die Waren gegen Zahlung zuzüglich Lagerkosten aus Zagreb persönlich abzuholen oder per beiliegendem Überweisungsträger zu bezahlen. Wer dies tut, so verkünden die Briefschreiber, vermeidet damit auch gerichtliche Schritte seitens des Unternehmens, die natürlich die Kosten für den Empfänger zusätzlich erhöhen würden.

Für mich ist hier eine alte Masche erkennbar, die wieder einmal neu aufgelegt wurde. Wenn Sie sich sicher sind, nie etwas bestellt zu haben, dann ignorieren Sie einfach das Schreiben.

Haben Sie Zweifel, dann fordern Sie einfach die Kopie der Bestellung an, auf der ja Ihre Unterschrift ersichtlich sein müßte. Sie werden sehen, spätestens dann wird sich das Problem von ganz alleine lösen.

34. Inkassobriefe

Auslieferung gegen Inkasso – steht auf so manchem Brief, der in kleinen oder mittelgroßen Firmen eintrudelt und auch seine Berechtigung hat. Da dies durchaus eine gängige Praxis ist, wird die fällige Nachnahme in den meisten Fällen anstandslos gezahlt. Diesen Umstand machte sich ein Ganove aus Bremen zunutze und bombardierte Arztpraxen, Boutiquen und Handwerksbetriebe in Magdeburg mit derartiger Post. Von den meisten Adressaten wurde die geforderte Summe von 21,20 Euro anstandslos gezahlt und der Einzahlungsbeleg mit darauf angegebener Bankleitzahl und Kontonummer als Quittung entgegengenommen. Die Überraschung kam nach dem Öffnen der Post. In den Händen hielt man eine völlig wertlose elfseitige Anlage, die darüber informierte, wie man angeblich unkompliziert und legal Pkw mit hohem Gewinn im Ausland verkaufen kann.

Na prima! Das ist genau das, was Ärzte, Installateure und Elektriker unbedingt brauchen.

Nun wird jeder einzelne sicherlich nach dem Verlust von rund 21 Euro nicht viel ärmer, aber das Bremer Schlitzohr kommt bei den vielen zahlungswilligen Empfängern zu einem schönen Vermögen. Das wollen wir ihm doch nicht gönnen, oder?

35. Die Schulden des Verstorbenen ... der bei bester Gesundheit ist

Was für ein Schreck für Herrn B., als eines Tages ein Schreiben des Deutschen-BW-Inkassodienstes bei ihm eintrudelte, in dem eine saftige Geldforderung gestellt wurde. Angeblich sei der Vater des Herrn B. verstorben und der Inkassodienst nun beauftragt, im Namen der Firma »CA Money Transfer« vom Erben des Verstorbenen Forderungen in Höhe von runden 2.900 Euro einzutreiben. Herr B. war in doppelter Hinsicht verdutzt, weil a) sein 80jähriger Vater am Vorabend noch bei bester Gesundheit mit ihm telefoniert hatte und b) Geschäfte mit so hohen Summen gar nicht das Ding des Senioren waren.

In solchen Fällen hilft nur, Ruhe bewahren und richtig reagieren. Es gibt sie zwar, die unseriösen Inkasso-Unternehmen, die dreiste Geldforderungen aufstellen, Druck ausüben und dann hoffen, von labilen Ansprechpartnern abkassieren zu können. Es kann aber auch sein, daß ein seriöses Inkasso-Unternehmen von einem windigen Subunternehmer eine Schuld gekauft oder den Auftrag zum Eintreiben der Schuld übernommen hat.

Meine Empfehlung: Teilen Sie dem Inkasso-Dienst schriftlich mit, daß Sie keine offenen Forderungen zu begleichen haben, verlangen Sie den Nachweis über die Art der Schuld und Auskunft über den, der die Forderung stellt. Versäumen Sie überdies nicht zu erklären, daß Sie, für den Fall des Erkennens einer betrügerischen Absicht, Anzeige bei der Polizei erstatten.

36. Die Drohung vom Inkassodienst

Es kann zum wahren Alptraum werden, wenn der anständige, gesetzestreue Bürger ein Schreiben eines Inkasso-Unternehmens erhält, das ihn auf lockere 2.500 Euro verklagt, wenn er der Zahlungsaufforderung von 39 Euro Mitgliedsbeitrag für eine angeblich beantragte Live-Cam-Flatrate, nebst 10 Euro Mahngebühr und 49 Euro Schufa-Meldegebühr auf ein süddeutsches Konto nicht nachkommt. Eine solche Meldung kam mit fast gleichem Wortlaut bei unzähligen Internet-Nutzern an und sorgte für entsprechende Beunruhigung.

In einschüchterndem Ton wird erklärt, daß man den Adressaten eindeutig anhand seiner IP-Adresse identifiziert habe. Um der Zahlungsmoral des Opfers Nachdruck zu verleihen, wird in Aussicht gestellt, daß bei Zahlungsverweigerung weitere Kosten auf ihn zukämen und er mit gerichtlichen Vollstrekkungsmaßnahmen zu rechnen habe. Zusätzlich behält sich das Unternehmen die Option offen, Anzeige wegen Betrugs zu erstatten. Verständlich, daß unter solchem Druck der eine oder andere, weil er sich nicht ganz sicher ist, ob ein unkontrollierter Klick auf irgendeiner Internetseite ihm diesen Schlamassel eingerührt hat, lieber zahlt, als schlaflose Nächte in Erwartung einer noch höheren Strafe zu verbringen. Genau das sollten Sie nicht tun! Lesen Sie das Ende bzw. das aufschlußreiche Kleingedruckte ganz unten: »Sollte die Bestellung nicht von Ihnen oder über Ihren PC aufgegeben sein, dann müssen Sie auf unsere Mail nicht antworten.« Na dann wissen Sie doch hoffentlich, was sie zu tun haben: Nicht reagieren und ruhig schlafen.

Erst wenn tatsächlich ein gerichtlicher Mahnbescheid kommt, ist Handlungsbedarf gefordert. Aber Sie können mir glauben, das Gericht wird diese Banausen aus gutem Grund nicht für ihre dubiosen Zwecke bemühen.

37. Wenn das Inkassobüro zuschlägt

Eine dubiose Inkassofirma bombardiert mehrfach per Post Hunderte Haushalte im mitteldeutschen Raum mit Geldforderungen im Auftrag einer »Interacall WIN Germany Limited«. Die Beträge, die für eine vermeintliche Dienstleistung verlangt werden, belaufen sich auf 70 Euro bis 150 Euro. Die Adressaten werden unter Druck gesetzt und ihnen wird mit noch höheren Kosten gedroht, sollten sie der Zahlungsaufforderung nicht nachkommen. Meine Empfehlung: Wenn Sie sich keines Vertrages bewußt sind, den Sie mit der vermeintlichen »Interacall WIN Germany Limited« eingegangen sein sollen, dann teilen Sie das dem Unternehmen schriftlich mit und verlangen Sie einen Nachweis über den angeblichen Vertragsabschluß. Dazu können Ihnen die Verbraucherzentralen oder die Kripo-Beratungsstellen einen Musterbrief zur Verfügung stellen. Weitere Schreiben können Sie sodann getrost ignorieren; Sie sollten sie aber aufheben. Erst wenn ein Schreiben eines Amtsgerichtes kommt, sind Sie verpflichtet, ausführlich zu antworten und die Duplikate der von Ihnen gefertigten Schreiben sowie die Forderungen, die Sie bekamen, beizulegen.

Sie können mir glauben, das Amtsgericht wird sich nicht bei Ihnen melden. Das unseriöse Unternehmen legt es nur darauf an, Menschen zu verunsichern, und profitiert vom Geld derer, die aus Angst vor noch höheren Forderungen zahlen. Zu denen wollen Sie sicher nicht gehören.

38. Das richterliche Urteil als vermeintliche Legitimation

Sie flattern in Hunderte Haushalte, die Mahnungen einer Deutschen Inkassostelle, die vermeintliche Forderungen einer »Internet-World-Gesellschaft« mit Sitz in der Schweiz eintreiben will. Das Vorgehen erweist sich als besonders dreist, weil dem Schreiben die erste Seite des Originalurteils eines Amtsgerichts, nebst Wappen und Namen des Richters beigefügt ist. Tatsächlich hat die Aussage in dem Schreiben nichts mit dem vermeintlich vorliegendem Fall zu tun. Durch das Originalurteil und die darin enthaltene Ankündigung gerichtlicher Maßnahmen lassen sich viele Mahnungsempfänger verunsichern ... und schließlich zahlen sie.

Bevor Sie das tun, überlegen Sie in Ruhe und handeln Sie mit Verstand. Wenn Sie der Meinung sind, daß die gestellten Forderungen nicht berechtigt sind, dann fechten Sie den vermeintlich geschlossenen Vertrag an und fordern Sie einen Nachweis dafür, daß Sie eine Vertragsbindung eingegangen sind.

Einen richterlichen Bescheid werden Sie kaum bekommen, denn Richter sollen besonders empfindlich reagieren, wenn man deren Schreiben für dubiose Machenschaften mißbraucht.

39. Die Kostenfalle beim Firmenverzeichnis

Sind Sie Ihr eigener Chef im kleinen oder sogar mittelständischen Unternehmen? Ja? Dann ist es wichtig, daß viele potentielle Kunden erfahren, was Sie anbieten und wie Sie zu erreichen sind. Wer ist da nicht dankbar für kostengünstige Werbung?

Viele Geschäftsführer bekamen vom »Lokalen Firmenregister Sachsen, Sachsen-Anhalt und Thüringen« ein Schreiben mit der Platzierung ihrer Firmenadresse im geplanten Firmenregister. Sie wurden nun aufgefordert, die Angaben zu überprüfen und gegebenenfalls eine – man höre genau hin – »kostenlose Änderung der Angaben zu beantragen.« Bewußt hatten die Verfasser des Schreibens in jede Adresse einen kleinen Fehler eingebaut, so daß die Firmeninhaber eine Korrektur vornahmen und das Schreiben im Glauben, kostenlos in besagtem Firmenregister zu stehen, zurückschickten. Das böse Erwachen folgte einige Wochen später, als eine Rechnung von knapp 350 Euro für den knappen Eintrag in jede Firma flatterte. Kostenlos war nur die Korrektur, nicht aber die Aufnahme ins Register. Die Kosten dafür standen im Kleingedruckten am Rand. Ein übler Trick!

Sie sollten sich einfach merken, daß Sie Sachen, die Sie nicht beantragt haben, auch nicht zu korrigieren brauchen – und nehmen Sie sich ruhig die Zeit, das Kleingedruckte zu lesen.

40. Der vermeintlich amtliche Eintrag ins Branchenverzeichnis

Er ist nicht mehr ganz so neu, der Trick mit dem vermeintlich kostenlosen Eintrag ins Branchenverzeichnis. Aber was sich die Werber für den Eintrag in ein sogenanntes »Online-Branchenverzeichnis« einfallen ließen, ist der Form wegen eine hochgradig unseriöse Geschäftspraxis.

Wie schon in zurückliegender Zeit prangt auf der unbestellt zugesandten Fax-Seite in großen Lettern: »Kostenloser Eintrag ins Branchenverzeichnis«. In winziger Schrift wird in der Mitte des Blattes darauf verwiesen, daß die einmalige Aufnahme 300 Euro kostet, aber bei Zusage bis zu einem unten angegebenen Datum kostenlos sei. Die kostenlose Aufnahme klingt verlockend, der Vertrag aber, den man damit gleichzeitig eingeht und der eine Laufzeit von drei Jahren hat, kostet pro Jahr schlappe 700 Euro.

Als besondere Dreistigkeit empfinde ich die Aufmachung des Faxes. Da prangt rechts oben das Wappen des Landes und darunter steht die Landesbezeichnung. Es suggeriert, ein Vordruck mit offiziellem behördlichem Charakter zu sein. Dadurch steht der Empfänger unter dem Eindruck der Seriosität und bringt dem Verfasser des Faxes besonderes Vertrauen entgegen.

In meinen Augen ein klarer Fall von Betrug! Deshalb sollten Sie auf dieses Fax nicht reagieren oder, wenn Sie es doch getan haben und nun zur Kasse gebeten werden, eine Anzeige erstatten.

41. Und plötzlich muß man zahlen

Bei Handwerksunternehmen, die bereits einen Eintrag im Branchentelefonbuch haben, klingelt das Telefon. Am anderen Ende verweist eine freundliche Stimme auf besagten Eintrag, läßt die Angerufenen glauben, daß sie mit einem Mitarbeiter des Verlages sprechen, und fragt nach, ob die Eintragungen in dem Branchenverzeichnis mit dem bisherigen Text für eine bestimmte Zeit zu einem bestimmten Preis fortgesetzt werden sollen. Direkt im Anschluß wird der Anruf eines zweiten Mitarbeiters angekündigt, der die inhaltliche Richtigkeit des Textes überprüfen werde. Dieser läßt auch nicht lange auf sich warten und wird, wie der Anrufer ankündigt, auf Band aufgezeichnet. Wenn man nach dem sachlich richtigen Text sein Okay gibt, hat man ganz schlechte Karten. Der Anrufer hat nämlich verschwiegen, daß er für ein ganz anderes Unternehmen, nämlich einen Internet-Anbieter tätig ist, der Werbeanzeigen schaltet. Die Rechnung für diese ungewollte Werbung kommt prompt ein paar Tage später.

Umgehen kann man all den Ärger, indem man sich von vornherein nicht auf einen telefonischen Datenabgleich einläßt. Fragen Sie solche Anrufer gezielt nach ihren Namen, dem Namen des Verlages und am besten auch noch nach dem Datum Ihres Vertragsabschlusses. Erfahrungsgemäß brechen diese Typen nach so vielen Fragen resigniert das Gespräch ab … und versuchen es bei anderen. Wenn die Anrufer bei Ihnen Erfolg hatten, dann schnell zur Polizei und Anzeige erstatten.

42. Der Trick mit dem pseudooffiziellen Handelsregister

Mit einer besonders dreisten Abzocke wollen Betrüger vor allem Gewerbetreibenden das Geld aus der Tasche ziehen. Per Post geht überwiegend bei Existenzgründern kurz nach dem notwendigen Eintrag ins Handelsregister ein pseudooffizielles rechnungsähnliches Formular ein. Dieses läßt vermuten, daß weitere kostenpflichtige Eintragungen in vermeintliche offizielle Register notwendig sind. Die verständliche Angst, wichtige Zahlungen oder Fristen gerade in der Gründungsphase des Unternehmens zu versäumen, veranlaßt die meisten dazu, den geforderten Betrag zu überweisen. Liest man sich dieses Machwerk genauer durch, dann bemerkt das geschulte Auge, daß es sich um ein getarntes, unverbindliches Angebot für einen völlig nutzlosen Eintrag in eine Adressendatei handelt. Eine Zahlungspflicht oder ein Auftrag liegen nicht vor. Letzterer kommt erst durch die Bezahlung des geforderten Beitrages zustande. Besonders fies gestalten sich die Überschriften der Schreiben, die da »Deutsches Telefonverzeichnis«, »Offizielles Hotelverzeichnis« oder »EU Registrierungseintragung« lauten. Billige Extras wie Fettdruck oder Größen des Eintrags zum Preis von 100 Euro bis 300 Euro werden optisch hervorgehoben, während Kosten für den Grundeintrag, die mit bis zu 1.000 Euro ordentlich wehtun, in den allgemeinen Geschäftsbedingungen kaum zu erkennen sind oder in dem übrigen Fließtext untergehen.

Liebe Geschäftsleute, es lohnt sich, genau hinzuschauen, bevor Sie eine Rechnung bezahlen. Sollten Sie allerdings schon auf diese Masche reingefallen sein, dann fragen Sie am besten bei der Industrie- und Handelskammer nach, wie Sie aus dieser Misere wieder rauskommen.

43. Die Mahnung von der Tipp-Gemeinschaft

Herr K. stand vor einem Rätsel. Von seinem Konto wurden unangekündigt 30 Euro für eine Firma namens »Gewinn optimal« abgebucht. Und das, obwohl Herr K. nie etwas von dem Unternehmen gehört hat. Verständlich, daß er sein Geld umgehend zurückbuchte. Was darauf folgte, war allerdings eine schriftliche Mahnung, in der das Unternehmen ihn darauf hinwies, daß er angeblich einen Vertrag mit einer Tipp-Gemeinschaft abgeschlossen und er nun auch seiner Zahlungspflicht nachzukommen habe. Unglaublich, aber lange nicht ungewöhnlich.

Solche Abbuchungen kommen von allen möglichen Unternehmen. Manchmal kommen diese sogar im guten Glauben, Recht zu haben, zustande, weil von ihnen engagierte Drücker mit Daten, die auf dubiosen Wegen im Umlauf sind, und einer gefälschten Unterschrift einen Vertragsabschluß vortäuschen. Sollten Sie eine solche unberechtigte Zahlungsaufforderung bekommen, die sich auf einen vermeintlich geschlossenen Vertrag bezieht, dann gehen Sie bei dem Unternehmen in Widerspruch. Erklären Sie, daß Sie keinen Vertrag unterzeichnet haben, verlangen Sie einen Nachweis des Vertragsabschlusses und erwähnen Sie, daß Sie Anzeige bei der Polizei erstatten, falls sich die Geschichte schlicht und einfach als Betrugsversuch entpuppen sollte. Wie solch ein Schreiben aussehen könnte, zeigen Ihnen die Verbraucherzentralen oder die Kripo-Beratungsstellen. Da gibt es auch einen Musterbrief für Sie.

Wie immer gilt: Wer keinen Vertrag abgeschlossen hat, braucht auch nicht zu bezahlen.

44. Betrüger schröpfen Ärzte

Sie haben sich eine ganz spezielle Berufsgruppe ausgesucht, die Betrüger, die an unzählige Arztpraxen Schreiben verschicken. Die Schriftstücke, die angeblich von der Bundesversicherungsanstalt für Angestellte (BfA) kommen und den echten Kopfbögen der BfA verblüffend ähnlich sehen, suggerieren den Adressaten, daß zu viel Rentenversicherungsbeiträge eingezahlt wurden. Zur Rückzahlung des Geldes wird um Übersendung der Kontodaten nebst Praxisstempel und Unterschrift auf einem Fax gebeten. Eine böse Falle.

Wer die Daten übermittlet, gibt den Betrügern neben seinen Kontodaten auch noch die Möglichkeit, den Praxisstempel und die Unterschrift für Betrügereien zu verwenden. Ausgestattet mit diesen Informationen, bestellen die Ganoven in großem Stil Heimelektronik, Schmuck und Fototechnik. Die Waren gehen an eine Postkastenadresse und werden von den Betrügern in Empfang genommen. Die Rechnung landet jedoch bei dem geprellten Arzt.

Liebe SprechstundenhelferInnen, tun Sie Ihrer Chefin oder dem Chef etwas Gutes. Prüfen Sie solche ominösen Schreiben genau und fragen Sie notfalls mal telefonisch bei der BfA nach.

Bitte die Telefonnummer aus dem Telefonbuch verwenden und nicht die, die auf dem Schreiben vermerkt ist, sonst könnten Sie glatt bei den Betrügern landen – die werden Ihnen beim Augenlicht ihrer Kinder versichern, daß alles rechtens abläuft.

VORAUSZAHLUNGSFALLE

45. Gebeutelte Bauunternehmen

Über 200 Betrugsanzeigen zu einem ominösen Annoncenschwindel mußte die Polizei bearbeiten. Eine Wohnungsbaugesellschaft mit Sitz in Hannover inserierte in Zeitungen Ausschreibungen für verschiedene Gewerke zum Bau von Wohnhäusern von Rostock bis hinter den Harz. Ein attraktives Angebot für auftragsschwache Firmenbücher, so schien es. Allerdings war der Einstieg in das Geschäft nicht ganz problemlos: Ausschreibungsunterlagen gab es nur gegen Bezahlung per Verrechnungsscheck. Dafür mußten, je nach Gewerk, zwischen 35 Euro und 50 Euro auf das Konto eines Herrn aus Berlin eingezahlt werden. Der aber hatte das Konto mit gefälschtem Ausweis eröffnet. Damit stand fest, daß all das eingezahlte Geld auf Nimmerwiedersehen verschwunden war. Ausschreibungsunterlagen bekamen die Bewerber übrigens nie zu sehen.

Meine Empfehlung: Zahlen Sie nie Vorauskasse für die Anforderung von Ausschreibungsunterlagen. Und sollten Sie in diesem Fall sogar mit zu den Geprellten gehören, dann zeigen Sie die Peinlichkeit schnell an.

46. Die Mahnung aus Málaga

Haben Sie auch schon einmal ein Schreiben bekommen, in dem Bezug genommen wurde auf eine Bestellung, die Sie nie aufgegeben haben? Da kann man schon ins Grübeln kommen, oder?

Eine Firma namens »Gouldiane Muorus S.L.« aus Málaga (Spanien) verschickt Briefe, in denen sie behauptet, sie hätten die vermeintlich gewünschte Ware zusammengestellt und per Post zugesandt, die Annahme der Postsendung wurde aber angeblich verweigert. Um diese scheinbare Misere zu beseitigen, bietet die Firma zwei Optionen an: 1. Sie holen die Ware persönlich in Málaga ab und bezahlen bei der Gelegenheit gleich noch 7,50 Euro Lagergebühr. Oder 2. Sie überweisen mit dem beigefügten Überweisungsformular 58,97 Euro und schon würde die Ware erneut per Post auf die Reise gehen.

Na ja, da muß man schon eine Menge Puder aus dem Klammerbeutel abbekommen haben, wenn man sich für nicht bestellte Ware, von der man nicht einmal weiß, um welche Artikel es geht, auf den Weg nach Málaga macht oder das geforderte Geld verschickt. Aber offensichtlich muß der Trick Früchte tragen, denn sonst würden diese Malagueños nicht so viel Porto für Briefe ausgeben. Übrigens finden sich ein paar kernige Formulierungen in ihrem Schreiben, um dem Zweifel keinen Raum zu geben: »Sollten Sie Ihre Ware weder bezahlen noch abholen [...] werden wir Schadenersatz von Ihnen fordern. Die Forderung umfaßt unter anderem die entstandenen Kosten und den Ersatz für das entgangene Geschäft.«

Lassen Sie sich nicht kleinkriegen. Legen Sie das Schreiben zu Ihren Unterlagen. Erst wenn ein gerichtlicher Mahnbescheid kommt, sollten Sie in Widerspruch gehen. Aber Sie können mir glauben, den wird diese Firma nicht einholen.

47. Der unverhoffte Geldsegen per Brief

Na, da hat sie sich aber gefreut, die Mittdreißigerin aus dem kleinen Vorort unserer Landeshauptstadt Magdeburg. Noch nie war ihr Fortuna hold, und jetzt kommt aus heiterem Himmel Post aus den Niederlanden mit der frohen Botschaft, daß 15.000 Euro auf sie warten. Sie sei die Hauptgewinnerin beim Preisausschreiben! Der Gewinn wurde bereits offiziell überprüft und wird garantiert in voller Höhe ausgezahlt – das steht in dem mit einem Siegel der Firma »NB Zahlungen« versehenen Brief zu lesen. Damit das Geld auf das Konto der glücklichen Gewinnerin fließen kann, braucht diese nur noch ein »Preisanspruchsschein« an das Unternehmen zurückzuschikken. Klingt das nicht schön? Der Schein ist natürlich schon vorbereitet, so daß sie nur noch ihr Kreuzchen bei »Ich möchte meinen garantierten Preis in Anspruch nehmen« setzen und zum Briefkasten gehen muß. Ach ja, eine Kleinigkeit vergaß ich noch zu erwähnen: Eine »Anforderungsgebühr« von 10 Euro ist für diese Transaktion zu entrichten. Aber mal ehrlich, das ist doch ein Lacher bei 15.000 Euro Gewinn, die ins Haus stehen, oder?

Sie wissen schon, worauf diese Sache hinausläuft. Die Glücksboten haben es nur auf die 10 Euro »Anforderungsgebühr« abgesehen. Einen Gewinn wird es nie geben. Solch einen Betrugsversuch können Sie selber gut durchschauen. Kommt Post aus dem Ausland und ist darauf nur eine Postfachadresse angegeben, fehlt die Telefonnummer oder prangt lediglich eine 0190er Nummer auf dem Briefkopf, dann ab in den Papierkorb mit dem Schreiben.

Wenn Ihnen ein so hoher Gewinn zugesagt wird, dann verlangt der Glücksbote garantiert keine Gebühren.

48. Der Großbildfernseher für Sie

Ein Paket mit einem Grundig-Breitbild-Fernseher im Verkaufswert von 2.100 Euro wartet auf die Auslieferung an Sie« versprechen Schreiben der Amsterdamer Firma »Federated-Export-Ltd.«. Mit einem ähnlichen Schreiben suggeriert eine Firma »WDS« aus den Niederlanden die Paketfreigabe eines Sony Digital Plasmagroßbildgerätes im Wert von 5.000 Euro oder alternativ die Auszahlung von 1.200 Euro in Bargeld-Spargutscheinen. Sie jubeln schon? Besser nicht. Fragen Sie sich, wieso da ein Fernseher auf Sie wartet, obwohl Sie keinen bestellt bzw. an keiner Gewinnauslosung teilgenommen haben. Nun ja, das Geschäft mit dem Wecken falscher Hoffnungen blüht ...

Lassen Sie sich den Zahn ziehen. Da wartet kein großes Gerät auf Sie. Die Unternehmen legen es nur auf die 25 Euro Transfergebühr an, die von Ihnen für die Übersendung des Paketes verlangt werden. Und wenn Sie sich das Schreiben ganz genau durchlesen, dann finden Sie irgendwo einen Passus, der Ihnen verrät, daß das Paket auch »andere Artikel« enthalten kann. Das bedeutet, daß Sie für Ihr gutes Geld wer weiß was zugeschickt bekommen.

Das Schlimme an der Masche ist, wenn Sie darauf reagieren, sind die 25 Euro weg. Sie können noch nicht einmal reklamieren, wenn statt des Fernsehers eine Klobrille überbracht wird.

49. Kredithaie machen Ihnen das Geschäft schmackhaft

Brauchen Sie Geld? Entscheidung in 24 Stunden, ohne lästige Bankgespräche gleich aufs Konto«, so lautete der Text einer Werbeannonce, mit der ein Finanzbüro Kreditsuchende ansprach. Interessenten bekamen auch prompt von einem Außendienstmitarbeiter Besuch. Der schilderte die Aussichten für eine Kreditvermittlung in den rosigsten Tönen und ließ die Geldsuchenden mehrere Schriftstücke unterschreiben, darunter eine sogenannte »Wirtschaftsanalyse«, die angeblich für die Kreditvermittlung notwendig sei. Das gute Stück allein kostete mehrere hundert Euro. Betroffenen, die sich nach dem Geschäft in der Verbraucherzentrale erkundigten, wurde erklärt, daß dieses Pamphlet völlig wertlos sei. Offensichtlich war die Kreditvermittlung, zu der es nach

meinen Erkenntnissen nie kam, völlig nebensächlich. Bei den Kundengeschäften ging es hauptsächlich um den Verkauf der teuren »Wirtschaftsanalyse«. Und das hat ja auch bestens geklappt.

Wenn Ihre Hausbank einen Kredit ablehnt, dann ist ein Darlehn bei einem privaten Kreditvermittler für Sie ein harter Brocken, an dem Sie sich leicht verschlukken könnten.

50. Die Geldspritze aus Panama

Ihre Partner sind Firmeninhaber mit belasteten Unternehmen und echten Liquiditätsproblemen. Genau dieser Personenkreis sucht Kredite, die wegen der prekären Bankensituation nicht gewährt werden. In diese Marktlücke sprangen zwei Herren, die per Annonce problemlos Kreditvermittlungen ab 50.000 Euro in Aussicht stellten. Bei gemeinsamen Treffen boten sie den in Not Geratenen an, den gewünschten Betrag über Firmen mit Sitz auf der Isle of Man und in Panama zu regulieren. Für die Dienstleistung kassierten sie 3 % Provision im Voraus.

Im Gespräch suggerierten die Kreditvermittler ihren Kunden, daß sie bei Nichtvermittlung die Provision zurückbekämen. So ergaunerte sich das Pärchen satte 175.000 Euro und, wie zu erwarten, gab es für die Betroffenen keinen Kredit. Die vermeintlichen Geldgeber im Ausland stellten sich als von den Ganoven angelegte Briefkastenfirmen heraus. Was die Kreditsuchenden zugeschickt bekamen, waren sogenannte Subventionsreporte und Auflistungen öffentlicher Fördermittel.

Wenn einem das Wasser bis zum Hals steht, hält man sich gern an jedem Strohhalm fest. Besser ist es, sich nach einem echten Rettungsboot umzuschauen, als Schwimmversuche in fremden Gewässern zu unternehmen.

51. Kredite für jedermann

Europa macht's möglich« – so lautet der Werbeslogan eines Finanzdienstes, der Arbeitslosen, Sozialhilfeempfängern und Hausfrauen problemlos ein Darlehen bis zu 50.000 Euro anbietet. Für die Realisierung dieses Vorhabens werden laut eines Schreibens, das in vielen Briefkästen landete, keine Bürgen, keine Kreditauskünfte und kein Beschäftigungsnachweis benötigt. Da klingeln doch die Alarmglocken!

Allein diese Formulierungen weisen die Firma als ein unseriöses Unternehmen aus. Einige der Angesprochenen mußten das am eigenen Leibe spüren. Für die Übersendung von Vertragsunterlagen wurde eine Vorkasse von bis zu 400 Euro fällig. Zur Kreditvermittlung kam es allerdings nicht. Glatter Betrug! Sie sollten definitiv keine Gebühr zahlen, bevor der Kredit gewährt ist. Denken Sie zudem daran, daß ein Kredit abbezahlt werden muß. Arbeitslose oder Sozialhilfeempfänger können sich unbedacht leicht ins Abseits katapultieren.

Mein Tipp: Beantragen Sie einen Kredit bei der Sparkasse oder einer Bank. Wenn diese den Kredit ablehnen, ist für Sie das Risiko auch bei anderen Kreditgebern mit Sicherheit zu hoch.

52. Das geplatzte Nobel-Essen

Einen schönen Batzen Geld ergaunerte sich ein pfiffiger Ganove überwiegend in Nobelrestaurants und guten Hotels. Seine Masche war denkbar einfach. Er rief beim Geschäftsführer persönlich an, lobte den guten Ruf der Küche seines Hauses und bestellte für den gleichen Abend einen Tisch für sechs bis acht Personen anläßlich des 80. Geburtstags seines Vaters. Kurz vor dem bestellten Termin meldete er sich erneut telefonisch und informierte darüber, daß er im Stau stehe und voraussichtlich etwas später käme. Das ist höflich und eigentlich auch nicht so schlimm. Da war aber noch etwas. Er erzählte, daß ein Taxifahrer vorbeikäme und einen Siegelring, der als Geschenk für den Vater gedacht sei, überbringe. Der Ring müsse aber noch bezahlt werden. Für den Fall, daß er selbst zu diesem Zeitpunkt noch nicht im Restaurant sitze, bat er den Wirt, die Bezahlung für ihn zu übernehmen.

Was Ihnen vielleicht unwahrscheinlich vorkommt, hat tatsächlich geklappt. Der angebliche Taxifahrer, der mit Sicherheit der Anrufer selber war, kassierte jedes Mal etwa 250 Euro und verschwand mit dem Geld. Die Gastwirte blieben auf leeren Stühlen und einigen Miesen in der Kasse sitzen.

Nicht jeder Kunde ist kreditwürdig, nur weil er ein gutes Geschäft in Aussicht stellt.

53. Der Einmietbetrüger

Es gibt Leute, die machen sich ernsthaft Gedanken darüber, wie man die Kosten für einen Hotelaufenthalt auf ein Minimum beschränken kann. Ich will Ihnen von einem Mann berichten, der sich vornahm, sogar noch Geld herauszubekommen.

Als angeblicher Mitarbeiter des ADAC kündigte er in einer Pension das Kommen eines Dr. Gernod in den frühen Abendstunden an. Selbiger hatte mit seinem Pkw angeblich einen Unfall und brauche dringend eine Übernachtung. Eine knappe Stunde später tauchte nun der Anrufer als vermeintlicher Doktor in der Pension auf, klagte über sein Pech mit dem Autounfall und betäubte seinen Schmerz über das kaputte Auto in der Stammtischrunde mit reichlich Alkohol. Da er nun zwangsläufig auf die Bahn umsteigen müsse und unglücklicherweise seine EC-Karte noch im Unfallwagen läge, lieh er sich kurzerhand vom Wirt 150 Euro. So ausgestattet, verabschiedete er sich am darauffolgenden Morgen mit warmem Händedruck vom Wirt, der bis heute auf das Geld des falschen Doktors wartet. Ein bißchen ungeschickt stellte sich der Gauner aber doch an: Bei der Stammtischrunde hat er sich nämlich fotographieren lassen – und mit genau diesem Foto fahndet jetzt die Polizei nach ihm.

54. Die unbestellte Warensendung

Vielleicht ist es Ihnen ja auch schon so gegangen wie dem 50jährigen Herrn Maas aus einer Kreisstadt. Ohne je eine Bestellung abgegeben zu haben, lag eines schönen Tages ein bunter Kalender in seinem Briefkasten, der laut Aufdruck einen Wert von 10 Euro besaß. Die Firma aus dem Süden Deutschlands war Herrn Maas nicht bekannt. Getrieben von dem unguten Gefühl, etwas zu besitzen, was ihm nicht

gehört, sandte er den Kalender »unfrei« mit dem Vermerk, daß der Empfänger zahle, zurück. Der allerdings dachte nicht daran, das Porto zu begleichen, verweigerte die Annahme und so wanderte der Kalender mehrmals hin und her. Das wiederum fanden die Mitarbeiter von DHL nicht sehr lustig, reichten eine Klage ein und bekamen nun den höchstrichterlichen Bescheid, daß Herr Maas, der die »unfreie« Rücksendung eingeleitet hatte, 50 Euro an das Paketunternehmen zahlen muß. Ein hohes Lehrgeld ... und für Sie hoffentlich Anlaß, es ihm nicht gleichzutun.

Sie sollten wissen, daß unbestellte Ware nicht zurückgesandt werden muß, im Gegenteil. Sie können die Ware nutzen oder einfach wegschmeißen, ganz wie es Ihnen beliebt. Dazu ist die Rechtslage ganz eindeutig.

Kurz: Eine unfreie Rücksendung, zu der man ohnehin nicht verpflichtet ist, führt mit Sicherheit zu finanziellen Nachteilen.

MEHR ALS NUR EIN ENKELTRICK

55. Der Totalschaden am Auto des Enkels

Ja, ich weiß, wenn Sie vom Enkeltrick lesen, schütteln Sie nur mit dem Kopf und sagen sich: Das kann doch wohl nicht sein, daß die Leute immer wieder auf diese alte Masche reinfallen. Die Wahrheit ist, daß es leider immer wieder funktioniert.

Mittels Enkeltrick wurde eine ältere Frau einen schönen Batzen Geld los. Die gute Dame bekam einen Telefonanruf von einem jungen Mann, der sich als ihr Enkel ausgab. Er heulte ihr was von einem Unfall mit Totalschaden vor und flehte sie an, ihm kurzfristig mit 10.000 Euro auszuhelfen. Weil er aber wegen des Unfalls noch ärztlich behandelt werden müsse, würde er seinen Freund zum Abholen des Geldes vorbeischicken. Welche Oma will sich da nicht großzügig zeigen? Besagter Freund – mit Sicherheit der Anrufer selber – erschien kurz darauf bei der Frau, diese wiederum begab sich zur Sparkasse, hob ihr mühsam erspartes Geld ab und übergab es dem Unbekannten.

Eine solche Tragödie läßt sich, egal mit welcher Geschichte sie begründet und mit welchem Nachdruck sie vorgetragen wird, ganz leicht vermeiden. Ein Rückruf bei dem echten Enkel oder eine telefonische Rücksprache mit einem anderen nahen Familienmitglied ließe mit Sicherheit berechtigte Zweifel am Ereignis aufkommen. Wenn man darüber hinaus noch erklärt, daß die Geldübergabe nur persönlich erfolgen könne, gibt man solchen Betrügern keine Chance.

Enttarnen Sie den falschen Enkel! Fragen Sie ihn einfach nach dem Vornamen seiner Mutter ...

56. Dem Enkel leiht man gern mal Geld

Der Enkeltrick mag uralt sein, aber folgendes Beispiel der Gegenwart beweist einmal mehr, daß er zeitlos – um nicht zu sagen: ein Klassiker – ist. Betroffen war eine 83jährige Frau, die von einem jungen Mann einen Anruf bekam, der sich als ihr Enkel ausgab. Der Anrufer beschrieb blumenreich, wie günstig er ein Auto kaufen könne und daß er das Geld leider nicht heute parat hätte. Oma sollte ihm mit 12.000 Euro, die sie selbstverständlich in der nächsten Woche wiederbekäme, aushelfen. Nach anfänglichem Zögern erklärte sich die Frau bereit, ging zur Bank, hob das Geld ab und übergab es vor der Haustür an eine ihr völlig fremde Person, die angeblich vom Enkel geschickt wurde. Ehe sie merkte, was geschah, war das Geld weg und der Kummer groß – so wie es schon Hunderten nach dem Enkeltrick erging.

Wollen wir gemeinsam etwas unternehmen, damit diese Betrüger keine Chance mehr haben, älteren Leuten das Geld abzunehmen? Na dann sprechen Sie mit Ihren Verwandten eindringlich über diese Geschichte, erklären Sie, daß sie Bargeld nie an Fremde übergeben sollen, und impfen Sie ihnen ein, daß sie bei solchen ominösen Telefongesprächen den besagten »Enkel« lieber noch einmal persönlich anrufen. Sie müssen sich davon überzeugen, daß er tatsächlich in Schwierigkeiten steckt oder einen besonderen Wunsch hegt. Hat man die Telefonnummer des Enkels nicht parat, dann ist auf alle Fälle ein Gespräch

mit anderen Verwandten oder Bekannten empfehlenswert. Sie sollten keinesfalls blindlings zur Bank laufen. Und noch eins: Liebe MitarbeiterInnen in Sparkassen und Banken, wenn Oma Müller ganz alleine erscheint und einen Batzen Geld abholt, fragen Sie ruhig nach den Umständen für das Geldabheben. Bestenfalls hilft es, die Geschichte vom falschen Enkel zu erzählen.

Manchmal müssen Außenstehende einen nüchternen Tipp geben, damit die Erleuchtung ein finanzielles Unheil verhindert.

57. Der Sohn des Autohausbesitzers als Geldabholer

Sie alle wissen, daß ich schon seit Jahren vor den üblen Tricks der Gauner und Ganoven warne, und ich weiß, daß Sie über Radio, Fernsehen und Presse ähnliche Informationen erhalten. Wenn ich eine Masche nennen sollte, die am häufigsten vorkommt, dann ist das der Verwandten- oder Bekanntentrick. Unfaßbar, daß es immer noch Menschen gibt, die diesen Trick nicht erkennen und im guten Glauben bares Geld an wildfremde Personen herausgeben.

So geschehen erst kürzlich in einer Kleinstadt ganz in der Nähe. Bei einer 52jährigen Frau meldete sich telefonisch ein Anrufer, der ganz vertraulich tat und dringend um Hilfe bat. Die Frau, der es etwas peinlich war, daß sie die Stimme nicht gleich erkannte, tippte einfach mal auf ihren Neffen, und der Mann am Telefon bestätigte die Vermutung prompt mit einem »Ja, ich bin's«. Er erzählte, daß er gerade in einem Autohaus sei, ein Auto kaufen wolle und der Verkäufer ihm bei Barzahlung 1.500 Euro Rabatt einräumen würde. Da er gerade nicht an sein Geld komme, bat er seine »liebe Tante«, ihm mit 8.000 Euro vorübergehend auszuhelfen. Natürlich erklärte sich die Tante spontan bereit, das Geld sofort von der Bank abzuholen.

Etwa zehn Minuten, nachdem sie wieder zu Hause war, meldete sich der vermeintliche Neffe erneut, erklärte, daß er das Geld nicht persönlich abholen könne, dafür aber der Sohn des Autohausbesitzers vorbeikäme. Genauso passierte es. Zwar war der Abholer nicht der Sohn eines Autohausbesitzers, aber das

Geld bekam er ohne Bedenken von der gutgläubigen Tante ausgehändigt.

Wenn Sie die Stimme des Anrufers am Telefon nicht erkennen sollten, macht Ihnen keiner einen Vorwurf. Sie sollten aber hellhörig werden, wenn der vermeintliche Verwandte oder Bekannte um Geld bittet, ja es binnen kurzer Zeit benötigt. Rufen Sie die Person, die angeblich angerufen hat, zurück, und zwar unter der Telefonnummer, die Sie von ihm/ihr seit langem gespeichert oder notiert haben. Oder rufen Sie einen nahen Verwandten an, der Ihr Vertrauen genießt. So viel Zeit muß sein.

Mit einem Anruf entlarven Sie die Aktion eines Betrügers schnell als böse Falle. Auf keinen Fall sollten Sie Geld an fremde Personen herausgeben.

58. Das Kennwort für den Geldabholer

Mitte Mai meldete sich bei einem Hallenser Ehepaar telefonisch ein Mann, der fragte: »Rate mal, wer ich bin?« Da fast jeder irgendeinen männlichen Bekannten bzw. Verwandten hat, tippte die Ehefrau auf ihren Enkel und fragte: »Bernhard, bist du's?« Vermeintlicher Bernhard gab sich dann angeblich auch zu erkennen und beklagte, daß er gerade einen Unfall gehabt habe und die Werkstatt von ihm 3.500 Euro Vorleistung verlange, sonst würden sie das Auto gar nicht erst annehmen. Seiner Bitte, ihm das Geld vorzustrecken, kam die Frau selbstverständlich nach. Unser »Bernhard« erklärte jedoch, daß sein Freund Robbi das Geld abholen käme. Weil Oma ja diesen Robbi nicht kenne und eine vertrauensvolle

Übergabe erfolgen sollte, würde der Freund ein Kennwort nennen. Sie einigten sich auf »Blume«.

Besagter Freund, der der Anrufer selbst oder sein Komplize war, bekam das Geld überreicht und ward seither nie mehr gesehen.

Muß ich noch mal sagen, wie Sie diese falschen Enkel entlarven? Nein, Sie wissen es.

59. Der verstorbene gemeinsame Bekannte

Daß man nicht miteinander verwandt sein muß, um sich das Vertrauen fremder Leute zu erschleichen, beweist der nächste Fall. Ein 79jähriger Mann und seine ein Jahr ältere Frau wurden auf der Straße, ganz in der Nähe ihrer Wohnung, von einem Unbekannten angesprochen. In einem geschickt geführten

Gespräch suggerierte dieser den alten Herrschaften, daß vor kurzem leider ein guter alter gemeinsamer Bekannter verstorben sei. Ihn habe diese Nachricht ganz hart getroffen, zumal er kurz vorher für diesen vermeintlichen Bekannten Geschenke gekauft habe. Prompt fragte er das Paar, ob es bereit wäre, ihm diese Geschenke abzukaufen. Selbstverständlich nur für einen Bruchteil des tatsächlichen Preises. Da es sich dabei um optisch recht hochwertige Lederjacken handelte, waren die beiden bereit, auf das Geschäft einzugehen. Sie baten den Fremden in ihre Wohnung, holten 1.000 Euro aus einem Versteck und übergaben sie ihm bereitwillig.

Der Schreck kam erst später, als sie ihre Neuerwerbung stolz ihrer Tochter zeigten. Die erkannte, ohne eine Frau vom Fach zu sein, daß es sich bei den Jakken um Billigware handelte, die maximal 100 Euro wert war. Schade, der Handel läßt sich nicht mehr rückgängig machen.

Für Sie sollte dieser Fall Anstoß sein, mit Ihren Eltern oder Großeltern darüber zu sprechen und zu betonen, daß Geschäfte, die auf der Straße angebahnt werden, meistens in die Hose gehen.

60. Hallo! Kennst Du mich nicht mehr?

Wenn Ihnen jemand aus dem Auto heraus ein »Hallo, kennst Du mich nicht mehr?« oder einen ähnlich gelagerten Spruch herüberwirft und Sie glauben machen will, Sie zu kennen, dann kontern Sie bitte knallhart mit einem: »Nein, bestimmt nicht, und ich habe auch nicht die Absicht, das zu ändern!«

Denn sämtliche Fälle, die sich bisher aus dieser Anmache entwickelt haben, zogen einen schmerzlichen Geldverlust nach sich. Das mußte kürzlich auch ein Mann erfahren, dem dieser angebliche Bekannte die Uralt-Story von einem Messebesuch und den vielen Lederjacken, die er als Aussteller nun übrig habe, erzählte. Er wollte dem vermeintlichen Bekannten spontan einige Jacken schenken. Ganz nebenbei bat er ihn leihweise um 1.000 Euro, um seinen Rückflug nach Polen finanzieren zu können. Selbstverständlich wollte er das Geld zurückzahlen, und als Pfand ließ er gleich alle Waren, die er mit einem Gesamtwert von 5.000 Euro angab, da. Der gutmütige Mann lieh dem Unbekannten auch tatsächlich das Geld. Name und Adresse, die er sich notiert hatte, waren natürlich falsch. Das Pkw-Kennzeichen hatte er sich gar nicht erst aufgeschrieben.

Nachdem er Tage später Verdacht schöpfte und die Ledersachen von einem Fachmann begutachten ließ, mußte er mit der bitteren Erkenntnis leben, daß all die »schöne Messeware« zusammen einen Wert von maximal 300 Euro besaß.

Nicht einmal für diesen Preis werden Sie die Sachen wieder los – es sei denn, Sie wenden den gleichen Trick an ...

61. Die alten Bekannten ... an die man sich nicht mehr erinnert

Ich muß Ihnen gestehen, daß mir manchmal das Herz richtig schwer wird, wenn ich höre, wie leichtgläubig gutherzige Menschen auf die Tricks von Betrügern hereinfallen. Dabei sind die Methoden nicht neu ... Auf den Bekanntentrick fiel unlängst eine ältere Frau herein. Von zwei Männern, die angaben, sie von früher zu kennen, wurde sie angesprochen. Ihnen gelang es, die Frau dazu zu bringen, sie mit in die Wohnung zu nehmen. Wer so etwas zuläßt, hat im Prinzip schon verloren.

Mit einem unerschöpflichen Redeschwall haben beide die Dame so beschäftigt, daß sie nicht bemerkte, wie von der Vitrine im Wohnzimmer und aus dem daneben stehenden Schrank drei wertvolle Porzellanfiguren verschwanden. Ganz nebenbei überreichten sie der Frau ein relativ wertloses Topf-Set, einen Billigtoaster und Schminkutensilien. Alles eingerahmt von einer herzerschütternden Geschichte von der fern in Israel lebenden Familie, die sie schon Jahre nicht gesehen haben und für deren Besuch das nötige Reisegeld fehle. Letztlich entwickelte sich der Hausbesuch so, wie es sich die Ganoven ausgerechnet hatten. Die Frau gab jedem der Schurken obendrein aus Mitgefühl noch 50 Euro in die Hand, bevor diese – mitsamt den Porzellanfiguren – verschwanden.

Handeln Sie überlegt, Sie kennen jetzt das Vorgehen der »Bekannten« und wissen, welchen Typen Sie ganz schnell die rote Karte zeigen sollten.

62. Der Messevertreter vom Gardasee

Ein Meister im Manipulieren von Menschen war ein Mittfünfziger, der in einem Café ein älteres Pärchen ansprach und ihm wahrlich einreden konnte, daß er mit dem angesprochenen Mann vor vielen Jahren gemeinsam in einem Großbetrieb der Region gearbeitet habe. Vielleicht war auch der Kaffee, den er dem Pärchen freudig und scheinbar großzügig spendierte, ausschlaggebend dafür, daß deren Bereitschaft, seine Geschichte zu glauben, von Minute zu Minute stieg. Aus Freude über das Wiedersehen mit dem vermeintlichen ehemaligen Arbeitskollegen übergab der Mittfünfziger dem Paar zwei Lederjacken, einen Blouson und eine Handtasche. Alles Markenware, wie er versicherte, und für ihn jetzt nicht mehr von Interesse, da er diese Stücke nur zur Präsentation bei einer Messe benötigt habe. Jetzt, kurz vor seiner Rückreise zum Gardasee, an dem er sein Geschäft führe, würden die Stücke nur Zollgebühren verursachen. Nicht schwer zu glauben, daß dieses unerwartete Geschenk die Produktion von Glückshormonen bei dem Ehepaar gefördert hat. Was dann aber kam, war die eigentliche Meisterleistung des Herrn. Er erzählte eine herzzerreißende Geschichte von seiner Frau, der beide Beine amputiert werden müßten und für die er dringend einen Rollstuhl kaufen wolle. Leider fehle es ihm im Moment an dem nötigen Kleingeld ... Das Pärchen, ergriffen und von seinen Präsenten verwöhnt, übergab kurzerhand 700 Euro und sah den noblen Spender nie mehr wieder. Die Jacken waren billige Imitate, die maximal 200 Euro Wert hatten.

Was sagt Ihnen das? Richtig: Nicht jeder, der wie ein freundlicher Bekannter tut, ist in Wirklichkeit freundlich oder mit Ihnen bekannt.

63. Die Heimkehr des kriegsvermißten Bruders

Sie glauben, »ein Verwandter erbittet telefonisch Geld und läßt es von einem Unbekannten abholen« ist eine unvorstellbare Trick-Situation? Dann stellen Sie sich nun vor, wie unglaublich es klingt, wenn die angeblichen Verwandten leibhaftig vor ihrem Opfer stehen und ihnen der gleiche Coup gelingt.

An der Wohnungstür einer 82jährigen stand ein etwa 50jähriger Mann, begrüßte die Frau mit überschwänglicher Freude und einem Blumenstrauß in der Hand und erklärte ganz einfach, daß er ihr Bruder (!) sei. Das glauben Sie nicht? Doch, es trug sich tatsächlich so zu. Daß der tatsächlich seit dem Krieg vermißte Bruder der Dame jetzt eigentlich auch schon um die 80 sein müßte, ist der Frau dabei nicht so recht in den Sinn gekommen. Der Besucher berichtete, daß er im Lotto vier Millionen Euro gewonnen habe und natürlich seine Schwester an dem Gewinn beteiligen möchte. Außerdem habe er sich schon einen BMW gekauft und wolle gleich noch einen Caravan dazu erwerben. Allerdings fehlen ihm 500 Euro für die Anmeldung, die er heute noch bar vorlegen müsse.

Ich vermute, daß die Geschichte mit der Beteiligung an dem zu erwartenden Geldsegen bei der älteren Dame einfach eine Überfunktion der Hirnanhangsdrüse auslöste, die wiederum ein logisches Denken unmöglich machte. So kam es, daß die betagte Dame die erbetenen 500 Euro tatsächlich übergab. Der vermeintliche Bruder versprach, das Geld am nächsten Tag zurückzugeben, verabschiedete sich und ward nie wieder gesehen.

Ich will nur hoffen, daß Sie, egal wie alt Sie sind, von solchen Erfahrungen verschont bleiben.

64. Die richtige Frage zur richtigen Zeit

Sie sollen nicht denken, daß Betrüger nur Erfolg haben. Manchmal geraten Sie an potentielle Opfer, die über eine gesunde Portion Mißtrauen verfügen, wenn's um das liebe Geld geht.

Per Telefon meldete sich bei einem älteren Herrn jemand, der sich als sein Enkel ausgab, eine Notsituation vortäuschte und um finanzielle Unterstützung bat. Nun hatte das betroffene Ehepaar auch zufällig 5.000 Euro im Haus und sagte Unterstützung zu. Der angebliche Enkel erklärte, daß er seinen Freund Max vorbeischicke, der das Kennwort »MAX« angeben würde. Besagter Max muß aber etwas schnell unterwegs gewesen sein, denn noch während des Telefongespräches klingelte der Bursche an der Haustür. Das ließ den Opa stutzig werden, woraufhin er noch am Telefon seinen vermeintlichen Enkel nach seinem Geburtsdatum fragte. Als das der Geldabholer hörte, suchte er flugs das Weite … und der Möchtegern-Enkel legte auf.

Nicht immer ist so viel Glück im Spiel. Aber in diesem Fall hat die richtige Frage zur richtigen Zeit Schlimmes verhütet.

65. Das Vermögen im Sparstrumpf

Manchmal geht das, was das Leben an Geschichten bietet, hart an die Grenzen meines Vorstellungsvermögens. So zum Beispiel der Umstand, daß ein Rentnerpärchen weit über 100.000 Euro in einem Stoffbeutel im heimischen Schlafzimmer aufbewahrte. Ja, Sie haben richtig gelesen, über 100.000 Euro! Diese Summe wäre bis heute nicht bekannt geworden, wenn nicht ein Betrüger-Pärchen eben diese Geldmenge gestohlen hätte.

In einem Supermarkt wurde der alte Herr von einer etwa 50jährigen Frau nach dem Befinden seiner Gattin befragt. Seine Antwort: »Na, wie soll es ihr schon gehen nach der schweren Operation?!« Und da hatte die Betrügerin schon ihren Gesprächsansatz. Sie sei die Krankenschwester, die seine Frau gepflegt habe, und sie würde so gern einmal bei ihrer ehemaligen Patientin vorbeischauen. Der Mann verriet Namen und Adresse, und kurze Zeit später stand die Fremde mit einer Komplizin vor der Haustür der Rentnerin. Das Unglück nahm seinen Lauf ... Die eine Frau lenkte die alte Dame ab, die andere durchschnüffelte die Zimmer und fand auch prompt im Schlafzimmer besagten Sack mit dem vielen Geld.

Abgesehen davon, daß der Bargeldbestand zu Hause auf ein Minimum beschränkt werden sollte, läßt man Fremde nicht in die Wohnung. Ein Blick durch den Türspion und ein paar konkrete Fragen bei vorgelegter Türkette hätten das Lügengerüst der Betrügerinnen ganz schnell zusammenfallen lassen.

Der Sparstrumpf hat ausgedient. Schaffen Sie Ihr Geld ruhig zur Bank, da ist es allemal sicherer als zu Hause. Aber wie das Leben spielt, wird man manchmal erst durch Schaden klug.

WENN ES AN DER HAUSTÜR KLINGELT

66. Antiquitätenhändler

Es gibt sie, die seriösen Antiquitätenhändler, die Leute aufsuchen, nach antiken Möbelstücken fragen und dafür auch einen fairen Preis zahlen. Unterwegs sind aber auch Schlitzohren, die es neben einem Schnäppchen mit billig ergaunerten alten Möbeln auch auf Wertsachen abgesehen haben. Das mußte eine Frau schmerzlich erfahren.

Zwei Männer, die aus besagtem Grund auf dem Bauernhof der Frau auftauchten, ließen sich alte Möbel zeigen. Deren Gehabe war so hektisch, daß die gute Frau bald die Kontrolle über die Situation verlor. Während die Grundstücksinhaberin sich mit einem der Männer in der Scheune umsah, durchsuchte ein anderer das Haus und steckte sich 5.000 Euro, die in einer Kommode lagen, ein. Erst als die Gauner mit ihrem Pkw mit Berliner Kennzeichen verschwunden waren, bemerkte die Ärmste, daß ihr Sparstrumpf leer war.

Bei mir würden Diebe mit dem Bargeld, das zu Hause liegt, maximal ein Essen für vier Personen bezahlen können und nicht, wie in unserem Fall, eine Urlaubsreise auf einem Traumschiff.

Übermäßiges geschäftliches Gehabe ist kein Indiz für Seriosität. Echte Geschäftsleute strahlen Ruhe und Kompetenz aus. Behalten Sie einen kühlen Kopf und lassen Sie fragwürdige Personen erst gar nicht auf Ihr Grundstück.

67. Das Paket für den Nachbarn

Den Namen »SOS-Versandservice« sollten Sie sich gut merken und flugs die Tür wieder schließen, wenn bei Ihnen jemand ein Paket von dieser Firma abgeben will. Ein Bote dieses Unternehmens tauchte im Mai in verschiedenen Städten auf, klingelte an der Haustür und behauptete, daß der Nachbar, der leider nicht zu Hause sei, ein Paket bestellt habe, das 24,95 Euro koste. Ob man es freundlicherweise entgegen-

nähme? Viele freundliche Menschen taten ihm den Gefallen und händigten das Geld gegen Unterschrift aus. Die Überraschung war allerdings sehr groß, als besagte Nachbarn erklärten, keine Paketsendung zu erwarten. Die fast 25 Euro wollte verständlicherweise auch keiner rückerstatten, schließlich fanden sich in den Paketen nur Toilettenpapier, Küchenrollen, Topfreiniger und ein Dankschreiben eines angeblichen

Professor Dr. Lehmann, der sich bestimmt ein paar schöne Tage mit dem Geld hilfsbereiter Nachbarn leisten konnte.

Mein Tipp: Ein Paket für den Nachbarn annehmen, ist eine nette Geste, aber wenn es darum geht, es zu bezahlen, dann lassen Sie lieber die Finger davon und vertrösten Sie den Boten. Eine Unachtsamkeit hat schon manch gute Nachbarschaft zerstört.

68. Blinden- und Behindertenware an der Haustür

Geht es Ihnen auch so, daß Sie in der Vorweihnachtszeit besonders mildtätig gestimmt sind? Man läßt sich eher einmal beschwatzen und kauft etwas, was man eigentlich nicht unbedingt braucht. Diese Situation kennen viele, denen gerade Ende des Jahres an der Wohnungstür Blinden- und Behindertenware angeboten wird. Sie sollten wissen, daß sich mit sogenannter »Behindertenware« clevere Geschäftsleute eine goldene Nase verdienen. Hierbei werden Weihnachtskarten, handgearbeitete Strickwaren, Adventsgestecke und dergleichen überteuerte Waren nicht selten von jungen Menschen, die teilweise selber behindert sind, angeboten, um die Käufer glauben zu machen, mit dem Kauf einem guten Zweck zu dienen. Dem ist aber leider nicht so. Behindertenware wird nicht an der Haustür verkauft. Wer das behauptet, der betrügt. Anders sieht es aus mit sogenannter »Blindenware«. Darunter fallen Sachen wie Bürsten, Besen, Matten, Flecht- Strick- oder Häkelwaren oder auch kunstgewerbliche Töpferarbeiten.

Gut zu wissen: Der Verkäufer von Blindenware stellt sich mit einem Blindenwarenvertriebsausweis vor, und der ist garantiert echt, wenn auf dem Personalausweis des Verkäufers der gleiche Name steht wie auf dem Vertriebsausweis.

69. Viel Geld für einen Staubsauger

Es gibt sie, die Haustürvertreter, die seriöse Geschäfte anbieten, auch wenn immer mehr schwarze Schafe in dieser Branche den Ruf der ehrlichen Vertreter kaputtmachen.

Ein Vertreter einer Staubsaugerfirma (es ist übrigens nicht der Grün-Weiße, an den Sie jetzt denken), schwatzte einer älteren Dame eines seiner Wundergeräte für schlappe 1.500 Euro auf. Ein Jahr später meldete sich ein zweiter Vertreter und verkaufte der Guten Zubehörteile für satte 2.000 Euro zum Staubsauger, der übrigens noch unbenutzt in Originalverpackung in der Wohnung stand. Besagter Vertreter erkannte die Chance, von der Dame noch mehr Geld zu holen, meldete sich nach knapp 14 Tagen erneut und heuchelte, daß es mit der Ratenzahlung (die es gar nicht gab) Schwierigkeiten gäbe und deshalb eine Überweisung von 2.500 Euro sofort fällig wäre. Um möglichst viel von dem Geschäft in die eigene Tasche stecken zu können, ließ er sich den Betrag gleich auf sein Privatkonto überweisen. Wer jetzt denkt, die Geschichte ist vorbei, der irrt. Weitere 14 Tage später erschien erneut ein Herr, der erklärte, daß versehentlich falsche Teile zum Staubsauger ausgeliefert wurden, und nahm kurzerhand Staubsauger und Zubehör mit.

Zurück blieb eine Frau, die bis heute noch nicht weiß, wofür sie 4.500 Euro ausgegeben hat. Wer dieser verlogene Herr war, weiß keiner.

Überlegen Sie sich bei Haustürgeschäften gut, ob Sie das, was angeboten wird, wirklich brauchen. Überschlafen Sie grundsätzlich ein Angebot, bevor Sie etwas unterschreiben.

70. Die Tipps aus dem Pflegeheim

Ich nehme an, Sie haben schon einen Staubsauger. Wenn aber plötzlich jemand anruft, Ihnen ein super Angebot für einen Qualitätsstaubsauger macht und zudem noch verspricht, an dem alten eine kostenlose Sicherheitsprüfung vorzunehmen, dann sagt der eine oder andere schon mal »okay«, und lädt den Vertreter ein. So geschehen seit August 2016 in mindestens 30 Fällen. Sie ahnen, wie diese Besuche endeten: Einen neuen Staubsauger gab es nie, aber dafür fehlten Portemonnaies mit Bargeld und EC-Karten. Mit diesen EC-Karten kaufte der vermeintliche Staubsaugervertreter kräftig ein. Das Ganze hat aber jetzt sein gutes Ende gefunden. Der 39jährige vermeintliche Vertreter sitzt hinter Gittern. Auf ein Urteil wartet noch seine 30jährige Komplizin, die in einem Altenpflegeheim arbeitete und ihrem Kompagnon Namen und Telefonnummern von möglichen Opfern vermittelt hat.

Die Opfer wird das nicht mehr trösten, denn der Mann besitzt keinen Cent mehr, mit dem er den Schaden ersetzen könnte.

Wenn an Ihrer Tür unerwartet ein Vertreter auftaucht, denken Sie an diese Story und gehen Sie das mögliche Geschäft mit einer gesunden Portion Mißtrauen an. Das hilft, Geld zu sparen und Ärger zu vermeiden.

DIE TEPPICHMAFIA

71. Die Auslösesumme für den Container beim Zoll

Ich kann mir nicht erklären, warum es Teppichhändlern immer wieder gelingt, die Leute übers Ohr zu hauen. Betroffen war im vergangenen Monat eine Frau, die ihr gesamtes Sparguthaben eingebüßt hat. Nach einer telefonischen Ankündigung meldeten sich bei ihr zwei Männer, angeblich Neffen eines Teppich-Großhändlers, und boten ihr zwei vermeintlich gute Teppiche zu einem Preis von 3.500 Euro an.

Abgesehen davon, daß die Frau nicht den Platz für beide Teppiche hatte, ließ sie sich auf das Geschäft ein. Bei einem Täßchen Kaffee erzählten die Teppichspezialisten, daß sie für die Auslösung eines Teppichcontainers beim Zoll 7.500 Euro benötigten. Falls die Frau dieses Geld als Darlehn vorschießen würde, ließen sie ihr als Sicherheit zwei weitere hochwertige Teppiche da. Der südländische Charme der beiden muß die Frau wohl so betört haben, daß sie sich auf diese Aktion einließ. Daß sie am Ende die Leidtragende war, kann man an zehn Fingern abzählen. Die Herren ließen sich nie wieder sehen, aber dafür hatte die Frau jetzt vier Teppiche, deren Gesamtwert auf schmale 1.150 Euro geschätzt wurde.

Wenn Sie nicht irgendwann 11.000 Euro für Teppiche loswerden wollen, die nur ungefähr ein Zehntel von dem, was Sie investiert haben, wert sind und die Sie eigentlich gar nicht brauchen, dann zeigen Sie sich in solchen Kaufgesprächen souverän und vergessen Sie nicht, an der richtigen Stelle NEIN zu sagen.

72. Billiger Schmuck für teures Darlehen

Es mag hart klingen, aber die Fälle, in denen Teppichverkäufer an Ihrer Haustür klingeln und Ihnen ein Geschäft unterbreiten, sind immer mit Ärger und einer kriminellen Machenschaft verbunden. Das Vorgehen ist schon altbekannt, aber immer wieder gibt es neue Opfer.

Unlängst klingelten zwei vermeintliche Geschäftsleute, die auf die schönen Namen Mustafa und Hassan hörten, an der Tür eines 58jährigen. Mit blumigen Worten verkauften sie ihm zwei Teppiche für gute 4.000 Euro. Da der Mann nur 1.000 Euro zu Hause hatte, wurden diese als Anzahlung genommen. Der Rest sollte am Folgetag abgeholt werden.

Bei der Geldübergabe erzählten die sauberen Herren, daß sie ihr Geschäft in Deutschland auflösen und in Zürich ein neues eröffnen würden. Um die angeblichen Kosten für den Schweizer Zoll bezahlen zu können, benötigten sie 10.000 Euro. Der Mann zeigte sich sogar bereit, gegen lukrative Zinsen das Geld vorzuschießen. Als Sicherheit hinterlegten die beiden vermeintlich sehr wertvollen Familienschmuck und schlossen dann einen Darlehensvertrag ab. Da die Personalpapiere der Teppichhändler angeblich beim Zoll lagen, vertraute der Geldgeber mit Blick auf die glitzernden Klunker den mündlichen Angaben der Männer. Das war natürlich ein schwerwiegender Fehler. Das Geld sah er nie wieder, die beiden Teppiche waren maximal 500 Euro wert und der Familienschmuck, der als Sicherheit hinterlegt wurde, war Ramsch vom Trödelmarkt.

Ob sie Mustafa, Hassan, Fritz oder Paul heißen: Wenn Ihnen Unbekannte ans Geld wollen, sollten Sie beizeiten die Notbremse ziehen, bevor Sie am Ende Ihr mühsam Erspartes los sind.

73. Die Farbenpracht der Billigteppiche

Er ist so alt wie Methusalem und hat so viele Spielarten, wie ein Kirschbaum Blüten, der Trick mit dem Teppichverkauf an der Haustür. Und doch fallen fast täglich Leute darauf herein. Eines Tages rief der angebliche Inhaber eines Teppichgeschäftes bei einer 70jährigen an und verkündete, daß er ihr aus Dank für treue Kundschaft einen kostbaren Teppich schenken und sein Neffe das gute Stück vorbeibringen würde. Obwohl sie ablehnte, erschienen schon nach wenigen Minuten zwei Herren mit drei angeblich echten Perserteppichen. Beeindruckt von den bunten Farben, entschied sie sich für den größten. Der aber sollte nun plötzlich 13.000 Euro kosten! Verständlich, daß sich der Wunsch nach dem Teppich bei so einem Preis in Grenzen hielt. Als jedoch die Händler den Preis auf 9.000 Euro senkten, geschah das, was niemand für möglich hält und was doch immer wieder klappt: Die Dame sah eine vermeintliche Ersparnis von 4.000 Euro, hob persönlich bei der Bank das Geld ab und übergab es den Geschäftsleuten. Die hatten vor Freude ganz vergessen, die anderen beiden Teppiche wieder mitzunehmen. Der Kauf entpuppte sich kurz darauf als Kostenfalle. Laut Gutachten waren die drei zusammen lächerliche 260 Euro wert.

Lassen Sie solche Leute am besten gar nicht in die Wohnung und hüten Sie sich vor der betörenden Wirkung strahlender exotischer Farben. Sie sehen, was dabei herauskommen kann.

74. Wenn Profitaussichten das Gehirn vernebeln

Haben Sie schon einmal einen Urlaub in Tunesien mitgemacht? Wenn ja, dann gehörte mit großer Wahrscheinlichkeit auch ein Besuch in einer Teppichmanufaktur dazu. Ein 74jähriger hatte sich bei eben solch einem Besuch in einen Teppich verliebt, ihn für gutes Geld gekauft und nach Deutschland schicken lassen. Alles hatte bestens geklappt und er erfreute sich an dem guten Stück bereits ein knappes

Jahr, als plötzlich ein Ausländer vor seiner Tür stand und erklärte, daß er leitender Mitarbeiter in eben der Manufaktur in Tunesien sei, aus der der Mann seinen Teppich habe. Den Weg zu dem Rentner hatte der Tunesier aus einer angeblichen Notsituation heraus unternommen. Nach seinen Worten stehe in Hamburg beim Zoll ein Container mit Teppichen im Wert von 300.000 Euro, die er nicht einlösen könne, weil er seine EC-Karte verloren habe. Und nun kam die Bitte an den Rentner, ihm mit 30.000 Euro, die angeblich als Zolleinfuhrsteuer dafür fällig wären, auszuhelfen.

Natürlich würde sich die hilfreiche Geste für den Rentner auch lohnen, denn er bekäme nach der Einlösung der Ware sein Geld und weitere 3.000 Euro zurück. Damit der Rentner sich davon überzeugen könne, daß alles rechtens sei, bot man ihm an, persönlich mit zur Geldübergabe zum Zoll nach Hamburg zu fahren. Gesagt, getan. Opa hob das Geld ab, wie verabredet erschien eine Frau vor seiner Haustür und beide fuhren mit einem Taxi nach Hamburg. Während einer Pause unterwegs verlangte die Frau schon einmal das Bargeld, um es nachzuzählen, und verstaute es dann in ihrer Handtasche. In Hamburg angekommen, forderte sie den Taxifahrer irgendwo in der Stadt auf, kurz anzuhalten, stieg aus und verschwand mit dem Geld.

Na ja, ich glaube es lag nicht nur am fortgeschrittenen Alter, daß der Rentner sich auf diese windige Sache eingelassen hatte. Raffgier und die Aussicht, mit geringem Aufwand in kurzer Zeit einen Haufen Geld zu verdienen, haben ihn schlicht und einfach um sein logisches Denkvermögen gebracht.

Widerstehen Sie derartigen Versuchungen, die Ihnen einen beträchtlichen Gewinn versprechen. Ihr Einsatz wird nicht honoriert, sondern schamlos ausgenutzt. Lehnen Sie einfach dankend ab!

75. Das Strafgeld für den illegal importierten Teppich

Mit konstanter Regelmäßigkeit werden Teppichverkäufer ihre Ware direkt an der Haustür los. So auch vor gut einem halben Jahr, als sie eine Rentnerin beehrten.

Sie schwatzten ihr einen minderwertigen Teppich auf, der angeblich aus Israel stamme. Für 400 Euro gehörte er plötzlich ihr. Die Rentnerin wäre damit eigentlich auch ganz glücklich gewesen, wenn nicht der Verkäufer ein halbes Jahr später erneut aufgetaucht wäre. Er erklärte der 72jährigen, daß für die Ware aus Israel 300 Euro »Zollgebühren« fällig seien – diese müsse sie noch entrichten. Bereitwillig zahlte die Frau den Betrag. Das schien dem Gauner aber nicht genug zu sein. Einige Tage später meldete er sich erneut und versuchte, abermals von ihrer positiven Zahlungsmoral zu profitieren. Jetzt war bei der Frau aber die Schmerzgrenze erreicht; sie ließ ihn kurzerhand abblitzen. Richtig so! Was dann folgte, war allerdings der Gipfel der Unverfrorenheit: Ein Bekannter des Teppichverkäufers meldete sich telefonisch bei der Rentnerin, gab vor, von der Kriminalpolizei zu sein, und erklärte, daß der Teppichverkäufer festgenommen wurde. Durch ihn habe man erfahren, daß sie im Besitz eines Teppichs aus Israel sei. Dies wiederum sei verboten und deshalb müsse sie 1.500

Euro Strafe zahlen. Für die Geldübergabe vereinbarten sie einen Termin in der Wohnung der Dame.

In ihrer Hilflosigkeit machte die Frau nun das, was sie schon beim ersten Kauf hätte tun sollen: Sie holte sich Rat bei ihrem Sohn. Der verständigte kurzerhand die Polizei, woraufhin der Betrüger bei der geplanten Geldübergabe verhaftet werden konnte. Eine abenteuerliche, aber wahre Begebenheit, die immer wieder passieren kann.

Sie sollten Ihre betagten Verwandten sensibilisieren und ihnen einschärfen, daß immer dann, wenn es ums liebe Geld geht, ein Anruf bei Freunden oder der Familie viel Unheil verhindern kann.

76. Und manchmal klicken die Handschellen

Sie tauchen immer wieder einmal auf, die Teppichhändler! Und irgendwann könnten sie auch vor Ihrer Tür stehen. Nun wissen zwar die meisten Leute, daß man mit Teppichgeschäften an der Haustür in der Regel nur Nasse macht, aber die rhetorischen Fähigkeiten dieser Verkaufskünstler sind häufig so außerordentlich, daß schnell mal ein schöner Batzen Geld für minderwertige Ware ausgegeben wird.

Per Telefon meldete sich ein »Spezialist in Sachen Teppiche« bei einer Mittfünfzigerin an und schaffte es, der Dame zwei minderwertige Teppichbrücken für 1.900 Euro zu verkaufen. Weil er in ihr ein dankbares Opfer sah, rief er einige Tage später erneut an und lud sie zu einer Tasse Kaffee und einem Stück Kuchen in ein Restaurant ein. Dort erzählte er die unter Seinesgleichen geläufige Geschichte von der großen Teppichlieferung, die beim Zoll liege und nur gegen eine Summe von 20.000 Euro ausgelöst werden könne. Die Kaffeehausatmosphäre, das charmante Gesäusel des Händlers und die Aussicht auf eine satte Provision muß die Sinne der Frau so verwirrt haben, daß sie zusagte, ihm die 20.000 Euro zu leihen. Für den nächsten Tag fand sich ein Termin zur Geldübergabe in ihrer Wohnung. Gott sei Dank zeigte die Frau zwischenzeitlich voller Stolz die neu erworbenen Teppichbrücken ihrem Nachbarn, und der stellte – ganz ohne Fachkenntnisse – fest, daß sie für teures Geld billigen Krempel gekauft hatte. Glück im Unglück! Die Frau rief bei der Polizei an; gemeinsam mit ihr erwarteten die Kollegen den charmanten Teppichhändler zur vermeintlichen Geldübergabe.

Geld gab es natürlich nicht, dafür ein Paar schicke Handschellen um die Gelenke. Nun wartet der Betrüger, der mit der gleichen Masche im gesamten Bundesgebiet und in der Schweiz erfolgreich war, auf seine Gerichtsverhandlung; wir wünschen ihm eine saftige Strafe.

Wenn Sie auch einmal dieses wohlige Gefühl der Genugtuung genießen wollen, dann reagieren Sie bei einem möglichen Betrugsversuch genauso clever wie diese Frau.

77. Der Traum vom eigenen Stammplatz im Café

Eigentlich wollten sie nur einen Teppich verkaufen, die zwei südländisch aussehenden Frauen, die bei einer 76jährigen Frau an der Wohnungstür klingelten.

Oma muß wirklich noch nichts davon gehört haben, daß Betrugsgeschäfte in der Regel so ihren Lauf nehmen. Auf alle Fälle ließ sie die Frauen in die Wohnung und hörte sich von ihnen eine tolle Geschichte über eine Gaststätte, die sie eröffnen wollen, an. Ohne groß überzeugt werden zu müssen, erklärte sich die alte Dame bereit, eine Finanzspritze zur Gaststätteneröffnung zu geben. Vielleicht spielte auch der Gedanke daran mit, für den Rest des Lebens einen kostenlosen Platz bei Kaffee und Kuchen genießen zu können ... Gemeinsam fuhren sie zur Bank und hoben 12.000 Euro ab. Wieder zu Hause angekommen, entdeckten die eifrigen Teppichverkäuferinnen, daß die Dame außerdem über ein Sparbuch verfügte, auf dem sich 4.500 Euro befanden. Diese Summe würde den Neustart der künftigen Restaurantbetreiber selbstverständlich noch mehr erleichtern. Also fuhren sie flugs wieder zur Bank und Oma übergab auf dem Rückweg, gleich im Auto, ihr restliches Sparguthaben. Eine Quittung oder Vereinbarung über die Rückzahlung gab es nicht. Warum auch? – Die waren doch so nett, die beiden! In der darauffolgenden Woche tauchte ein Mann bei der gutgläubigen Frau auf, der erklärte, daß die beiden zukünftigen Gaststättenbetreiberinnen im Gefängnis säßen. Er wiederum brauche Geld, um sie freizukaufen. Das ging dann nun wirklich nicht, denn Oma hatte keinen Cent mehr.

Rausgekommen wäre diese riesen Sauerei sicherlich nie, wenn die Nichte zu ihrem Geburtstag nicht das übliche Geldgeschenk von Oma erwartet hätte. Als sie nachfragte, hörte sie die haarsträubende Geschichte davon, daß 16.500 Euro verschwunden, aber dafür zwei neue Teppiche im Wert von 150 Euro aufgetaucht seien.

Was sagt uns das? Man kann kaum so dumm denken, wie es manchmal kommt.

78. Das Abschieds-Treuegeschenk

Es gibt sie, die großen, traditionellen Teppichhäuser, die schon seit Jahrzehnten ihre Kunden zu bester Zufriedenheit bedienen. Einige von ihnen mußten eines Tages schließen. Was blieb, war ihr guter Ruf. Genau den nutzten zwei Betrügerinnen aus, die bewußt bei älteren Menschen an der Tür klopften und damit prahlten, die Töchter des ehemaligen namhaften Teppichhaus-Chefs zu sein.

Angeblich habe ihr Vater den Laden geschlossen, weil er seine letzten Lebensjahre wieder in der Heimat, im Iran, verleben wollte. Aus diesem Grund suchten sie langjährige, treue Kunden auf, um ihnen – sozusagen als Abschieds-Treuegeschenk – hochwertige Produkte aus dem restlichen Warenbestand zu einem Vorzugspreis zu überlassen.

Unsere beiden Betrügerinnen boten einer älteren Dame zwei angeblich handgeknüpfte Brücken und einen Seidenteppich für 5.000 Euro an. Über diese

Summe stellte die Frau einen Barscheck aus und rief auch noch bei ihrer Bank an, um anzumelden, daß dieser demnächst von den Damen eingelöst würde. Damit nahm das Schicksal seinen Lauf. Die mühsam ersparten Euros waren weg, und geblieben sind zwei Brücken und ein Teppich von der billigsten Qualität. Das tut weh! Aber es muß nicht dazu kommen: Wenn Sie mit ihren lieben Verwandten sprechen und erzählen, wie sich Böses oft mit einem lächelnden Gesicht in die Wohnung schleicht, dann helfen Sie, Unheil zu vermeiden.

Denken Sie daran: Was diese Leute erbeuten, können Sie nicht mehr erben.

VORSICHT DRÜCKERKOLONNEN

79. Die fiktive Medienumfrage

In den 1990er Jahren hatten sie Hochkonjunktur, die Drückerkolonnen, die für die bunten Westzeitungen Abonnements en masse mit wissensdurstigen Ossis abschlossen. In der Zwischenzeit ist der Markt gesättigt. Wenn heute einer an der Tür steht und ein Zeitungsabonnement anbietet, schlägt die Tür vor seiner Nase schneller zu, als sie aufging. Aus jenem Grund haben Drücker dazugelernt. In einer Großstadt kontrollierte die Polizei auf Hinweis einer Frau fünf junge Menschen, die mit Fragebögen von Haus zu Haus gingen. Einmal wurde nach dem Medienverhalten und der interessantesten Fernsehsendung, ein anderes Mal danach, wie man über die Wiedereingliederung Strafgefangener denke, gefragt. In beiden Fällen dienten die Fragen nur einem Ziel: In die Wohnung zu gelangen und über ein Gespräch doch noch das Zeitungs-Abo verkaufen zu können. Klappt das nicht, dann fälschen die Drücker unter Umständen eine Unterschrift auf dem Bestellformular, und Sie wundern sich, wenn plötzlich Zeitschriften mit der dazugehörigen Rechnung ins Haus trudeln.

Sollten Sie solch eine Rechnung für ein Abo bekommen, das Sie nie abgeschlossen haben, dann lassen Sie sich vom Verlag die Kopie des Bestellscheins schicken. Mit dieser zeigen Sie den Betrug bei der Polizei an.

80. Der supergünstige Sozialtelefonanschluß

Haben Sie schon einmal etwas von einem »Sozialanschluß« für das Telefon gehört? Nein? Ich auch nicht ... bis sich ein entrüsteter Bürger an mich wandte und mir Folgendes erzählte.

Er, Anfang 40, stattete seiner 90jährigen Oma einen turnusmäßigen Besuch ab, als es plötzlich an der Tür klingelte. Da wider Erwarten der Enkel statt der Oma die Tür öffnete, war der Mann erst einmal erstaunt. Von der Situation überrumpelt, verkündete er, daß er eigentlich eine ältere Dame hinter dieser Adresse vermutet habe. Auf die Frage, was er denn wolle, erklärte er, daß er die neuen »Sozialanschlüsse« für das Telefon legen wolle: »Das sind die, mit denen man kostenlos in Deutschland und ganz Europa telefonieren kann. Dafür brauchen Sie die Telekom nicht mehr«, so der Mann. Da sich der Enkel ein

bißchen mit der Telekommunikation auskannte, entgegnete er dem Fremden geradeheraus: »Ach, Sie meinen einen DSL-Anschluß mit Flatrate für Telefon und Handy?« – »Ja«, war die knappe Antwort, und die Frage, ob er von Freenet oder Arcor käme, beantwortete er dann auch eindeutig: Von Freenet. In diesem Fall hatte der Verkäufer keine Chance, einer 90jährigen einen DSL-Vertrag mit Telefon- und Internetflatrate anzudrehen.

Sie sollten bei Leuten, die Wortschöpfungen wie »Sozialtelefonanschluß« oder andere seltene Wörter benutzen, stutzig werden und genau hinterfragen, was sich hinter der Sache verbirgt, sonst landen Sie schneller in der Vertragsfalle, als Sie es für möglich halten.

81. Die Selbsthilfegruppe entlassener Strafgefangener

Vor kurzem hat mich Frau Lehmann angerufen und ganz aufgeregt berichtet, daß vermutlich jemand ihre Wohnung ausspähen wollte, um dann dort einzubrechen. Solche Ängste entstehen sicher hin und wieder und sind teils auch berechtigt, aber das, was bei Frau Lehmann passiert war, hatte einen anderen Hintergrund.

In den späten Vormittagsstunden stand plötzlich ein junger Mann vor ihrer Tür, erklärte, daß er von der »Selbsthilfegruppe entlassener Strafgefangener« sei, und bat die Frau, einige Fragen zu beantworten. Nun, bei der zu recht mißtrauischen Frau hatte er keine Chance, also ging er unverrichteter Dinge weiter. Was sich hinter dem Besuch verbarg, war nichts anderes als der Versuch, ein Zeitungsabo abzuschließen. Mit dieser Masche sind Drückerkolonnen unterwegs. Da die Drücker kaum eine Chance haben, in die Wohnung gelassen zu werden, die an der Haustür direkt auf das Thema Abo zu sprechen kommen, versuchen sie es mit verschiedensten Anekdoten. Angebliche Studenten sammeln Punkte für ihr Studium, Medienbeauftragte machen eine Umfrage zum Fernsehverhalten, Bewährungshelfer erforschen die Einstellung der Bürger zu Wiedereingliederungsmaßnahmen von Strafgefangenen usw. Sind die Verkäufer erst einmal in der Wohnung, dann kommen sie bald zur Sache, lassen Sie Formulare für angebliche Gratis-Zeitschriften unterschreiben oder per Unterschrift einfach nur das Gespräch bestätigen. Ob so oder so, in Ihrem Postkasten tauchen 14 Tage später Zeitschriften auf, die Sie nie haben wollten.

Meine Empfehlung: Hellhörig sein, nichts unterschreiben und solche Leute niemals in die Wohnung lassen.

82. Der Journalistikstudent

Hochgradig aufgeregt war sie, die junge Frau, die mich unlängst anrief und meinen Rat einholen wollte. Sie müssen wissen, sie ist Sekretärin in einer Behörde, kennt sich im Leben richtig gut aus und weiß auch, daß Betrüger Leuten gern eine Falle stellen. Trotz ihres Wissens ist sie in einer solchen Falle gelandet.

Ein netter junger Mann klingelte an ihrer Haustür, stellte sich als Journalistikstudent vor, der eine Umfrage zum Medienverhalten durchführe. Bereitwillig ließ sie ihn ein und füllte einen riesen Fragebogen aus. Dann kam der nette Junge darauf zu sprechen, daß er für sein Studium Punkte sammeln müsse und deshalb dringend darauf angewiesen sei, Zeitungsabos zu vermitteln. »Na, da kann ich Ihnen doch helfen«, erwiderte die Sekretärin prompt, und bestellte eine Zeitschrift, die sie eigentlich gar nicht brauchte. Ihr war bewußt, daß man Haustürgeschäfte innerhalb von 14 Tagen widerrufen kann. Genau das hatte sie auch vor: Der junge Mann bekäme seinen Punkt und sie bräuchte kein Geld für die Zeitschrift ausgeben.

Als sie die Durchschrift des Vertrages haben wollte, erklärte der clevere »Student«, daß er beide Papiere, Original und Durchschrift, seinem Chef vorlegen müsse. Die Durchschrift würde er ihr aber zukommen lassen. In diesem Moment schnappte die Falle, in der sich die Sekretärin soeben befand, zu. Keine Durchschrift heißt, keine Adresse, an die der Widerruf gehen kann. Kein Widerruf heißt wiederum, für eine Zeitung, die man gar nicht will, Geld zu bezahlen. Zum Glück hatte sie sich vom Personalausweis den Namen und das Geburtsdatum des Möchtegern-Studenten notiert und eine Anzeige wegen Betruges erstattet. Solche Informationen können bei der Stornierung eines ungeliebten Abos de facto hilfreich sein.

Wenn Sie sich tatsächlich auf eine Sache einlassen, die Sie eigentlich gar nicht wollen, ist es hilfreich, wenn Sie Name und Adresse Ihres Ansprechpartners von seinem Ausweis notieren. Wer das nicht zuläßt, entlarvt sich vor Ort als Betrüger.

MIT TRICKS ANS GROSSE GELD

83. Schmuck für die kranke Mutter

Es ist schon rührend, wenn gestandene Söhne als Dankeschön einen ordentlichen Batzen Geld für ihre Mutter ausgeben wollen. Wenn dieses Geld in Schmuck investiert wird, bekommt diese Geste einen Hauch von Romantik. Kurz vor Geschäftsschluß ließ sich ein Mann zu eben diesem Zweck eine Kollektion der besten Stücke in einem Juwelierladen vorlegen. Ohne etwas zu kaufen, verließ er das Geschäft, wartete aber bereits am nächsten Morgen vor dem Laden und bat den Geschäftsführer, mit den gezeigten Schmuckstücken in ein nahe gelegenes Nobelhotel zu kommen. Seine Mutter, für die diese Stücke gedacht waren, sitze im Rollstuhl und könne das Hotel nicht verlassen. Die Aussicht auf ein gutes Geschäft ließ den Juwelier nicht lange zögern. Er packte die Schmuckstücke in einen Koffer und fuhr zum Hotel. Dort wurde er in der Rezeption bereits von einem zweiten Mann erwartet. Dieser erklärte, daß es der Kranken peinlich sei, wenn ein fremder Mann sie ungeschminkt und unvorteilhaft bekleidet sähe. Dem Fremden gelang es, den Juwelier dazu zu bringen, den Koffer mit den Schmuckstücken zu überbringen und im Bereich der Rezeption zu warten. Nach einigen Minuten erschien besagter Mann wieder und erklärte freudig, der Juwelier könne nun hinauf aufs Zimmer gehen. Nach einer kurzen Fahrstuhlfahrt klopfte der Geschäftsmann an die Tür des ihm genannten Appartements. Weil ihn dort aber keiner einlassen wollte, fragte er bei der Rezeption nach und mußte erfahren, daß dieses Zimmer nicht vermietet war. Was blieb, war ein erhöhter Blutdruck und die Gewißheit, daß gewiefte Gauner mit Schmuck im Wert von 60.000 Euro verschwunden waren. Die Gratwanderung zwischen zuvorkommender Kundenbetreuung und gesundem Argwohn ist sicherlich nicht immer leicht.

Hören Sie bei solchen Kundenwünschen auf Ihren Bauch. Der flüstert Ihnen mit Sicherheit, daß Sie im Begriff sind, einen großen Fehler zu begehen.

84. Schön angefüttert

Die Schweiz ist bekannt für seriöse Geldgeschäfte und die Schweizer Franken haben auch in Zeiten des Euro einen guten Ruf. Dieser Grundgedanke schien bei einem deutschen Firmeninhaber fest verankert gewesen zu sein, als er sich im Gespräch mit einem vermeintlichen Schweizer auf den Verkauf eines seiner Firmenwagen einließ.

Der »Schweizer« tauchte bei ihm auf, bekundete kaum noch Interesse am Kauf des Fahrzeuges, bot statt dessen aber Geld aus Immobiliengeschäften in der Schweiz zum Tausch für Euros zu einem verführerisch guten Kurs an. Zunächst bekam er 1.000 Schweizer Franken und gab dafür 500 Euro. Beim Tausch des Geldes in seiner Hausbank erhielt er für die Franken 628 Euro. Also immerhin einen Gewinn von 128 Euro. Das machte ihm Appetit auf mehr. Bei einem Folgetreffen erhielt er 5.000 Franken, gab dafür 2.500 Euro und steigerte damit seinen Gewinn schon auf knappe 650 Euro. Kein Wunder, daß der

Deutsche mit Freuden den nächsten Anruf seines Schweizer Geschäftspartners entgegennahm und sich mit ihm in einem Café verabredete, um dort 60.000 Schweizer Franken gegen 30.000 Euro zu tauschen. Er übergab die 30.000 Euro diskret in einem verschlossenen Kuvert und bekam dafür die 60.000 Franken in einem verschlossenen Beautycase. Keine Frage, daß unter so guten Geschäftspartnern Vertrauen gegen Vertrauen gilt und das Geld nicht nachgezählt wird. Das hätte der deutsche Unternehmer aber lieber tun sollen, denn als er, bereits in seinem Pkw sitzend, die Tasche mit den Franken öffnete, fand er nur Spielgeld. Auf der einen Seite der Scheine waren Schweizer Franken abgebildet, auf der anderen stand: FREIBIER.

Na dann: Prost! Obwohl ich der festen Überzeugung bin, daß kein Kiosk ihm dafür auch nur eine Büchse Bier verkaufen wird ...

85. Die »süße« Überraschung

Nun, wer sich dazu entschließt, ein Devisentauschgeschäft in einer Kneipe anzubahnen, den kann man nicht so recht bedauern. Initiator eines solchen Unternehmens war ein Jugoslawe, der einem Deutschen anbot, 200.000 Schweizer Franken (umgerechnet etwa 140.000 Euro) gegen 100.000 Euro zu tauschen. Der Umstand, satte 40.000 Euro Gewinn zu machen, muß den Deutschen so benebelt haben, daß er gar nicht darauf kam, sich zu fragen, warum der Jugoslawe dieses Tauschgeschäft nicht bei einer Bank abwickelte – ohne Verlust. Bei einem ersten

Treffen in einem Café hatte der Deutsche zwar sein Geld dabei, der Jugoslawe aber war ohne die Franken gekommen. Also wurde ein neuer Termin vereinbart, und diesmal sollte der Deal über die Bühne gehen. Verhindert wurde er, weil die Polizei davon Wind bekommen hatte und die ganze Gesellschaft festnahm. Zum Glück für den Deutschen, denn in dem Koffer, den der Jugoslawe mit sich führte, waren über einigen Tempo-Taschentücherpäckchen Schokoladentafeln gestapelt, auf denen je ein 100-Franken-Schein mit einem Gummiband befestigt war.

Mensch, das wäre doch eine echt süße Überraschung geworden! Und für den Fall, daß dem Schnäppchenjäger doch noch die Tränen gekommen wären, waren zumindest genügend Taschentücher im Koffer!

86. Teuer bezahlter Gewinn an Lebenserfahrung

Haben Sie auch schon einmal Geschäfte mit Diamanten gemacht? Ich gestehe, daß mir für derartige Sachen einfach das nötige Kleingeld fehlt. Aber es gibt Menschen, die verdienen sich auf diesem Gebiet ihren Lebensunterhalt, und häufig springt dabei so viel heraus, daß man das Leben annehmlich gestalten kann.

Diese Erkenntnis hat wohl auch einen Herrn mittleren Alters dazu bewogen, sich auf ein Diamantengeschäft einzulassen. In einer Gaststätte wurde er von zwei Herren, die sich als Geschäftsreisende ausgaben und bereitwillig einen Drink für ihn und seine Begleiterin spendierten, gefragt, ob er nicht Interesse am Kauf von Diamanten hätte. Der zur Verfügung stehende Posten würde real 40.000 Euro kosten, ihm aber für 20.000 Euro übergeben werden. Bei der Aussicht auf so viel Profit verwandelten sich seine Pupillen in Eurozeichen und es bestand ein reges Kaufinteresse. Weil er aber gerade auf diesem Gebiet schon viel Schlimmes gehört hatte, ließ er, gemeinsam mit den unbekannten Herren, die Ware bei einem Juwelier prüfen. Dieser bestätigte die Echtheit der Steine. Damit war das Geschäft schon so gut wie angeschoben. Der Interessent hob die 20.000 Euro ab und traf sich mit den Herren am darauffolgenden Abend auf einem Parkplatz. Dort übergab er brav das Geld, bekam dafür aber nicht die Diamanten, sondern eine vorgehaltene Pistole zu sehen ...

Die Geschichte endete glimpflich. Der Mann blieb zwar ohne Geld und Edelsteine, aber dafür ausgerüstet mit einer ordentlichen Portion Lebenserfahrung einsam auf dem Parkplatz zurück.

Wer sich auf ein Geschäft einläßt, bei dem er Diamanten bis zu 50 % unter Wert erstehen kann, der weiß, daß da etwas faul ist. Läßt er sich trotzdem darauf ein, muß er unweigerlich damit rechnen, daß nicht alles zu seinen Gunsten läuft.

87. Unreine Diamanten

Daß man ein Geschäft mit echten Diamanten machen kann und dennoch kräftig übers Ohr gehauen wird, bekommen überwiegend Geschäftsleute von kleinen und mittleren Unternehmen wie Apotheken, Fleischereien oder Bäckerläden zu spüren. Edelsteinhändler sprechen zielgerichtet diesen Personenkreis an und bieten – als sichere Anlage – den Verkauf von echten Diamanten an. Zu den Prunkstücken gibt es ein Echtheitszertifikat einer in Insiderkreisen bekannten Firma aus den Niederlanden. Und – man sollte es nicht glauben – auch dieses Zertifikat ist echt. Selbst telefonische Rücksprachen mit dem Unternehmen bestätigen den legalen Charakter der Transaktion. Der Haken liegt nur in der Qualität und dem dafür absolut überteuerten Preis. Auch schlechte Diamanten können echt sein. In den erwähnten Fällen waren aber allesamt nur einen Bruchteil des bezahlten Geldes wert. Anzeige erstatteten nur die wenigsten, und das deshalb, weil nicht selten Geld, das man an der Steuer vorbeigeschleust hat, verwendet wurde.

Also, liebe Geschäftsleute: Lassen Sie sich nicht blenden vom Glanz minderwertiger Steine, sonst könnten euphorische Gefühle über ein vermeintlich gutes Geschäft leicht in anhaltenden Frust verwandelt werden.

88. Der ganz besondere Diamant

Haben Sie schon mal versucht, in das Diamantengeschäft einzusteigen? Es ist erstaunlich, wie viele Leute die glitzernden Steine als Kapitalanlagen favorisieren. Genau diesen Umstand machte sich eine Betrügerbande zunutze, die in großem Stil abzockte und so bei Hunderten Anlegern einen Millionenschaden verursachte.

Das Prinzip war gut ausgeklügelt. Aus bisher unbekannter Quelle kamen die Täter an Namen und Telefonnummern von interessierten Käufern, die wiederum – zur Kapitalerhöhung – bereit waren, ihre Diamanten gewinnbringend zu verkaufen. Denen gaukelten die Betrüger vor, daß sie einen Kaufinteressenten hätten. Dieser sei allerdings nur bereit, eine Kollektion oder größere Menge zu erwerben, in der sich ein ganz bestimmtes Exemplar befände. Natürlich besaß jenes gewünschte Exemplar eben der Anrufer, der es dem Kapitalanleger verkaufen würde. Aus bestimmten Gründen könne er aber kein Geschäft mit dem Interessenten machen, deshalb hoffe er auf Kooperation. Da solche Geschäfte nicht zwischen Tür und Angel abgewickelt werden, folgten mehrere Telefonate und unter anderem auch ein Anruf von dem vermeintlichen Kaufinteressenten bei dem Kapitalanleger. Der sah spätestens nach diesem Anruf das große Geschäft auf sich zukommen und erklärte sich bereit, den in der Kollektion fehlenden Diamanten zu erwerben, um anschließend den gesamten Posten an den vermeintlichen Interessenten zu verkaufen.

Der ominöse Anrufer tauchte mit seinem Diamanten auf, kassierte einen ordentlichen Batzen Geld dafür und sagte zu, dem Kaufinteressenten den Termin für den großen Deal mitzuteilen. Der große Deal fand aber nie statt und eine Prüfung des erworbenen einzelnen Diamanten ergab, daß dieser zwar echt war, aber von minderwertiger Qualität.

Profit sollte im Zuge des Geschäftes schon herausspringen. Wer dabei vergißt, sich von der Seriosität des Vorhabens zu überzeugen, der hat meistens das Nachsehen. Falls solch ein Diamantenrausch auf Sie zukommt, lassen Sie lieber die Finger davon.

89. Die Diamanten aus Indien

Erwischt hat es einen türkischen Gastwirt. In seinem Bistro erschien ein Landsmann, der angeblich Ingenieur war und gerade aus Indien kam, nachdem er dort eine Brücke gebaut habe. Statt Lohn habe er Diamanten erhalten. Nun fragte er den Gastwirt, ob er nicht jemanden kenne, der ihm diese Diamanten abkaufen könne. Wie es der Zufall wollte, war seit gut drei Monaten ein Gast in seinem Lokal, der mehrfach damit geprahlt hatte, Juwelier zu sein. Just jenem Gast stellte er den Ingenieur vor. Zu dritt begutachteten sie die Diamanten, der vermeintliche Juwelier schätzte deren Wert auf 100.000 Dollar und zeigte sich kaufinteressiert. Gemeinsam gingen sie zu einer Bank, von der der Juwelier Geld abhob. Als das Geschäft laufen sollte, weigerte sich der Ingenieur aus nicht erklärlichen Gründen, dem Juwelier die Juwelen zu überlassen, und zog sein Angebot zurück. Allerdings bekundete er, daß er sie dem Gastwirt, der ihm überaus sympathisch war, überlassen würde. Nun war dieser wiederum mit 100.000 Dollar völlig überfordert und konnte nur 30.000 Euro anbieten. Damit war der Brückenbauer eigenartigerweise einverstanden, übernahm das Geld, händigte die Steine aus und verabschiedete sich. Der Juwelier, der diese Transaktion bei einem Gang zur Toilette mit dem Gastwirt heimlich abgesprochen hatte, wollte am darauffolgenden Tag die Steine vom Bistrobesitzer zu entsprechend höherem Preis abkaufen ...

Sie ahnen es: Der vermeintliche Juwelier, der ein Komplize des angeblichen Ingenieurs war, ist nie wieder aufgetaucht. Die Edelsteine, die unser Gastwirt zu Hause liegen hatte, waren pures Glas.

Passiert nicht alle Tage, so ein gut vorbereiteter Coup, aber wenn, dann tut er richtig weh.

90. Die super Geldanlage

Es fing ganz klein an, mit 20 Euro, die sich eine Mittvierzigerin mit traurigem Blick und einer herzzerreißenden Geschichte von einem 70jährigen in einer Einkaufszone erbettelte. Ihren Absichtsbekundungen, das Geld wiederzubringen, glaubte der Rentner nicht so recht, und deshalb war er höchst erstaunt, als die Dame Tage später mit einem 20-Eu-

ro-Schein in der Hand vor seiner Wohnungstür stand. So viel Ehrlichkeit schafft Vertrauen, also lud er sie auf einen Kaffee in die Wohnung ein. Alles lief gut, der Mann verabschiedete die sympathische Dame nach einem netten Gespräch mit einem guten Gefühl.

Nach wiederum einigen Tagen meldete sich telefonisch ein Mann bei dem Senior, der sich auf die flüchtige Bekannte berief, und überredete den Rentner zu einer vermeintlich lohnenswerten Geldanlage. Der Herr muß von seiner weiblichen Besucherin so beeindruckt gewesen sein, daß er sich dachte, deren Freunde können auch nur Gutes beabsichtigen. Hin wie her, er übergab in mehreren Raten locker 43.000 Euro, von denen er sich versprach, daß sie sich in kurzer Zeit vermehren würden. Da dies aber ausblieb, forderte er die Rückgabe, und bekam auch umgehend einen Scheck über 46.000 Euro – selbstverständlich gefälscht. Ohne diesen zu überprüfen, händigte er erneut 20.000 Euro an den vermeintlichen Investor aus. Wer nun denkt, daß sich die Betrüger damit zufrieden gegeben hätten, der irrt. Es gelang ihnen, den Mann davon zu überzeugen, weitere 60.000 Euro abzuheben mit dem Ziel, mit der Gesamtsumme von 123.000 Euro eine wirklich lohnende Kapitalanlage zu starten. Daß dies alles nicht so wie von den Betrügern geplant klappte, war einer Bankangestellten zu verdanken, die kurzerhand die Polizei informierte, als der Opa mit den Fremden zum Geldabheben kam. Ein Sieg für die Gerechtigkeit!

Sie sollten auf windige Transaktionen verzichten, bevor Ihr gutes Geld in falsche Hände gerät.

DREISTIGKEIT SIEGT

91. Wer laut wird, hat nicht unbedingt Recht

Sind Sie auch schon einmal Zeuge einer handfesten Auseinandersetzung in der Öffentlichkeit geworden? Peinlich, nicht? Und wenn man sogar unfreiwillig darin verwickelt wird, will man so schnell wie möglich das Szenarium beenden. Genau damit rechnen Trickbetrüger, die es vorwiegend auf Tankstellen abgesehen haben. Vier bis fünf Personen, die alle zur gleichen Gang gehören, betreten die Tankstelle, einer kauft einen kleinen Gegenstand und bezahlt mit einem 10-Euro-Schein. Genau in diesem Moment lenkt eine Frau die Kassiererin mit einer Frage ab. Als der Kunde nach dem kleinen Zwischenfall sein Wechsel-

geld zurückbekommt, behauptet er, daß er statt der tatsächlichen 10 Euro angeblich 50 Euro über den Verkaufstisch gereicht hat. Plötzlich findet sich ein Zeuge, der genau das bestätigt, und zu allem Überfluß fängt die Frau noch an, mit viel Temperament zu zetern. Es wird sogar lautstark und energisch nach der Polizei verlangt. Das traurige Ergebnis dieser Inszenierung ist, daß sich die meisten Kassierer verunsichern lassen, auf 50 Euro herausgeben und erst am Abend merken, daß sie betrogen wurden.

Mein Tipp: Halten Sie den Temperamentausbrüchen stand und rufen Sie einfach die Polizei. Sie werden sehen, wie schnell die lärmende Kundschaft das Weite sucht.

92. Nicht alles, was nach Dollar aussieht, muß Dollar sein

Die Welt ist zusammengerückt. Weil man ruckzuck von einem Kontinent auf den anderen gelangt, kommt teils Währung aus der hintersten Ecke der Welt in Deutschland an. Diesen Umstand machte sich ein vermeintlicher Australier zunutze, der in einem Nobelhotel aufs Beste speiste und dann seine Zeche mit Dollar bezahlen wollte. Angeblich habe er seine Kreditkarte im Hotel vergessen und müsse so zu seinem Bargeld greifen. Nichts Ungewöhnliches, meinen Sie? Ist es schon, denn diese Dollar waren nach Angaben des Fremden australische Dollar. Und da fängt die Schwierigkeit an, denn wie soll ein Kellner wissen, wie gerade der Kurs steht. Der Fremde konnte spontan helfen, denn er hatte »zufällig« eine deutsche Ta-

geszeitung mit, die den aktuellen Wechselkurs offenbarte. Die Zeche wurde bezahlt, der Gast gab ein nobles Trinkgeld und verschwand. Das böse Erwachen erfolgte erst am darauffolgenden Tag. Die Bank, in der die Dollar-Scheine eingezahlt werden sollten, erklärte, daß es sich hierbei nicht um australische Dollar, sondern um sogenannte »Australes« handle, eine Währung aus Argentinien, die seit 1992 ungültig ist. Pech für den Kellner und vielleicht auch noch für viele andere, die die wertlosen Scheine gegen Euro tauschten.

Zwar wurde der Betrug nicht erkannt, aber mal ehrlich: Der Bluff mit dem aktuellen Umtauschkurs in der renommierten deutschen Tageszeitung war nicht schlecht …

93. Geplatzte Geschäfte

Die Möglichkeiten, illegal zu Geld zu kommen, sind schier unerschöpflich. Ein Endvierziger hatte sich dafür eine ganz besondere Masche ausgedacht. In vielen Orten Sachsen-Anhalts mietete er sich unter falschem Namen in Hotels ein und suchte dann im gleichen Ort Blumenläden auf, um größere Bestellungen für eine bevorstehende Diplomierung an der Hochschule aufzugeben. Er orderte in Fleischerläden große Mengen an Wurst und Fleisch für eine Hochzeit, gab beim Partyservice ein Sortiment der besten Platten für eine Jubelfeier zum 80. Geburtstag seines Vaters auf und ließ in Bäckerläden die herrlichsten Platten mit belegten Brötchen für ein angebliches Betriebsfest fertigstellen. In allen Fällen tauchte der biedere Geschäftsmann kurz nach der Bestellung erneut im Laden auf und teilte mit, daß seine Frau mit dem gemeinsamen Auto in der Stadt unterwegs sei und er versehentlich sein Portemonnaie im Wagen liegen gelassen habe. Seiner Bitte nach dem kurzzeitigen Ausleihen von bis zu 200 Euro kamen alle Firmeninhaber – in Erwartung eines guten Geschäfts – nach. Zur Sicherheit hinterließ der saubere Herr auch immer den Schlüssel seines Hotelzimmers. Bei gelegentlichen Nachfragen im Hotel wurde zweifellos bestätigt, daß besagter Mann dort wohne. Großes Pech trotzdem für alle Beteiligten, denn der Betrüger tauchte nie wieder auf. Pech hatte aber zu guter Letzt auch der Ganove, der von einer Überwachungskamera gefilmt wurde und der Polizei bestens bekannt war ...

Zwischenzeitlich hat der ein Quartier auf Staatskosten, ohne belegte Brötchen, aber dafür mit Gittern vor den Fenstern.

94. Pietätloses Geschäft mit Trauernden

Nicht einmal vor trauernden Hinterbliebenen machte der Geschäftssinn eines Unternehmers halt. Familien, die einen Todesfall zu beklagen hatten, bekamen von einer Firma einen bereits ausgefüllten Überweisungsbeleg über 345 Euro für die Registrierung in ein sogenanntes privates Sterbeverzeichnis der Bundesrepublik. Nun bräuchte man einfach nichts zu überweisen, und alles wäre gut. Die cleveren Geschäftsleute haben allerdings das dazugehörige Schreiben, auf dem sich auch eine Kopie der von den Angehörigen in der Zeitung veröffentlichten Todesanzeige befand, so verfaßt, daß den Hinterbliebenen suggeriert wird, es handele sich um eine offizielle, behördliche Forderung im Rahmen der finanziellen Aufwendungen, die stets mit Todesfällen verbunden sind.

Generell gilt: Nehmen Sie bei derartigen Schreiben das Kleingedruckte genau unter die Lupe, dann klärt sich häufig alles auf. Sollten Sie allerdings genau dieses Schreiben bekommen haben, dann erstatten Sie Anzeige bei der Polizei. Vorsätzliche Täuschung ist strafbar.

95. Viel investiert in Glaubwürdigkeit

Er hat eine satte kriminelle Kariere hinter sich, sah das Gefängnis schon einige Male von innen und kann doch nicht von seinem bösen Tun lassen, der 50jährige Trickbetrüger, nach dem bundesweit gefahndet wird. Getreu dem Motto: »Wer Gewinn machen will, muß vorher kräftig investieren«, erwarb er in einem Juwelierladen, immer im Abstand von vier bis sechs Wochen, hochwertige Uhren und Ringe im Gesamtwert von ca. 100.000 Euro. Das Geld wurde zeitnah transferiert – woher es auch immer stammen möge – und somit ganz gezielt ein Vertrauensverhältnis zum Juwelier aufgebaut.

Als er spürte, daß er bei dem Juwelier den Status eines soliden Geschäftspartners erreicht hatte, schlug er zu. Für ein weiteres Geschäft wollte er vier Markenuhren und zwei Ringe kaufen, bat aber darum, die guten Stücke zur Ansicht mitnehmen zu dürfen ... Die Rechnung ging auf! Im guten Glauben, auch diesmal wieder ein ordentliches Geschäft abzuschließen, händigte der Juwelier dem Mann, der einen falschen Namen und eine falsche Adresse angegeben hatte, die Sachen im Wert von fast 62.000 Euro aus und sah sie und den vermeintlichen Kaufinteressenten nie mehr wieder.

Diesem Juwelier passiert so etwas sicher nie wieder. Selbst bei guten Geschäftspartnern ist es ratsam, sich die Personalien vom Ausweis abzuschreiben und die Übergabe von Gegenständen ordentlich quittieren zu lassen. Schlimmstenfalls müssen Sie Ihrem Geld hin-

terherrennen, aber Sie können der Polizei wenigstens sagen, wer es hat.

96. Die hinterlistige »Helferin«

Das Angebot schien auf den ersten Blick ehrlich zu sein und paßte nicht wirklich in das Bild, das sich die ältere Generation von unserer Jugend macht.

Ein junges Mädchen bot einer Rentnerin an, für ein kleines Entgelt ihre Fenster zu putzen. Weil das so gut klappte und die Jugendliche einen durchaus freundlichen Eindruck hinterließ, ging die Rentnerin auch auf ihr Angebot ein, für sie einzukaufen und Geld von der Bank abzuheben. Das Mädchen erschien auch eine Stunde später mit der vollen Einkaufstüte und lieferte die bestellten 300 Euro nebst der EC-Karte wieder ab. Zufrieden und mit der jungen Generation durchaus versöhnt, entließ die Dame ihre junge Helferin mit einem dicken Dankeschön und ein paar Euro Entlohnung. Stutzig wurde sie erst am Abend, als sie ihr Portemonnaie nicht fand. Ihre zu Hilfe gerufene Tochter schlug ob der großen Vertrauensseligkeit ihrer Mutter die Hände über dem Kopf zusammen. Eine Überprüfung ergab, daß die »uneigennützige Helferin« statt der geforderten 300 Euro satte 800 Euro abgebucht hatte und zudem noch mit dem Portemonnaie der Rentnerin verschwunden war.

Nun, ich will erst einmal eine Bresche für unsere Jugend schlagen: Nur ganz, ganz wenige von ihnen sind so. Aber genau einer oder eine von diesen wenigen könnte bei Ihnen auftauchen; deshalb lassen Sie nie fremde Personen allein in Ihre Wohnung und geben Sie Fremden nie Ihre EC-Karte nebst PIN. Wenn Sie wirklich Hilfe brauchen, dann gibt es Freunde, Nachbarn oder Mitarbeiter der Volkssolidarität, der Arbeiterwohlfahrt oder anderer gemeinnütziger Vereine, die gern helfend einspringen.

Beachten Sie: Mit einer gesunden Portion Mißtrauen fahren Sie immer besser.

97. Der betrügerische Radwanderer

Man sagt ihnen Sportsgeist und Fairneß nach, den naturverbundenen Radlern, die sich den überwiegenden Teil ihrer Freizeit auf den Straßen abstrampeln. Daß es unter ihnen auch einige gibt, die ihre sportliche Veranlagung mit krimineller Energie kombinieren, zeigte der Fall eines 23jährigen. Fast durch ganz Deutschland ist er geradelt, und immer wenn er müde wurde, suchte er sich ein Hotel, in dem er sich für zwei bis drei Tage einmietete. Essen und Getränke ließ er auf die Zimmerrechnung schreiben und das Zimmertelefon nutzte er in den Nachtstunden zu ausgiebigen Gesprächen mit Damen, die schlüpfrige Sachen über eine 0900er-Nummer säuselten. Einen Tag vor seiner geplanten Abreise machte er sich regelmäßig aus dem Staub und ließ die Hotels jeweils auf der offenen Rechnung sitzen.

Sage und schreibe 160mal ist ihm das gelungen! In der Folge aber wurde ein Pensionsinhaber mißtrauisch, weil er im Radio von genau solch einem Betrüger und seiner fiesen Masche gehört hatte. Ein Anruf bei der Polizei genügte, und alles lief ab wie ein Länderspiel. Mittlerweile genießt der Radler eine Unterkunft, die er nicht ohne weiteres verlassen kann. Die Verpflegung und der Service sind auch nicht das, was er bisher gewohnt war, und Telefonate mit den ihm so vertrauten Damen gibt es schon gar nicht.

Na ja, Strafvollzugsanstalten sind eben keine Ferienhotels.

98. Bankkontenbetrug per Lastschrift

Haben Sie das schon einmal erlebt? Sie schauen auf Ihren Kontoauszug und stellen fest, daß hinter einer Abbuchung ein Firmenname steht, der Ihnen absolut nichts sagt. Nun gut, wenn das bei mir passiert, klärt mich meine Frau auf, welchen Artikel sie sich per Versand bestellt hat.

Von Zeit zu Zeit bemerkten aber deutschlandweit über 30.000 Kontoinhaber Abbuchungen von jeweils genau 13,47 Euro. Namentlich war die Firma »Serios-Service Limited« mit Sitz in England genannt. Auf die unterschiedlichste Weise kam dieses Unternehmen an den Namen, die Bankleitzahl und die Kontonummer der Betroffenen und nahm ganz einfach die Abbuchung besagter Summe vor. Der Betrag wurde bewußt so klein und unscheinbar gehalten, weil viele Kontoinhaber über solche Beträge nicht stolpern und letztlich keine Rückbuchung veranlassen. Das ergab unterm Strich einen satten Gewinn für das dubiose Unternehmen.

Sie sollten besonders beim Surfen im Internet Ihre Bankdaten nicht leichtfertig für Zugangsberechtigungen zu bestimmten Seiten oder für fragwürdige Serviceleistungen angeben. Die Daten werden von unseriösen Webseitenbetreibern weiterverkauft und landen so zum Beispiel bei der Serios-Service Limited. Wenn Sie die unrechtmäßige Abbuchung rechtzeitig bemerken, dann haben sie bis zu sechs Wochen nach der Abbuchung noch die Gelegenheit, das Geld zurückzubuchen. Passieren kann das aber immer wieder, denn hierzulande haben Firmen generell das Recht, von anderen Konten abzubuchen, ohne daß die Bank nachprüft, ob eine Ermächtigung dafür vorliegt. Der Bank reicht lediglich die Zusage des Unternehmens, berechtigt zu sein.

Prüfen Sie Ihre Kontoauszüge regelmäßig und gründlich auf falsche Geldabgänge. Im Falle eines Betrugs können Sie so zeitnah reagieren und sich Ihr Geld zurückholen.

99. Der Krankenhausbetrüger

Wissen Sie, was ein »reisender Täter« ist? Im Polizeijargon bezeichnet man so einen Menschen, der immer mit der gleichen Masche von Ort zu Ort zieht. Genau diese Bezeichnung trifft auf einen 62jährigen Herrn zu, der sich auf diese Weise mehrere »Urlaubs-

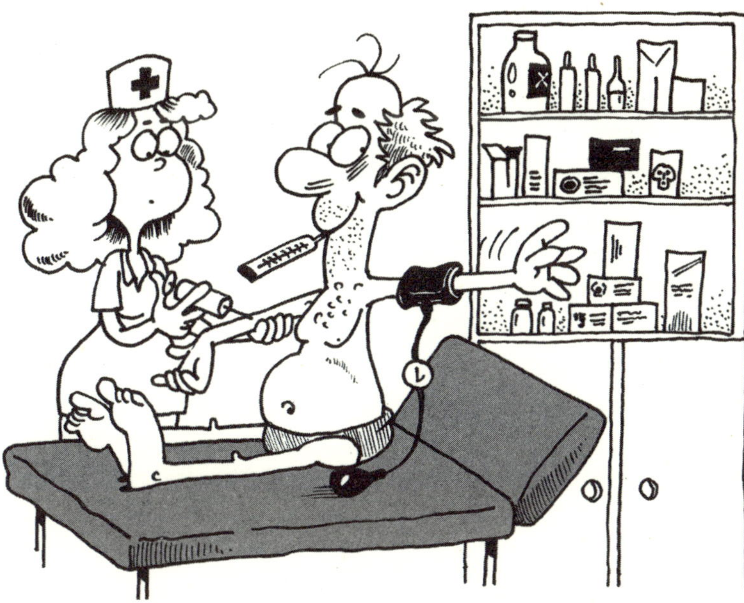

plätze mit Vollpension« und zusätzlichem Taschengeld ergaunert hat.

Zugegeben, die Quartiere, die er sich ausgesucht hat, sind nicht unbedingt jedermanns Geschmack, aber die Fürsorge, die er erfahren hat, war auf alle Fälle vorbildlich. Der mehrfach Vorbestrafte stellte sich mit seinem chronischen Asthmaleiden in Krankenhäusern vor und wurde anstandslos aufgenommen. Nach einigen Tagen verschwand er – ohne Abmeldung – und mit ihm Versicherungs- und EC-Karten von anderen Patienten. Die Geldkarten verwendete er, um sich neu einzukleiden, und die Versicherungskarten dienten dazu, sich im nächsten Krankenhaus mit einem fiktiven Leiden einzumieten. Zwischen Fiebermessen und EKG kam er bei bester Pflege und Verpflegung bisher in fünf Krankenhäusern unter, bis eine aufmerksame Schwester über einige Ungereimtheiten stolperte und die Polizei informierte.

Im Prinzip clever gemacht. Aber nicht clever genug, denn die Unterkunft, die ihm jetzt droht, ist weniger komfortabel. Dem Personal vor Ort sagt man nach, daß es ganz besonders aufpasse, daß sich niemand unerlaubt entfernt.

100. Die Sicherheitsleistung für eine Gewinnbeteiligung

Mit Aussicht auf einen satten Gewinn ließ sich ein 30jähriger Mann in einer Einkaufspassage von einem angeblichen Portugiesen in ein Gespräch verwickeln. Dieser erklärte in gebrochenem Deutsch, daß er in einer deutschen Lotterie einen hohen Gewinn gemacht habe, seinen Gewinn aber nicht abholen könne, weil er keinen Wohnsitz in Deutschland habe. Sein Vorschlag war, daß er dem Deutschen den Lottoschein übergebe und dieser für ihn das Geld abhole. Das natürlich gegen eine saftige Gewinnbeteiligung von 3.000 Euro. Weil dies gegenüber dem völlig unbekannten Deutschen ein überaus großer Vertrauensbeweis sei – schließlich könne sich dieser ja mit dem Geld aus dem Staub machen –, forderte der Südländer eine Sicherheitsleistung von ebenfalls 3.000 Euro. Verständlich, daß der Deutsche da nicht ohne weiteres mitspielen wollte. Mitten in das Gespräch platzte nun ein Fremder, der erklärte, auch Portugiese zu sein und den Landsmann an seinem Akzent erkannt zu haben. In die Situation eingeweiht, erklärte sich der angeblich in Deutschland wohnende Portugiese sofort bereit, die Sicherheitsleistung zu erbringen und den Lottogewinn abzuholen. An dieser Stelle sah plötzlich der Deutsche seinen Zusatzverdienst dahinschwimmen, und zeigte sich plötzlich auch bereit, 3.000 Euro zu hinterlegen. Nun ja, der glückliche Lottogewinner sagte beiden einen Mitgewinn zu, nahm von seinem in Deutschland lebenden Landsmann ein Bündel Bargeld entgegen und steckte 3.000 Euro, die der Deutsche extra dafür

von seiner Bank holte, in seine Aktentasche. Dann ging man zu dritt zur Lottoannahmestelle. Kurz davor hatten die beiden Portugiesen noch ein dringendes menschliches Bedürfnis. Bevor sie sich gemeinsam entfernten, übergab der Lottogewinner seinem neuen deutschen Bekannten noch »zur Sicherheit« die Aktentasche mit dem Bargeld.

Da stand er nun, wartete und wartete und wartete. Als ihn der Zweifel überkam, öffnete er die Aktentasche und mußte feststellen, daß im Briefkuvert nur Papierschnipsel lagen.

Dumm gelaufen! Seien Sie clever und machen Sie sich klar: Kein Fremder würde jemals seinen Gewinn mit Ihnen teilen.

101. Der »Hausfrauentyp« in Aktion

Damit Betrüger zu ihrem zweifelhaften Erfolg kommen, müssen Sie überzeugend auftreten. Daß man dafür nicht das klassische Klischee eines redegewandten Gauners bedienen muß, sondern auch als – man möge mir den Begriff verzeihen – »Hausfrauentyp« durchkommen kann, bewies eine Frau mittleren Alters in diversen Bäckerläden einer Kleinstadt. Bieder angezogen und mit der lokalen Mundart ausgestattet, suchte sie über mehrere Tage einen Bäckerladen nach dem anderen auf, ließ sich ein paar Brötchen oder Brot im Wert von 2 bis 5 Euro geben und zahlte immer mit einem 50- oder 100-Euro-Schein. Das Wechselgeld behielt sie in der Hand und erkundigte sich dann nach einem Stück Gebäck, das sich im Regal hinter der Verkäuferin befand und auf das sie mit dem Finger zeigte. Diese drehte sich um, um nach dem besagten Artikel zu schauen, und das nutzte die scheinheilige Kundin aus, um einen Schein des Wechselgeldes verschwinden zu lassen oder geschickt einen 50-Euro-Schein gegen einen Zehner auszutauschen. Plötzlich reklamierte sie, daß ihr falsch herausgegeben wurde. Meldete die Verkäuferin Zweifel an, dann spielte die schlitzohrige Kundin die Entrüstete, machte Rabatz und verwies auf ihr Geld, das sie ja schließlich noch in der Hand halte, so daß ihr in fast allen Fällen das vermeintlich fehlende Wechselgeld nachgereicht wurde.

Von dieser Masche wird man zwar nicht reich, aber es bessert das Taschengeld doch erheblich auf. Sollten Sie Ihre Brötchen als Verkäuferin verdienen, dann achten Sie genau auf solche Kunden und lassen Sie sich durch Lautstärke und dreiste Forderungen nicht beeindrucken. Bieten Sie einen Kassensturz an oder kündigen Sie an, daß sie zur Klärung der Sache die Polizei anrufen werden. Spätestens in diesem Moment wird sich Gut von Böse trennen, und Sie werden merken, ob die Forderung berechtigt war oder nicht.

102. Resozialisierung mißlungen

Es ist gründlich in die Hose gegangen, das mit der Resozialisierung zweier Betrüger, die wegen guter Führung gemeinsam vorzeitig aus der Haft entlassen wurden. Die beiden Ganoven mieteten schon kurz nach ihrer Entlassung unter falschen Personalien verschiedene Wohnungen und bestellten unter dem Decknamen von Rechtsanwaltskanzleien oder Steuerbüros auf selbst entworfenen Firmenbriefbögen bundesweit Unmengen von Waren aus Katalogen. Sofort nach Anlieferung stellten die Betrüger die Artikel in Internetauktionen für den Meistbietenden zum Verkauf. Nach ein paar Wochen kündigten sie die Wohnungen und beantragten Nachsendeaufträge ins Ausland. Ein absolutes Verlustgeschäft für die Versandfirmen, aber nicht unbedingt die Aussicht auf grenzenlose Freude für die Täter.

Die Polizei kennt zwischenzeitlich ihre Namen, und damit ist es nur eine Frage der Zeit, bis wieder die Handschellen klicken und sie an einen Ort gebracht werden, an dem Pakete vom Versandservice nicht die Regel sind.

103. Ein Telefonverzeichnis, das keiner kennt

Kleinunternehmer und Arztpraxen sahen sich unvorhergesehen mit Schreiben der »PR Telecom« konfrontiert. Unter der Überschrift, die übrigens das gleiche Schriftbild aufweist wie das des Kommunikationsgiganten Telekom, prangt in dicken Lettern: »Ihre Rechnung«. Das Schreiben suggeriert dem flüchtigen Leser, daß ein Jahresbeitrag in Höhe von 204,89 Euro fällig sei. Tatsächlich verbirgt sich nichts anderes dahinter als das Angebot, sich mit seinem Unternehmen in ein EU-Branchenregister eintragen zu lassen. Diese Information findet man allerdings nur kleingedruckt unter einem Punkt in der Rechnungsauflistung. Damit es recht zügig geht, wurde gleich ein Überweisungsschein angeheftet. Wer diesem ominösen Schreiben auf den Grund gehen will, hat kaum die Möglichkeit, denn die PR Telecom hat lediglich ein Postfach angegeben und auf eine Telefonnummer gänzlich verzichtet.

Meine Empfehlung: Sollten Sie auch solch ein Schreiben bekommen, dann deponieren Sie es in Ihrem Papierkorb, es sei denn, sie wollen tatsächlich in ein EU-Branchenregister aufgenommen werden, von dem Sie nicht einmal wissen, ob es überhaupt existiert.

104. Die fingierte Auktion

Unglaublich, wie viele Leute zu den eifrigen Briefmarken- oder Münzsammlern gehören! Wer das Hobby zu einer echten Leidenschaft gedeihen läßt, der kommt um Briefmarken- oder Münzauktionen nicht herum. Geschickt angefangen, kann das langfristig eine lukrative Geldanlage sein und so den Reiz des Sammelns auf angenehme Art mit barer Münze unterstützen.

Diese Leidenschaft machte sich ein Betrüger zunutze. Er mietete sich mit gefälschtem Personalausweis Räumlichkeiten in einer Großstadt, gab diese per Annonce in vielen Zeitungen Deutschlands als seine Geschäftsadresse an und warb dort für den Verkauf auf Provisionsbasis mit hohem Gewinn. Bei den Sachen, die überdurchschnittliche Gewinnchancen versprechen, ist es häufig so, daß die Interessenten vor lauter Freude auf den schnöden Mammon die Risiken völlig vergessen. Und besagtes Scheinunternehmen des Betrügers war das Risiko pur. Bundesweit schickten Sammlerfreunde Briefmarken und Münzen im Wert von über 150.000 Euro ... und sahen ihre guten Stücke nie wieder! Als der Gauner genug Kapital angehäuft hatte, machte er einfach sein Geschäft dicht und verschwand auf Nimmerwiedersehen.

Was sagt uns das? Bevor Sie sich entscheiden, Sammlerstücke auf Provisionsbasis irgend jemandem zu überlassen, sollten Sie sich bei Briefmarken- oder Münzsammlerverbänden kundig machen, ob der Auktionsorganisator dort bekannt ist. Von Auktionsorganisatoren, die niemand kennt, lassen Sie lieber Ihre Finger, bevor Sie den guten Stücken nachtrauern müssen.

105. Der überzeichnete Verrechnungsscheck

Eigentlich hat der Mann nur das gemacht, was Tausende andere auch tun, wenn sie ihr altes Auto verkaufen wollen: Er bot seinen Alfa Romeo auf einer der vielen Internet-Plattformen an. Welche Freude, als sich schon am zweiten Tag ein Interessent meldete, der auch gleich mit dem vorgegebenen Kaufpreis einverstanden war. Er bat ausdrücklich darum, das Angebot aus dem Netz zu nehmen, was seine Kaufabsichten ernsthaft wirken ließ. Daß der Interessent aus England stammte und er als Zahlungsmodalität einen Verrechnungsscheck vorschlug, brachte den Verkäufer zwar erst ein bißchen zum Grübeln, störte ihn aber dann nicht weiter. In seiner Mail erwähnte der potentielle Käufer, daß er auf dem Scheck – statt der geforderten 6.000 Euro – 7.500 Euro vermerken werde. Das überzählige Geld möge der Alfa Romeo-Anbieter bitte einem Mann übergeben, der im Auftrag des Engländers das Auto abholen und überführen würde. Hört sich doch erst einmal ganz gut an, ist aber eine böse Falle, und das vermutete zum Glück auch der Verkäufer, der sich bei der Polizei meldete. In vielen ähnlich gelagerten Fällen wurde ein gefälschter Scheck geschickt, den das Kreditinstitut annahm mit dem Vermerk, daß das Geld auf Vorbehalt dem Inhaber gutgeschrieben werde. Nach einer Prüfung, die in der Regel drei Tage dauert, stellte sich dann aber heraus, daß der Scheck gefälscht war. In dieser Zeit hatte allerdings der Komplize des Engländers das Auto bereits abgeholt und obendrein die scheinbar überzeichneten 1.500 Euro Überführungskosten kassiert.

Das Böse ist immer und überall! Also Finger weg von Geschäften, bei denen Sie von vornherein ein ungutes Gefühl haben.

106. Der Kreditvermittlungsbetrüger

Nennen wir ihn einfach mal Kurt, den Kreditvermittlungsbetrüger, der eine gestandene stellvertretende Hotelfachschulleiterin auf das Übelste reingelegt hat.

Die 60jährige hatte in einer Zeitung eine Annonce gelesen: »Proforma Geschäftsführer gesucht«. Auf diesen »Proforma-Job« neugierig geworden, traf sie sich mit Kurt, der ihr erklärte, daß er selbst aus Steuergründen nicht als Firmeninhaber auftreten möchte und deshalb jemanden benötige, der seinen Namen als Firmenchef hergebe. Das alles für 400 Euro im Monat, ohne daß sich daraus weitere Verpflichtungen ergäben. Mit der Aussicht auf den netten kleinen Nebenverdienst stimmte die Frau zu. Daraufhin lotste Kurt sie zum Notar, zum Gewerbeamt, zur Bank zwecks Eröffnung eines Geschäftskontos, und schon war sie Geschäftsführerin eines Unternehmens, das es gar nicht gab. Was sich in der Folgezeit abspielte, war ein kühnes Husarenstück: Kurt bot über Zeitungsannoncen Kredite ab 1 Million Euro zu super günstigen Zinssätzen an, und siehe da, es meldeten sich mehrere Interessenten. Die Verhandlungen liefen so, daß 0,5 % der Kreditsumme vor der Auszahlung des Kredits und weitere 0,5 % nach Erhalt des Kredits auf das Geschäftskonto unserer Proforma-Geschäftsführerin überwiesen werden sollten. Die Zahlungen liefen munter an, und innerhalb kürzester Zeit erreichte der Kontostand des Scheinunternehmens eine schwindelerregende Höhe. Kurt meldete sich bei der 60jährigen, sie hob das Geld für ihn ab und bekam ihre 400 Euro Nebenverdienst.

Den Ärger, der sie jedoch eine Woche später erwartete, konnten 400 Euro absolut nicht wettmachen. All die hoffnungsvollen Kreditnehmer, die 0,5 % ihres erhofften Millionenkredites eingezahlt hatten und nun natürlich vergeblich auf die Bereitstellung der Millionen warteten, wandten sich an die ahnungslose stellvertretende Hotelfachschulleiterin.

Eine bittere Erfahrung für die qualifizierte Frau, die einen überdurchschnittlichen Glauben an das Gute im Menschen gehabt haben muß.

107. Der betrügerische Arbeitsvermittler

Der Betrüger, der seine Opfer unter den Arbeitslosen suchte ... und fand, war 41 Jahre alt, halbwegs ansehnlich und sehr redegewandt. Ausgestattet mit Prospektmaterial eines Kaffeemaschinen-Herstellers und fingierten Hotel- und Mietwagenreservierungen, nahm er in Gaststätten und Cafés Kontakt zu Arbeitssuchenden auf. Der Diplom-Volkswirt ohne feste Anstellung stellte ihnen einen gut bezahlten Job nebst Dienstwagen und Laptop in Aussicht und schmeichelte bei den geschickt geführten Gesprächen dem Ego seiner Ansprechpartner so sehr, daß diese davon überzeugt waren, auch ohne Spezialkenntnisse einen Top-Verkäufer für Kaffeemaschinen abzugeben. Tauchten Zweifel auf, malte er die Gewinnchancen in so rosigen Farben, daß viele nicht widerstehen konnten und in das Geschäft einstiegen. Dann folgte die große Stunde des Betrügers. Vertragsabschluß, Prospektmaterial und selbst das Auto würden – nach seinen Angaben – kostenlos gestellt, lediglich für den Laptop müsse eine Kaution von 550 Euro gezahlt werden. Na ja, es kam, wie es kommen mußte: Das Geld wurde gezahlt, ein neuer Treff, zu dem alles Nötige übergeben werden sollte, ausgemacht und dann verabschiedete sich der vermeintliche Vertreter und ließ sich nie wieder blicken.

Der Betrüger sitzt seine Strafe im Gefängnis ab. Aber glauben Sie mir, von seiner Sorte hält die Welt noch genug bereit, deshalb ist bei Geschäften mit Vorleistung immer Vorsicht angebracht.

108. Der Handynepper

Zugegeben, jetzt wird es etwas kompliziert, aber ich will dennoch versuchen, Ihnen zu erklären, welche Masche sich ein Betrüger einfallen ließ, um an das geliebte Geld zu kommen.

Eine Frau, nennen wir sie Gitta Krause, bekam einen Brief von einem in der gleichen Stadt wohnenden Bernd Krause. Dieser schrieb, daß er einen Handyvertrag abgeschlossen habe, nun aber die Vertragsunterlagen nebst Handy versehentlich an seine Namensvetterin gesendet werden. Im Brief bat er sie, einen beiliegenden, mit Briefmarke versehenen Paketschein auf das zu erwartende Päckchen zu kleben und es bei der Post abzugeben. Als Empfänger war allerdings nicht besagter Bernd Krause vermerkt, sondern die Adresse einer anderen Frau. Da unserer Frau Krause die Sache eigenartig vorkam, setzte sie die Polizei davon in Kenntnis, und die kam einer clever eingefädelten Betrugsmasche auf die Spur.

Die Frau, an die das Päckchen weitergesandt werden sollte, war völlig ahnungslos. Sie hatte über eine Annonce eine Nebentätigkeit angeboten bekommen, bei der ihre Aufgabe nur darin bestand, Päckchen, die sie bekäme, aufzubewahren, bis sie von ihrem Auftraggeber abgeholt würden. Nun raten Sie mal, wer der Auftraggeber war: Bernd Krause. Er hatte sich willkürlich Namen und Adressen aus dem Telefonbuch herausgesucht, auf diese Namen bei unterschiedlichen Telefongesellschaften Handyverträge abgeschlossen und die kostenlosen Handys an andere, aber jeweils namensgleiche Adressen schicken lassen. Die Adressaten erhielten allesamt solch einen Brief inklusive Paketkarte und schickten die vermeintlich versehentliche Lieferung weiter. Von dem bislang unbekannten Mann wurden die Mobiltelefone dann im Internet versteigert.

Ich muß schon staunen, wie viel Mühe sich manche Ganoven machen, um am Schluß doch vor dem Richter zu stehen und für ihre Schandtaten zu bezahlen.

II

FALSCHE POLIZISTEN

Die Polizei, dein Freund und Helfer – so gestaltet sich die Wunschvorstellung unserer Bürger und unserer Ordnungshüter. Doch manchmal tauchen Personen auf, die sich als Polizisten oder Kriminalbeamte ausgeben, in Wirklichkeit aber gewiefte Betrüger sind. Ihre Opfer sind häufig Menschen, die aus ihrer Lebenserfahrung heraus mächtigen Respekt vor den staatlichen Ordnungshütern haben und deshalb kaum wagen, Bedenken anzumelden, wenn jemand mit dienstlicher Miene vor der Tür steht und behauptet, er sei von der Polizei. Die Betrüger machen oft reiche Beute, denn nicht wenige Leute haben größere Bargeldsummen zu Hause. Durchlebte Kriege und damit verbundene Inflationen haben dafür gesorgt, daß das Vertrauen in die Banken fehlt und der Glaube bestehen bleibt, das Geld sei in den eigenen vier Wänden sicher.

Die falschen Polizisten sind oftmals Menschen mit einem extrem gestörten Verhältnis zum Eigentum anderer. Häufig gingen sie einmal einer Beschäftigung nach, in der Kommunikation und Verhandlungsgeschick gefragt waren (Verkauf), oder sie haben zeitweise in Drückerkolonnen gearbeitet. Auf alle Fälle sind sie in der Lage, ihre Opfer wortgewandt zu beeinflussen und sie gefügig zu machen.

Polizeibeamte sind grundsätzlich verpflichtet, sich auszuweisen. Es ist jedoch nötig zu differenzieren.

Ein uniformierter Polizist, der Sie bei seiner normalen Streifentätigkeit oder an Ihrer Haustür anspricht, muß sich mit seinem Namen und seiner Amtsbezeichnung – zum Beispiel Polizei-Hauptwachtmeister Mustermann – vorstellen. Den Dienstausweis braucht er nur auf ausdrückliches Verlangen von Ihnen zu zeigen. Fragen Sie danach, muß er ihn vorweisen.

Ein Kriminalbeamter oder ein Polizeibeamter in Zivil hat unaufgefordert seine Kriminalmarke oder seinen Dienstausweis vorzuzeigen und seinen Namen und die Amtsbezeichnung zu nennen.

Stellen Sie sich vor, jemand klopft an Ihre Tür, stellt sich als Kriminalbeamter vor und möchte Zutritt zu Ihrer Wohnung. Was tun Sie? Zunächst einmal bewahren Sie einen kühlen Kopf. Anschließend hinterfragen Sie ein paar grundlegende Dinge.

Lassen Sie sich den Dienstausweis zeigen und vergleichen Sie das Foto mit der Person, die vor Ihnen steht. Lesen Sie sich den Namen genau durch, sagen Sie höflich, daß Sie noch nie einen Dienstausweis der Polizei gesehen haben und Sie deshalb, was der Beamte sicher versteht, seinen Führerschein oder Personalausweis zum Vergleich sehen möchten. Wie diese Dokumente aussehen, wissen Sie, und wenn Sie auf diesen den gleichen Namen wie auf dem Dienstausweis lesen, dann können Sie mit großer Wahrscheinlichkeit davon ausgehen, daß der Polizist echt

ist. Wenn nicht, dann können Sie später der Polizei wenigstens den Namen des Betrügers nennen. Alternativ können Sie auch bei der zuständigen Polizeidienststelle anrufen und nachfragen, ob es diesen Kollegen tatsächlich gibt. Aber Vorsicht: Von dem Mann vor der Tür können Sie sich gern seine Dienststelle nennen lassen, die Telefonnummer sollten Sie jedoch sicherheitshalber aus dem Telefonbuch heraussuchen oder die 110 wählen, wenn Ihnen die Sache verdächtig vorkommt.

Natürlich funktioniert die ganze Prozedur nicht, wenn Gefahr im Verzug ist, die Polizeibeamten einen Täter verfolgen oder möglicherweise eine Schlägerei schlichten müssen. Da heißt es für den Betroffenen, erst einmal die Maßnahme auszuhalten und anschließend die Legitimation einzufordern.

Falsche Polizisten, die Sie um Ihr gut verdientes Geld gebracht haben oder Ihre Wertsachen mitgehen ließen, erwarten neben einer Anklage wegen Diebstahls auch noch Sanktionen wegen Amtsanmaßung. Und das klingt nach § 132 StGB so:

Wer unbefugt sich mit der Ausübung eines öffentlichen Amtes befaßt oder eine Handlung vornimmt, welche nur kraft eines öffentlichen Amtes vorgenommen werden darf, wird mit Freiheitsstrafe bis zu zwei Jahren oder mit Geldstrafe bestraft.

AUF STRASSEN UND PLÄTZEN

109. Zivilfahnder auf dem Automarkt

Sie haben wieder einmal zugeschlagen, Ganoven, die sich als Polizeibeamte ausgaben. Als Aktionsfeld sollte ein Automarkt auf der »grünen Wiese« dienen. Diese legale, aber häufig riskante Art, sein Fahrzeug loszuwerden oder einen guten Gebrauchten für wenig Geld zu bekommen, ist recht beliebt – leider auch bei Leuten, die andere übers Ohr hauen wollen.

An einem Wochenende tauchten vor Ort drei Herren in Zivil auf, die sich gegenüber zwei potentiellen Autokäufern als Kriminalbeamte ausgaben. Unter dem Vorwand, daß auf diesem Markt häufig Falschgeld in Umlauf gerate, forderten sie – zum Zweck der Kontrolle – die Herausgabe ihres Bargelds. Bereitwillig händigten beide insgesamt 9.000 Euro aus. Die vermeintlichen Polizisten setzten sich in ihr Auto, um dort angeblich mit einem Gerät die Echtheit zu prüfen. Kaum hatte der letzte Platz genommen, wurden die Türen zugeknallt und die drei Betrüger rasten davon. Zurück blieben zwei geprellte Mittzwanziger, die ein teures Lehrgeld bezahlten. Da nützte ihnen auch nicht, daß sie sich das Kennzeichen gemerkt hatten; das war nämlich gestohlen.

Damit Ihnen so etwas nicht passiert, sollten Sie wissen, daß Kriminalbeamte sich ausweisen müssen; mit Namen, Amtsbezeichnung und ihrer Kriminalmarke oder dem Dienstausweis. Was Sie dabei beachten müssen, verrate ich Ihnen in einer der nächsten Geschichten.

110. Touristen abgezockt

Und da waren sie wieder, die falschen Polizisten. Ihre Opfer waren ausnahmslos Touristen aus asiatischen Ländern. Manchmal wurden sie von einem Mann angesprochen, der nach dem Weg fragte, in anderen Fällen bat ein Mann die Touristen darum, ihn mit seiner Kamera zu fotografieren. War dies geschehen, verschwand der Mann. Kurz darauf tauchten zwei Herren auf, die sich als Kriminalisten ausgaben und erklärten, daß es sich bei der mysteriösen männlichen Person um einen Drogendealer handelte. Und weil die Touristen mit dem Herrn Kontakt hatten, sei eine Durchsuchung ihrer Sachen erforderlich. Bereitwillig ließen die Gäste ihre Taschen und Geldbörsen kontrollieren. Erst später bemerkten sie, daß sie nur noch einen Teil ihres Geldes im Portemonnaie hatten oder Gegenstände aus der Tasche oder dem Rucksack fehlten. Die falschen Polizisten waren derweilen schon über alle Berge.

Sollten Sie einmal eine solche Zeremonie beobachten, dann schauen Sie sich das Treiben genau an und helfen Sie unseren Gästen, damit ihre Urlaubserinnerungen an Deutschland von der Hilfsbereitschaft der Deutschen und nicht von deren unlauteren Absichten bestimmt werden.

111. Die selbstgebastelte Kriminalmarke

Drogenfahnder zu sein, ist cool, müssen sich zwei 19jährige gesagt haben, denn die beiden Burschen fertigten sich eine Kriminalmarke an, die erstaunliche Ähnlichkeit mit der echten besaß. Das gute Stück hielten sie zwei 16jährigen unter die Nase, gaben an, von der Drogenfahndung zu sein, und durchsuchten die Rucksäcke und Geldbörsen der beiden. Das Spielchen der Möchtegern-Beamten wäre vielleicht gut gegangen, wenn nicht einer der Durchsuchten nach dem vermeintlichen Amtsakt 15 Euro aus seinem Portemonnaie vermißt hätte. Ein Anruf bei der Polizei genügte, und die beiden falschen Fahnder wurden von echten Fahndern festgenommen.

Zugegeben, die Kriminalmarke macht sicherlich was her, aber mich könnte keiner damit beeindrukken. Wer weiß schon, wie so eine echte Marke aussieht?

Meine Empfehlung: Hält Ihnen mal jemand dieses ovale Stück Messing unter die Nase und sagt, daß er von der Kripo sei, dann sagen Sie ihm, daß Sie viel mehr daran interessiert wären, seinen Dienstausweis zu sehen. Auf dem ist nämlich unter anderem auch das Lichtbild des Kriminalpolizisten zu erkennen.

112. Der Falschgeldfahnder

Dies ist ein Fall über einen vermeintlichen Falschgeldfahnder von der Kripo, der im wirklichen Leben als Zeitschriftenwerber in einer Drückerkolonne arbeitete.

Offensichtlich brachte ihm das Geschäft mit den Abos nicht genug Geld ein, weshalb er beschloß, seine Redegewandtheit und Kontaktfreudigkeit zu perfektionieren, indem er als Kriminalbeamter oder Sparkassenangestellter auftrat. Unter dem Vorwand, daß verstärkt Falschgeld im Umlauf sei und nun die Polizei (oder in manchen Fällen die Banken) angehalten seien, die Bargeldbestände der Bürger auf Echtheit zu prüfen, klingelte er an der Haustür vorwiegend älterer Bürger.

Ist das nicht eine schöne Geschichte!? Da gibt sich dieser Tunichtgut als Sachverständiger für Falschgeld aus, beschlagnahmt angeblich unechte Geldscheine, stellt dafür freundlicherweise sogar eine von ihm unterzeichnete Quittung aus und verschwindet dann mit dem Geld der Leute. Nun brauchen Sie keine Angst haben, daß dieser Mann bei Ihnen auftaucht, denn zwischenzeitlich sitzt er hinter Gittern und hat kaum noch Gelegenheit, sich Geldscheine auch nur anzuschauen.

Für Sie noch einmal die Kurzformel für das Erkennen solcher Strolche: Dienstausweis verlangen, genau anschauen und den Namen merken. Dann nach dem Personalausweis oder dem Führerschein fragen. Wenn sie den nicht rausrücken, dann stimmt mit Sicherheit etwas nicht; Ganoven schreiben nur sehr selten ihren echten Namen auf das gefälschte Dokument.

Wenn der Ganove so einfach gestrickt ist, daß er seinen echten Namen auf einen gefälschten Dienstausweis schreibt, dann können Sie der Polizei wenigstens verraten, wie der Trickser heißt.

113. Einfach mal so die Tasche kontrolliert

Diesmal hat es zwei Bürger erwischt, die von einem dreisten Betrüger um ihr Geld gebracht wurden. Als Tatort hat sich der Mann eine belebte Straße im Stadtzentrum ausgesucht – vielleicht war das auch der Grund, daß ihm sein Opfer, ein 67jähriger Hallenser, nicht mißtraute.

Der Betrüger gab sich als Polizeibeamter aus, erklärte, daß er die Einkaufstasche des Rentners durchsuchen müsse, und suchte flugs das Weite, nachdem er dem verdutzten Passanten das Portemonnaie aus der Tasche entwendet hatte. Ähnlich erging es einem 52jährigen. Besagter Möchtegern-Beamter hielt dem Mann auf einem Parkplatz einen grünen Ausweis unter die Nase, behauptete, daß er zu schnell gefahren sei, und verlangte den Führerschein. Als der Fahrer seine Geldbörse mit den Papieren herausholte, griff der Ganove zu und verschwand mit seiner Beute.

Kann jedem passieren, möchte man meinen. Sollte es aber nicht! Gerade solche Delikte, bei denen sich Betrüger als Polizisten ausgeben, häufen sich in letzter Zeit, deshalb ergreifen Sie, wenn Sie von vermeintlichen Polizeibeamten angesprochen werden, die Initiative. Lassen Sie sich in aller Ruhe den Ausweis zeigen und kommen Sie den Forderungen erst nach, wenn Sie absolut sicher sind, daß der Beamte auch echt ist.

IN HEIMEN, KRANKENHÄUSERN UND GESCHÄFTEN

114. Der Besuch im Altenheim

Im folgenden Fall fiel die Bewohnerin eines Altenheims auf einen falschen Kriminalbeamten herein.

Alles fing mit einem Telefonanruf an. Der angebliche Polizist fragte, ob sie ihre Geldbörse vermisse. Und tatsächlich ist der Frau vor längerer Zeit eine Geldbörse abhandengekommen. Der angebliche Beamte kündigte seinen Besuch an und klopfte kurze Zeit später an die Tür der alten Dame. Das Portemonnaie, das er vorzeigte, gehörte ihr allerdings nicht. Jetzt erklärte der Betrüger, daß der Verdacht bestehe, daß ihr Falschgeld untergeschoben wurde. Seiner Aufforderung, ihm ihr Bargeld zu zeigen, kam die Frau auch prompt nach. Nachdem das Geld auf dem Tisch lag, bat er die Dame, mit zu seinem Auto zu kommen, da er dort noch andere Geldbörsen verwahre, die er ihr zeigen wolle. Als die Frau in ihr Schlafzimmer ging, um sich eine Jacke überzuziehen, schnappte sich der vermeintliche Polizeibeamte das Geld und verschwand.

Echte Polizisten zeigen Ihnen die geforderten Dokumente, die falschen werden frech und verschwinden … ohne Ihr Geld.

115. Den Generalschlüssel fürs Krankenhaus ergaunert

Ich habe ihn auf einem Täterlichtbild gesehen, und Sie können mir glauben, er sah nicht unbedingt attraktiv aus. Etwa 177 cm groß, ein Doppelkinn, welches den Hals verschwinden läßt, hängende Schultern und einen noch stärker hängenden Bauch. So viel zur Personenbeschreibung des Mannes, der sich als verdeckter Ermittler das Vertrauen einer Krankenschwester erschlich. Auf der Lederhülle seines selbstgemachten Polizeiausweises prangte zwar ein glänzender Polizeistern, wie ihn die echten Polizisten an der Mütze tragen, aber die Aufmachung des vermeintlich amtlichen Dokumentes hätte doch Mißtrauen wecken müssen. Tat es aber nicht, denn dem falschen Ermittler gelang es, von der Krankenschwester – unter Zusage absoluter Verschwiegenheit – den Generalschlüssel für eine Klinik abzuzweigen. Unvorstellbar! Damit besuchte er zur Nachtzeit mehrmals die Zimmer der Patienten sowie die Aufenthaltsräume des Personals. Was er bei seinen Stippvisiten mitgehen ließ, reichte ihm für das Überleben auf Mittelklassestandard. Allerdings nicht ewig, denn da gab es noch eine andere Krankenschwester, die aufmerksam war und den unerwünschten Gast in der Klinik zur Rede stellte. Sein Fluchtversuch wurde von echten Polizeibeamten vereitelt, denn beim Davonlaufen brach er mit seinem gewichtigen Körper nicht gerade Rekorde.

Mein Rat an das Personal von Krankenhäusern: Hinterfragen Sie ruhig einmal die Anliegen vermeintlicher

Polizeibeamter und rufen Sie bei der Polizei an, um sich Gewißheit zu verschaffen. Sollten Sie zu einer ungewohnten Zeit Personen auf den Fluren Ihrer Einrichtung bemerken, dann fragen Sie direkt, ob Sie helfen können. Bösewichte verzetteln sich schnell und suchen das Weite, bevor sie Beute machen können.

116. Die chemische Keule zur Falschgelderkennung

Es ist schon fatal, was Obrigkeitshörigkeit bewirken kann. Wieder einmal hat ein falscher Kriminalbeamter sein Unwesen getrieben und damit dem Leiter eines Supermarktes die Schweißperlen auf die Stirn getrieben. Um sein Auftreten echt wirken zu lassen, hat der 46jährige den Besuch eines angeblichen BKA-Beamten zur Prüfung von Unregelmäßigkeiten im Geldverkehr des Supermarktes angekündigt, indem er einen Brief mit gefälschtem Kopfbogen in den Briefkasten warf. Bei dem Treffen wies sich der Täter mit einem gefälschten Dienstausweis aus, erzählte eine recht geheimnisvolle Geschichte von Falschgeld und Geldwäscheversuchen und forderte den Filialleiter auf, am darauffolgenden Freitag alle großen Geldscheine im Tresor zu behalten, weil diese einer chemischen Untersuchung unterzogen werden müßten. Zum verabredeten Termin erschien er und brachte, nebst weißer Schutzkombi, auch ein Köfferchen mit Chemikalien mit. Zur Untersuchung des Geldes forderte er das Personal »aus Sicherheitsgründen« auf, den Raum zu verlassen. Das war für ihn die Gelegenheit, gute 111.000 Euro durch Papierschnipsel auszutauschen. Zum Abschluß vernebelte er den Raum mit einer scharf riechenden Substanz und erklärte, daß die nächsten zwei Stunden keiner den Raum betreten dürfe. Damit verabschiedete er sich und wäre mit dem Geld sicher verschwunden, wenn der Geschäftsführer nicht vorher schon Lunte gerochen hätte. Er hatte sich tatsächlich bei der Polizei erkundigt, ob das alles rechtens sei, was dieser angebliche BKA-Beamte vorhatte. Der Rest war nur noch ein Kinderspiel: Handschellen drum, Geldkoffer weg und Bösewicht hinter Gittern.

Wer sich nicht traut im Zweifelsfall bei der Polizei anzurufen, der findet garantiert einen Vorgesetzten oder Kollegen, bei dem er sich Mut für einen Anruf holen kann.

IN DER EIGENEN WOHNUNG

117. Der angekündigte Besuch von Kriminalbeamten

Es gibt sie als Einzeltäter und es gibt sie als ganze Bande, die Gangster, die sich als Polizeibeamte ausgeben und so Mitmenschen um ihr ehrlich verdientes Geld bringen. In dem neuesten Fall, der mir bekannt wurde, haben sich drei dieser Typen die Arbeit geteilt. Der eine hat ein vermeintlich lohnendes Wohnobjekt in einer Siedlung ausgesucht und seine Mittäterin suchte die Telefonnummer zu dieser Adresse aus dem Telefonbuch, rief den Bewohner an und erzählte ihm die Geschichte von einem Einbruch in seinem Haus und von einem in diesem Zusammenhang ermittelten Täter. Sie kündigte den Besuch zweier Kriminalbeamter an, die ihn dazu befragen und Spuren sichern müßten. Und diese beiden Herren standen auch kurze Zeit später vor der Tür. Einer setzte sich mit dem Eigentümer in das Wohnzimmer, erzählte, was der vermeintlich gefangene Täter gestanden habe, und stellte Fragen über Fragen.

Der andere, ausgerüstet mit einer Tasche, in der augenscheinlich kriminaltechnische Ausrüstung war, stolzierte durch die Wohnung, sah sich Fenster und Türen an und vergaß nicht, nebenbei Schubladen und Schränke zu inspizieren und alles einzustecken, was wertvoll war. Nach knappen 15 Minuten war der Spuk vorbei und die beiden Beamten verabschiedeten sich.

Zurück blieb der verdutzte Hausbesitzer, der erst in den Abendstunden den Verlust seiner Brieftasche, des Handys, eines Laptops und seiner Digitalkamera bemerkte. Hier wäre ein Anruf bei der Polizei schon nach der telefonischen Ankündigung ratsam gewesen. Gemeinsam mit echten Polizisten hätte er die Betrüger empfangen können.

Sollten nach dem Vorweisen von Dokumenten Zweifel bleiben, lassen Sie sich die Abteilung nennen, in der die Beamten arbeiten und fragen Sie telefonisch nach, ob alles rechtens ist.

118. Die Tasche als »Banktresor«

Man muß davon ausgehen, daß die Täter, die in einer Großstadt folgende Betrugsmasche abgezogen haben, genau wußten, daß viel Geld zu holen war, doch die 84jährige, der das Unglück widerfuhr, schwört, daß niemand von ihrem gesparten Reichtum wußte.

Frau W. kam vom Einkauf nach Hause und bemerkte im Treppenhaus einen fremden Mann, der nach einem vermeintlichen Versuch, in der Wohnung über ihr jemanden zu erreichen, das Haus wieder verließ. Erst dann betrat sie ihre Wohnung. Kaum hatte sie die Wohnungstür geschlossen, klingelte das Telefon. Am Apparat war ein Mann, der sich als Kriminalbeamter vorstellte und erklärte, daß in ihre Wohnung eingebrochen worden sei. Man habe den Täter festgenommen und das entwendete Geld beschlagnahmt. Die Rentnerin bestätigte daraufhin, daß sie tatsächlich eine hohe Summe in einer Tasche zu Hause aufbewahre und daß sie zudem einen Fremden im Hausflur gesehen habe.

Der Anrufer sagte, daß sie nichts anfassen solle, es müsse jeden Moment ein Kollege von ihm vorbeikommen, der Spuren suchen würde. Just in diesem Moment klingelte es auch schon an der Haustür und der vermeintliche Kollege des Beamten stand vor der Tür. Die Frau zeigte ihm die Tasche, in der sie das Geld aufbewahrte, der Möchtegern-Kriminalist zog sich Handschuhe über, um angeblich keine Spuren zu vernichten, und machte sich mit der Tasche voller Geld aus dem Staub.

Die Tasche mit dem Geld war weg, mitsamt der runden – und jetzt bitte genau lesen – 190.000 Euro in 500er-Scheinen. Ich weiß, Ihnen und mir würde das nicht passieren; schon allein, weil wir gar nicht so viel Geld haben.

119. Mit einem netten Plausch fing es an

Es fing ganz harmlos an für den 84jährigen Rentner. In einer Aldi-Filiale sprach ihn eine etwa 50jährige Frau an, plauderte mit ihm über die alltäglichen Sorgen des Lebens und fragte ganz beiläufig nach Möglichkeiten, zu Hause sein Bargeld gut zu verstekken. Man verabschiedete sich und der Rentner ging nach Hause. An seiner Wohnungstür sprach ihn ein älterer Herr an, der sich als Kriminalbeamter ausgab und sich mit einem vermeintlichen Dienstausweis auswies. Besagter Mann erklärte, daß der Rentner Opfer einer Trickdiebin geworden sei, die Geld aus seiner Wohnung entwendet habe. Jetzt müsse nur noch überprüft werden, ob aus der Wohnung noch mehr fehle. Mit vor Aufregung erhöhtem Pulsschlag ließ der alte Herr den angeblichen Polizeibeamten hinein und zeigte ihm im Schlafzimmer sein Geldversteck. Zu seinem Erstaunen waren die dort verwahrten 34.000 Euro nebst wertvoller Armbanduhr und sechs Goldbarren noch vorhanden.

Der Kriminalbeamte forderte den Rentner daraufhin auf, sich weiter in der Wohnung umzuschauen, ob etwas fehle. Er würde sich im Schlafzimmer alles Nötige notieren.

Sichtlich erleichtert darüber, daß wohl doch nichts fehle, verabschiedete sich der Rentner nach einer Weile von seinem Gast. Als er kurz danach allerdings sein Schlafzimmer aufsuchte, stand er kurz vor einem Herzinfarkt. Sein geheimes Versteck war von dem falschen Kriminalisten ausgeräumt worden!

Erstaunlich, wie raffiniert Betrüger ihren Coup oft vorbereiten und dann, mit den Informationen, die sie von ihren potentiellen Opfern bekommen, zuschlagen. Ich rate dazu, nicht so redselig zu sein – erst recht nicht, wenn's ums Geld geht.

120. Der Strafzoll für das Messer-Set

Sie kennen den Bekannten-Trick: Irgendwelche Typen sprechen ältere Bürger an, geben sich als angebliche Bekannte aus und verkaufen ihnen dann minderwertige Ware zu einem absolut überteuerten Preis. Genau das passierte einem Mann. Die beiden Herren vermachten ihm für 1.500 Euro einen Besteckkasten, einen Satz Messer, ein Topf-Set und zwei Wolldecken. Der Umstand, daß die eifrigen Geschäftsleute nach dem Geschäft den Besteckkasten klammheimlich wieder mitgenommen hatten, war bei der Geschichte eigentlich nur das kleinere Übel. Am Tag nach dem Kauf tauchte ein Herr auf, der sich als Zollbeamter ausgab und Zoll für die Waren im Wert von 7.000 Euro forderte. Weil der völlig überforderte Mann Zweifel anmeldete, rief der vermeintliche Zollbeamte, um die Ernsthaftigkeit der Forderung zu unterstreichen, von der Wohnung aus seinen angeblichen Vorgesetzten an und gab dem Zweifler das Telefon. Dieser fiktive Vorgesetzte des Betrügers bestätigte die Rechtmäßigkeit der Aktion und drohte sogar damit, die Polizei zu verständigen, falls die Zahlung nicht erfolgen sollte.

Was kaum zu glauben ist, nahm nun seinen Lauf. Der Rentner ging zur Bank, nahm einen Kredit über 7.000 Euro auf, bekam das Geld auch gleich ausgezahlt und übergab es auf der Straße dem vermeintlichen Zollbeamten. Auf die versprochene Quittung über die nicht unerhebliche Zahlung wartet der Mann heute noch.

Na ja, ich weiß schon. Sie glauben mir die Geschichte nicht. Hätte ich an Ihrer Stelle vielleicht auch nicht. Können Sie aber ruhig, denn Sie wissen ja, als Kriminalrat a. D. darf ich einfach nicht lügen – jedenfalls nicht in der Öffentlichkeit.

121. Wenn Polizeibeamte ihren Besuch ankündigen

Wenn jemandem Unrecht getan wird, ärgert es mich. Geben diese Übeltäter sich zudem als Polizisten aus, dann potenziert sich aus verständlichen Gründen mein Zorn. Die Täter fügen anderen nicht nur Leid zu, sie schädigen obendrein noch das Image der Polizei.

Bei einer älteren Dame meldete sich telefonisch ein Herr, der sich als Kriminalbeamter vorstellte und vorgab, in Sachen »Einbruchdiebstähle« zu ermitteln. Er vereinbarte mit der Frau einen Termin bei ihr zu Hause und kündigte an, daß er gemeinsam mit einem Kollegen kommen würde. Pünktlich stand er vor dem Haus der Dame, zeigte kurz einen Ausweis als Legitimation vor und betrat gemeinsam mit seinem Kollegen die Wohnung. Hier erzählte er eine Geschichte von einem Einbrecher, der gestellt wurde und dem etliche Einbrüche in eben dieser Wohngegend zur Last gelegt würden. Da nicht auszuschließen sei, daß er auch das Haus der älteren Dame betreten habe, bat er sie darum, alles Bargeld und den Schmuck vorzuzeigen. Beeindruckt von dem Ermittlungsdrang der beiden falschen Kriminalbeamten, legte die Frau die geforderten Dinge auf den Tisch. Gegen eine formlose Quittung steckten die Möchtegern-Kriminalisten die Sachen ein, einer riß heimlich den Stecker des Telefons aus der Wand und beide verschwanden.

Ein böses Ende für eine Frau, die eigentlich nur der Polizei bei den Ermittlungen helfen wollte. Natürlich kann es passieren, daß ein Beamter seinen Besuch telefonisch ankündigt. Dann sollten Sie sich aber seinen Namen und seine Dienststelle genau notieren und über die Vermittlung der Polizei einen Rückruf starten. Auf keinen Fall die Nummer anrufen, die Ihnen der Anrufer gibt oder die Sie auf Ihrem Display sehen. Mit einem technischen Trick über sogenanntes Call-ID-Spoofing können Betrüger erreichen, daß auf dem Display Ihres Telefons die 110 oder Ihre örtliche Vorwahlnummer, verbunden mit der 110 oder einer der tatsächlichen Polizei ähnlichen Nummern auftaucht. Das verwirrt viele Angerufene und läßt sie glauben, der Anruf stamme direkt von der Polizei. Tatsächlich sitzen die Anrufer meistens im Ausland und starten von dort ihre Anrufe.

Spätestens bei einem Rückruf mit selbst herausgesuchter Nummer wäre der Schwindel aufgeflogen und die Dame hätte, gemeinsam mit echten Polizisten, in Ihrer Wohnung die Gauner in Empfang nehmen können.

122. Zu viel Bargeld zu Hause

Manchmal bin ich dicht daran zu verzweifeln. Ganz besonders dann, wenn ich vor einem üblen Trick schon hundert Mal gewarnt habe und es Gaunern trotzdem gelungen ist, mit genau dieser Masche Erfolg zu haben.

Ein unbekannter Mann rief bei einem älteren Ehepaar an, stellte sich als Kriminalbeamter vor und teilte mit, daß Diebe angeblich unbemerkt in ihre Wohnung gelangt seien. Er kündigte den Besuch zweier Kollegen an, die sich um die Sache kümmern würden. Besagte falsche Kriminalisten standen auch kurze Zeit später vor der Tür, wiesen sich mit einem runden Metallstück und einem angeblichen Dienstausweis aus und ließen sich von dem Ehepaar ihr Bargeld zeigen. Stolze 9.000 Euro kamen da in einer Metallkassette zum Vorschein. Nun folgte, was kommen mußte: Das Ehepaar wurde abgelenkt, und die falschen Polizisten verschwanden mit dem Geld.

Ich weiß, es ist manchmal schwierig, Gut von Böse zu unterscheiden. Meine Bitte an Sie: Neben dem Prozedere, das falsche Polizisten entlarvt, sollten Sie vorbeugen, indem Sie die Geldreserven zu Hause auf ein Minimum beschränken.

123. Vom Supermarkt bis nach Hause verfolgt

Sie hatten alle gutbürgerliche deutsche Namen, die fünf Männer zwischen 30 und 61 Jahren, die jetzt hinter Gittern über das Verwerfliche ihrer Taten nachdenken. Fast in ganz Deutschland waren sie mit immer derselben Masche unterwegs. In Einkaufszentren suchten sie bewußt ältere Bürger aus, verfolgten diese bis zu ihrer Wohnung, erfuhren auf diese Weise ihre Namen und riefen dann über die Rufnummer aus dem Telefonbuch an. Bei dem Telefonat gaben sie sich als Kriminalbeamte aus und erklärten, daß während der Abwesenheit des Wohnungsinhabers Unbekannte in der Wohnung waren, jedoch die Einbrecher festgenommen werden konnten. Sie suggerierten dem verdutzen Mieter, daß er unbedingt seine Wertsachen überprüfen solle, weil nicht ausgeschlossen werden könne, daß die Diebe etwas mitgenommen haben. Durch eine geschickte Gesprächsführung bekamen die falschen Kriminalbeamten heraus, ob der Angerufene Geld oder Wertsachen zu Hause verwahrte, in manchen Fällen sogar, wo er sein Geld versteckte. Erschien ihnen das Opfer gutgläubig, kündigten sie den Besuch eines »Kriminalbeamten« an. Oft klingelte es noch während des Telefonats an der Tür, und zwei falsche Kriminalbeamte baten um Einlaß. Sie ließen sich das Geld und die Wertsachen zeigen und nahmen alles – unter dem Vorwand, Spuren sichern zu müssen – mit.

Bei vielen anderen haben die Gauner einen Schaden von insgesamt über 110.000 Euro angerichtet. Doch sie sind nur eine von vielen Banden mit dem gleichen Ziel ...

Sollten sich bei Ihnen vermeintliche Kriminalbeamte telefonisch melden, dann rufen Sie bei Ihrer nächsten Polizeidienststelle an und erkundigen Sie sich, ob an der Geschichte wirklich etwas dran ist, bevor sie falsche Polizisten in Ihre Wohnung lassen.

124. Die Tränengasbombe im Geldversteck

Er treibt sein Unwesen an den verschiedensten Orten Deutschlands, der falsche Polizeibeamte, der mit seiner »Tränengasmasche« so manchem älteren Menschen Geld gestohlen hat.

Vor einem Reihenhaus fragte er einen Rentner, ob seine Frau zu Hause sei. Als der Mann ihm daraufhin antwortete, daß sie gerade beim Arzt wäre, stellte er sich als Polizeibeamter vor und zeigte dazu einen personalausweisgroßen, vermeintlichen Dienstausweis, auf dem in dicken Lettern »POLIZEI« stand. Dann erzählte er dem Senior von einem Einbrecher, der in dieser Wohngegend in mehrere Häuser eingestiegen sei und unbemerkt Geld gestohlen habe. Um zu überprüfen, ob der Rentner auch betroffen sei, forderte er ihn auf, ihm zu zeigen, wo er sein Geld aufbewahre. Ohne mißtrauisch zu werden, ließ der Mann den falschen Polizeibeamten in die Wohnung und zeigte ihm ein Versteck, in dem er 2.000 Euro aufbewahrte. Jetzt zog sich der Betrüger Einweghandschuhe an und forderte den Hauseigentümer auf zurückzutreten, weil der angebliche Einbrecher häufig Geld mit Tränengas präpariert habe und davon Explosionsgefahr ausgehe. Das war dann selbst dem Rentner ein zu starker Tobak, und er meldete lautstark seine Zweifel über die Echtheit des Polizeibeamten an. Das wiederum veranlaßte den Betrüger, schleunigst und ohne Geld das Weite zu suchen.

Ein bißchen spät, aber dennoch richtig gehandelt. Laut werden, wenn sich Zweifel auftun, kann Wirkung zeigen, denn Betrüger wollen klammheimlich an Ihr Geld und nicht die Aufmerksamkeit der Öffentlichkeit.

125. US-Dollar im Leinenbeutel

Redseligkeit kann schlimme Folgen haben. Das mußte ein älterer Mann feststellen. Einem Herrn gegenüber, der sich ihm als angeblicher früherer Arbeitskollege vorgestellt hatte, vertraute er in einem Café eines Supermarktes an, daß er zu Hause in einem Leinensack 20.000 Dollar für unsichere Zeiten aufbewahre. Das muß den angeblichen Bekannten spontan zu einer phantastischen Geschichte animiert haben. Als besagter Mann mit seiner Frau zu Hause ankam, tauchte an der Wohnungstür ein Herr auf, der sich als Mitarbeiter des Supermarktes vorstellte, in dem er gerade einkaufen war, und der ihn bat, sich sofort beim Geschäftsführer des Marktes zu melden. Der brave Bürger kam der Aufforderung auch umgehend nach. Kaum daß er aus dem Haus war, trat ein zweiter Mann auf den Plan, der sich per Polizeistern als Kriminalist ausgab. Dieser wiederum berichtete der zu Hause gebliebenen Ehefrau, daß es in besagtem Supermarkt Unklarheiten mit Dollar-Noten gäbe, die ihr Mann angeblich zum Einkauf verwendet habe. Zur Klärung bat er um Herausgabe des Leinensackes mit den 20.000 Dollar. Der Umstand, daß der vermeintliche Kriminalist so gut Bescheid wußte, ließ die Frau jede Skepsis vergessen, und sie händigte den Beutel nebst Geld aus.

Ich nehme an, Ihnen würde so etwas nicht passieren, und das nicht nur, weil Sie keine 20.000 Dollar zu Hause aufbewahren.

126. Dem Hausarzt aus der Patsche geholfen

Manche Leute scheinen Kriminalität geradezu anzuziehen. Und wenn diese Menschen obendrein noch von Tätern heimgesucht werden, die mit hoher krimineller Energie und Ideenreichtum, aber mit fehlendem Unrechtsbewußtsein ausgestattet sind, spielen sich Geschichten ab, die sich ein Kriminalschriftsteller nicht besser ausdenken könnte. Opfer in diesem Fall wurde ein älteres Ehepaar.

Bei der Rentnerin erschien eine durchaus vertrauenswürdig wirkende Frau, die der Dame einen schönen Gruß von ihrem Hausarzt übermittelte. Wortreich schilderte sie, daß der Doktor gerade auf der Autobahn in einem Stau stecke und er nun in großen Nöten sei, weil er unbedingt jetzt, terminlich gebunden, medizinische Geräte im Wert von 17.000 Euro abholen müsse. Da er dies zeitlich nicht schaffe, ließ er über seine Assistentin die Rentnerin bitten, dieses Geld für heute auszulegen. Den Wahrheitsgehalt der Geschichte untermauerte die vermeintliche Assistentin dadurch, daß sie während des Gesprächs mehrere Anrufe auf ihrem Handy bekam, in denen Sie immer wieder augenscheinlich mit dem im Stau steckenden Doktor sprach. Nicht zuletzt deshalb, weil so eine Geste der Höflichkeit künftige Wartezeiten beim Doktor verkürzen könnte, stimmte die alte Dame zu, ging zur Bank und überreichte der angeblichen Assistentin das Geld. Als sie beim nächsten Arztbesuch den Doktor auf das geliehene Geld hin ansprach, kam der Schwindel heraus. Eigentlich ist das ja schon Leid genug, aber der Komplize der Betrügerin legte noch eins drauf. Sechs Wochen nach der Tat erschien er bei dem Rentnerehepaar, stellte sich als Kriminalbeamter vor, erzählte von einer Betrügerin, die man gestellt habe und die 150.000 Euro mit sich geführt habe. Detailkenntnisse über die Betrugsmasche mit dem Geld für den Arzt ließen ihn glaubwürdig erscheinen. Deshalb zeigten ihm die beiden Senioren auf Nachfrage ihren Tresor. Der angebliche Polizeibeamte zog sich Gummihandschuhe an, erklärte, daß alle zurücktreten müßten, weil diese Betrugstäterin häufig Tränengasbomben in Wert-gelassen verstaute, und durchsuchte dann den Tresor. Gleiches tat er auch mit einer Aktentasche, die ebenfalls Geld enthalte, so die Rentner. Nach seiner »Begutachtung« erklärte er, daß nichts angefaßt werden dürfe, bis die Kripo mit der Spurensicherung und der Täterin vorbeikämen. Als er die Wohnung verlassen hatte, schauten die beiden Leute noch einmal in den Tresor und in die Tasche ... und mußten feststellen, daß der falsche Polizist 8.700 Euro mitgehen lassen hatte. Ein harter Schlag!

Ihnen sollte dieser Fall Anlaß bieten, ihre älteren Verwandten zu warnen und selbst darüber nachzudenken, ob Sie nicht auch manchmal viel zu leichtgläubig sind.

127. Der Nachschlag zum »Wassermann-Trick«

Wer mich kennt, der weiß, daß ich schon einmal vor dem sogenannten »Wassermann-Trick« gewarnt habe. Ein Herr, der sich als Mitarbeiter der Wasserwerke ausgab, suchte überwiegend alleinstehende Damen auf, gab an, daß es Schwierigkeiten mit dem Wasserdruck gebe und er den »Durchlauf« prüfen müsse.

Er bat die Mieterinnen, im Bad wechselweise das warme und dann das kalte Wasser aufzudrehen, während er angeblich den Durchlauf in der Küche überprüfe. Tatsächlich durchsuchte er die Schränke und stahl alles, was Wert hatte. Als sich besagter Typ unlängst bei einer Dame im Norden unseres Landes meldete, war diese pfiffig und ließ ihn mit dem Hinweis, daß sie diese Gaunerei kenne, gar nicht erst in die Wohnung. Eine halbe Stunde darauf klingelte ein Herr bei ihr, der sich als Kriminalist vorstellte und erklärte, daß er auf der Suche nach einem Betrüger sei, der besagte »Wassermann-Masche« abziehe. Stolz auf ihr cleveres Handeln, ließ die Frau den vermeintlichen Polizeibeamten in die Wohnung, erzählte ihm alles, was ihr widerfahren war, und merkte erst, als der Gast wieder weg war, daß ihre Geldbörse fehlte und der Kriminalpolizist auch nicht echt war.

Sie sollten nicht vor Respekt erstarren, nur weil sich jemand »Kriminalpolizist« nennt. Fordern Sie Ausweise, dann wird der Gauner Respekt vor Ihnen bekommen!

128. Erst Ramsch gekauft und dann noch draufgezahlt

Er scheint immer beliebter zu werden bei den Betrügern, der Trick mit den falschen Kripo-Beamten. Ein Ehepaar aus der Landeshauptstadt kaufte unlängst von einem Mann, der sich als alter Bekannter der Familie ausgab, zwei Uhren für mehrere einhundert Euro. Mal abgesehen davon, daß die Uhren völlig überteuert verkauft wurden, ereilte die Familie ein noch weit größeres Pech.

Tage später kamen eine junge Frau und ein junger Mann ins Haus, die sich als Kriminalbeamte ausgaben. Angeblich hätten sie bei dem Uhrenverkäufer Falschgeld entdeckt. Da nun nicht auszuschließen sei, daß das Falschgeld von besagter Familie stamme, wollten sie das Bargeld, das zu Hause verwahrt wurde, sehen. Mehrere tausend Euro wechselten den Besitzer, obwohl das einzig wirklich Falsche bei der angeblichen Polizeiaktion die Polizisten selbst waren.

Polizisten dürfen zwar fragen, ob Sie sie für ein Gespräch in die Wohnung lassen, Ihr Geld überprüfen und es mitnehmen dürfen sie aber nur mit einem Durchsuchungsbeschluß – es sei denn, es ist Gefahr im Verzug, aber davon konnte hier nicht die Rede sein.

129. Das Geld im Kleiderschrank

Können Sie sich vorstellen, daß Kriminalbeamte Ihnen 10.000 Euro und dazu noch Schmuck im Wert von 7.500 Euro stehlen? Ich kann das nicht, und deshalb gehen Polizisten davon aus, daß die beiden Ganoven, die genau das bei einer 80jährigen Frau getan haben, Betrüger sind. Unter dem Vorwand, von der Kripo zu sein und wegen einer festgenommenen Person bei ihr ermitteln zu müssen, verschafften sie sich Zugang zur Wohnung – die alte Leier. Während einer der Übeltäter die Frau peinlichst befragte, durchsuchte der andere die Räume und fand natürlich, worauf er gehofft hatte. Schmuck liegt in der Regel in irgendwelchen frei zugänglichen Schmuckkästen oder in einer Schublade, aber für Geld haben die Leute meist »sichere« Verstecke – im Kleiderschrank irgendwo unter der Wäsche … Betrüger und Diebe wissen das leider aus Erfahrung. Den schmerzlichen Verlust des Geldes und ihres Schmucks bemerkte Oma erst, als die Täter schon lange fort waren.

Enttarnen Sie die Betrüger und lassen Sie sie auflaufen! Wenn Ihnen das nicht gelingt, sollte Ihr Geldversteck ein unkonventionelles sein ...

130. Echtes durch falsches Geld ersetzt

Er ist 88 Jahre, der ehemalige Landwirt aus dem friedlichen kleinen Dörfchen unweit der Autobahn. Als er sein Haus verließ, sprach ihn ein Mann in ziviler Kleidung an, der angab von der Polizei zu sein und zu seiner vermeintlichen Legitimation kurz einen Ausweis vorzeigte. Er erzählte, daß seine Kollegen eine Bande Falschgeldvertreiber gestellt hätten und er nun das vorhandene Bargeld der Bewohner dieser Region überprüfen müsse. Es könne angeblich nicht ausgeschlossen werden, daß die Täter bei einem Einbruch echtes Geld entwendet und dafür unechtes hinterlegt hätten. Beeindruckt von der Situation und verängstigt über den Umstand, daß auch sein Geld vertauscht worden sein könnte, führte er den Mann in sein Schlafzimmer und holte aus einem Versteck zwei Beutel mit insgesamt 30.000 Euro Bargeld. Der vermeintliche Spezialist in Sachen Falschgeld warf einen Blick auf die Scheine und verkündete, daß er anhand der Endziffern auf den Geldscheinen unweigerlich davon ausgehe, daß es sich durchweg um Falschgeld handle. Er nahm das Geld an sich und erklärte, daß er zur Dienststelle fahren würde, um mit einem der Tatverdächtigen für eine Gegenüberstellung zurückzukommen. Als sich nach längerer Wartezeit niemand bei dem Rentner meldete, setzte dieser sich auf sein Fahrrad und fuhr selbst zur Polizei. Sie können sich vorstellen, welche böse Überraschung ihn dort erwartete ...

Mal abgesehen davon, daß die Geschichte an sich schon nach Verrat riecht, können Sie mir glauben, daß sich Täter, die Ihr sauer verdientes Geld einmal in Händen halten, garantiert nicht die Mühe machen, ihr Tun durch Hinterlassen von Falschgeld zu verschleiern.

DIE MASCHEN AUF DER AUTOBAHN

131. Mit Blaulicht und »Bitte Folgen«-Schild

Er hat sich schon richtig Mühe gegeben und eine gehörige Portion krimineller Energie freigesetzt, der 37jährige italienische Staatsbürger, der seit drei Monaten hinter Gittern über das Verwerfliche seines Tuns nachdenken kann. Zuerst hat er einen grünen 320er BMW und einen blauen Peugeot gestohlen, dann acht verschiedene Paare Kennzeichentafeln von anderen Fahrzeugen. Beide Fahrzeuge stattete er mit einem mobilen Blaulicht und einem beleuchteten »Bitte Folgen«-Schild aus. Zuletzt besorgte er sich eine Anhalte-Kelle und begann, auf Deutschlands Autobahnen Geld einzusammeln. Um sein Auftreten perfekt zu machen, bastelte er sich per Computer einen Phantasie-Dienstausweis, der ihn als Polizeihauptkommissar Schlämmer auswies, und fertigte Quittungen und Bargeldverwarnungen, auf denen er die Einnahmen für angebliche Verkehrsübertretungen quittierte. Seine Opfer waren überwiegend ausländische Lkw- und Pkw-Fahrer, denen sein schlechtes Deutsch nicht auffiel. Er lotste sie mit eingeschaltetem Blaulicht und leuchtendem »Bitte Folgen«-Schild einfach in Nothaltebuchten oder auf Parkplätze und nahm ihnen dort als vermeintlicher Polizeibeamter saftige Ordnungsgelder ab. Die Sprachschwierigkeiten und Unkenntnis über das Deutsche Rechtssystem nutzte er schamlos aus, bis eine Zivilstreife der echten Polizei ihn bei seinen »Amtshandlungen« beobachtete.

Sollten Sie zufällig Zeuge einer solchen Kontrolle werden, die Ihnen offensichtlich eigenartig vorkommt, dann informieren Sie zeitnah die Polizei über die 110.

132. Die Polizisten in dunklen Overalls

Der nächste Fall ereignete sich in der Schweiz, ich gehe aber davon aus, daß es in ähnlicher Art und Weise auch hierzulande möglich wäre. In der Nähe von Luzern stoppten zwei Männer, die sich als Polizisten ausgaben, den Fahrer eines deutschen Pkw, weil dieser angeblich mit überhöhter Geschwindigkeit unterwegs und zudem nicht angeschnallt gewesen sei. Zur Nachtzeit konnte der Fahrer nicht zweifelsfrei erkennen, ob die dunkelblauen Overalls der beiden tatsächlich Polizeiuniformen waren und ob der Leuchtstreifen, der sich auf dem weißen Opel der vermeintlichen Ordnungshüter befand, zu einem echten Polizeiauto gehörte. Überfordert von der Situation, rückte der Kraftfahrer 300 Euro für sein »Vergehen« heraus. Weil ihm im Nachhinein Bedenken kamen, meldete er sich bei der Luzerner Polizei und mußte feststellen, daß er Betrügern auf den Leim gegangen war.

Nicht gerade eine einfache Situation: nachts, allein auf der Straße und außerdem im Ausland. Auf alle Fälle sollten Sie im Auto sitzen bleiben, die Tür verriegeln und die Fahrerscheibe zur Hälfte herunterlassen. Dann kann das alles, was die Legitimation eines Polizeibeamten sicher macht, beginnen.

Manchmal hilft in solchen Fällen zu erklären, daß Sie über die Notrufnummer Ihres Handys bei der Polizei anfragen, ob hier alles mit rechten Dingen zugeht. Sie können mir glauben, das läßt falsche Polizisten schnell von der Bildfläche verschwinden.

133. Falschgeld-Kontrolle auf der Autobahn

Sie haben sich für ihre Masche bewußt Ausländer ausgesucht, die drei falschen Polizeibeamten, die unlängst 16.000 Euro erbeuteten. Auf einem Parkplatz sprachen sie die Insassen eines Pkw mit rumänischem Kennzeichen an, gaben sich als Kriminalbeamte aus und zeigten einen auf einem Lederblock befestigten Polizeistern. Mit der Begründung, daß durch Ausländer häufig Falschgeld in Umlauf gebracht werde, forderten sie die Insassen auf, die Brieftaschen und Handtaschen zu zeigen. In der Handtasche einer Rumänin fanden sie 25.000 Euro Bargeld, die für einen Pkw-Kauf gedacht waren, und forderten die Frau auf, das Geld in zwei Briefumschläge zu stecken, die die Polizisten ihr reichten. Dann forderten sie die Pässe und entfernten sich kurzzeitig vom rumänischen Fahrzeug. Als sie zurückkamen, fragten sie nach deren Wohnunterkunft. Die Rumänen gaben ein Hotel an, und plötzlich erklärten die vermeintlichen Kriminalisten, daß sich damit alles erledigt habe. Angeblich waren sie der Meinung, bei den Kontrollierten handle es sich um Asylbewerber. Da dem nicht so sei, habe sich der Sachverhalt erledigt. Man entschuldigte sich für die Unannehmlichkeiten, händigte die Pässe und die zwei Kuverts wieder aus und verabschiedete sich höflich. Als die Rumänen einen Blick in die Briefumschläge warfen, erlebten sie eine böse Überraschung:

In dem einen befanden sich nur noch 9.000 Euro, in dem anderen lediglich zurechtgeschnittene Papierschnipsel.

Im Ausland einen echten Polizisten von einem falschen zu unterscheiden, ist oftmals unmöglich. Sie sind dennoch geschult und wissen, wie man aus solch einer Situation heil herauskommt.

134. Kaution als Garantie fürs Warten

Er war schon nahezu perfekt vorbereitet, der Coup, den zwei junge Männer sich unlängst auf der Autobahn leisteten. Kurz vor einem Parkplatz überholten sie mit ihrem Audi einen Lkw, zogen im Heck ihres Fahrzeuges eine Jalousie hoch, auf der die Aufschrift »POLIZEI« prangte, setzten ein Blaulicht auf das Dach und winkten den Fahrer mit einer roten Anhalte-Kelle in Richtung Einfahrt eines Parkplatzes. Hier stellten sie sich als Polizeibeamte vor und kontrollierten den Fahrtenschreiber sowie die Fahrzeug- und Frachtpapiere. Unter dem Vowand, davon eine Kopie machen zu müssen, fuhren sie mit ihrem Pkw davon, nicht ohne vorher vom Fahrer 100 Euro Kaution kassiert zu haben – angeblich eine Garantie dafür, daß er brav auf dem Parkplatz warten würde.

Als dem Trucker die Wartezeit zu lang wurde, kamen die ersten Bedenken. Es folgte die telefonische Nachfrage bei der Polizei. Die vermeintlichen Beamten waren natürlich Betrüger; und die echten Beamten erklärten, wie man erkennen kann, ob Zivilfahnder echt oder unecht sind ...

Handeln Sie mit Verstand und der nötigen Vorsicht, dann ersparen Sie sich viel Ärger.

135. Zu geizig für Telefonsex-Gebühren

Frau Bergholz war eine von sechs Frauen, die einen Anruf von einem angeblichen Kriminalbeamten erhielt, der erklärte, daß die Polizei bei einer Hausdurchsuchung Listen mit Namen und Telefonnummern von Frauen gefunden habe, auf der auch ihre Nummer stehe. Die Polizei vermute, daß ein bislang noch unbekannter Sextäter die Frauen bereits angerufen habe oder es noch tun würde. Für den Fall eines Anrufes durch besagten ominösen Verdächtigen sollte Frau Bergholz auf alle Fragen des Täters eingehen und sie beantworten. Die Polizei könne auf diese Weise die Herkunft des Anrufs feststellen und dem bösen Treiben ein Ende machen. Weil sie das Gefühl hatte, einen wertvollen Beitrag zu leisten, um Sextäter dingfest zu machen und potentiellen Opfern viel Leid zu ersparen, sagte Frau Bergholz zu.

Der angekündigte Anruf kam auch prompt. Der Mann am Telefon stellte die intimsten Fragen zum Sexleben von Frau Bergholz, die in den meisten Fällen brav nach den Anweisungen des vermeintlichen Kriminalbeamten beantwortet wurden. Auf diese Art kam der Anrufer zu dem sexuellen Erlebnis, das er suchte, ohne eine teure Sex-Hotline zu bemühen.

Ein ganz schön starker Tobak, diese Art des Kriminalbeamten-Tricks, zumal die Intimsphäre der Frauen empfindlich verletzt wurde! Sollte sich bei Ihnen einmal ein Herr von der Kripo telefonisch melden, lassen Sie sich seinen Namen und die Telefonnummer geben. Die Nummer natürlich nur pro forma, denn am sichersten ist es, sich über eine authentische Nummer der Polizei mit dem entsprechenden Kollegen verbinden zu lassen.

Das bringt dem Anrufer statt sexueller Lust dann Frust, und das wollen wir ihm doch von Herzen gönnen.

III

TRICKDIEBE

Wer denkt, Trickdiebe begegnen einem nur im dichten Gedränge auf Straßen, Plätzen, in öffentlichen Verkehrsmitteln oder dort, wo sich viele Touristen tummeln, der irrt. Sie scheuen sich nicht einmal vor »Hausbesuchen«, klopfen einfach an Ihre Tür, lenken Sie ab und stehlen, was sie in die Finger bekommen. Was sich abspielt – und vor allem wie –, ist oft bühnenreif. Befragt man die Opfer von Trickdieben, hört man häufig Erklärungen wie: »Der war so nett und freundlich ...« oder: »So eine gutaussehende junge Frau, und wie die reden konnte ...« Aber genau das ist das Handlungsschema der Trickdiebe: Sie treten freundlich auf, zeigen sich hilfsbereit und haben immer eine perfekte, glaubwürdige Geschichte parat. Das öffnet ihnen – im wahrsten Sinne des Wortes – die Tür. Klingelt jemand an Ihrer Tür, schauen Sie durch den Türspion. Kennen Sie die Person nicht, legen Sie die Sperrkette vor und öffnen Sie nur einen Spalt, während Sie den Besucher nach seinem Anliegen fragen. Ist es tatsächlich erforderlich, ein Gespräch in Ihrer Wohnung zu führen? Für diesen Fall bitten Sie Nachbarn oder Verwandte, dabei zu sein. Wenn Sie offensichtlich Mißtrauen zeigen und konsequent handeln, geben Trickdiebe auf und suchen sich andere Opfer. Was diese Kategorie von Tätern, die sich auf der Straße tummeln, betrifft, sind Sie gut beraten, wenn Sie Ihr Geld und Ihre Wertsachen in verschlossenen Innentaschen aufbewahren und bei Kontaktversuchen auf Distanz gehen – mindestens eine ausgestreckte Armlänge.

136. Die Münzen für den Parkautomaten

Erwischt hat es einen älteren Herrn am hellichten Tag und mitten in einer belebten Magdeburger Einkaufsstraße. Was da ablief, war eigentlich nichts Ungewöhnliches und hatte – nach Auffassung des Mannes – nur etwas mit höflichem Umgang unter Mitmenschen zu tun. Und doch war er nach dieser Episode 60 Euro ärmer. Was war passiert?

Ein recht ordentlich gekleideter Mittvierziger sprach ihn an und fragte, ob er ihm eine 2-Euro-Münze wechseln könne. Er wolle nur eine Viertelstunde parken und brauche dafür lediglich 50 Cent. Bereitwillig nahm der Mann seine Geldbörse heraus und suchte nach Wechselgeld. Dabei trat der Fremde dicht an ihn heran und fummelte mit seinen Fingern im Kleingeldfach des Portemonnaies, scheinbar um die Suche zu beschleunigen.

Als beide das Wechselgeld beisammen hatten, übergab der Fremde das 2-Euro-Stück, nahm das Kleingeld, sagte brav »Danke schön« und verschwand. Zur Verwunderung des älteren Herrn ging er allerdings am Parkautomaten vorbei, ohne Geld einzuwerfen.

Das veranlaßte ihn, noch einmal einen Blick in sein Portemonnaie zu werfen. Drei 20-Euro-Scheine fehlten! Der Unbekannte hatte den Mann so überrumpelt und mit seiner »Mithilfe« irritiert, daß dieser nicht bemerkte, wie der Trickdieb ihm die Scheine aus dem Portemonnaie stahl.

Mich ärgert besonders, daß solche Gauner daran schuld sind, wenn Menschen immer häufiger kleine Hilfeleistungen im Alltag verwehren und das soziale Miteinander immer mehr an Herzlichkeit verliert.

Sie sollten nicht darauf verzichten, anderen einen Gefallen zu tun. Aber wenn es ums liebe Geld geht, dann machen Sie das so, daß Sie zum Schluß nicht der Bestohlene sind.

137. Die fingerfertigen Trickdiebe

Daß es Täter gibt, die Passanten um Kleingeld zum Telefonieren bitten und dann mit deren Portemonnaies im Laufschritt verschwinden, ist hinlänglich bekannt. Eine raffiniertere Variante dieser Gaunerei haben sich Täter aus Südosteuropa ausgedacht. Überwiegend in der Nähe von Sparkassen oder Banken, also dort, wo sie viel Geld im Portemonnaie erhoffen können, sprechen sie speziell ältere Männer an und bitten darum, ihnen einen Geldschein zum Telefonieren zu wechseln. Sobald die Opfer ihre Geldbörse geöffnet haben, greifen die Fremden mit Daumen und Zeigefinger ins Münzfach und deuten auf bestimmte Münzen, um den Blick des Opfers von ihrer Tat abzulenken. Hierbei gelingt es ihnen, Geldscheine unbemerkt zwischen Ring- und kleinem Finger einzuklemmen und aus der Börse zu ziehen. Die meisten Opfer merken erst später, daß ihnen einige Scheine fehlen oder sogar das gesamte Papiergeld verschwunden ist. Aktuell sind landesweit insgesamt etwa 250 Fälle bei der Polizei bekannt; der Schaden beläuft sich auf über 20.000 Euro.

Mich ärgert so eine Dreistigkeit maßlos. Schon deshalb, weil solche Ganoven dafür sorgen, daß man keinem Menschen mehr traut.

Sie sollten sich nicht davon anstecken lassen. Hilfsbereitschaft ist immer noch die bessere Alternative. Allerdings nur, wenn Sie dabei schön die Augen offen halten. Drehen Sie sich mit dem Portemonnaie in der Hand seitlich von Ihrem Gegenüber weg. Achten Sie darauf, daß er immer eine Armlänge Abstand hat. Tritt er näher, stecken Sie das Portemonnaie weg und starten Sie keinen zweiten Versuch der Hilfe.

138. Nur nichts aufdrängeln lassen

Manchmal geschehen Dinge, bei denen man erst kapiert, was geschehen ist, wenn sie längst vorbei sind. Eine solche Erfahrung mußte leider eine Mittvierzigerin machen. Sie kam aus dem Bäckerladen und wollte zur Arbeit, als sich unmittelbar vor ihr eine Frau bückte, gerade so, daß man unweigerlich über sie stolpern mußte. Als diese sich wieder aufrichtete, hielt sie einen goldenen Ring in der Hand. In gebrochenem Deutsch erklärte sie, daß sie diesen eben gefunden habe und ihn gern der Mittvierzigerin übergeben wolle, schließlich habe sie den Ring hier in Deutschland gefunden ... und die Frau sei ja Deutsche und da könne sie ihn auch haben ... Das klang alles sehr eigenartig, woraufhin die deutsche Frau das Angebot natürlich ablehnte. Das aber mit wenig Erfolg, denn die Unbekannte bestand auf die Übergabe des Ringes und wollte sie dazu überreden, den Ring wenigstens mal auf den Finger zu stecken, um auszuprobieren, ob er passe ... Es folgte ein allgemeines Hin und Her, bei dem die Fremde die Frau betatschte, allerhand wirres Zeug erzählte und sich dann plötzlich abwandte und verschwand. Zurück blieb die Mittvierzigerin, völlig konfus von der kurzen, aber theatralischen Inszenierung. Erst später bemerkte sie, daß Ihre Umhängetasche, die vorher gut verschlossen war, nun offen über ihrer Schulter hing. Glück im Unglück, denn ihr Portemonnaie hatte sie nach dem Einkauf beim Bäcker in der Tüte mit den Brötchen verstaut. Die Diebin war also leer ausgegangen!

Das Erfolgsrezept der meisten Trickdiebe ist gekonnte Ablenkung. Sie wissen jetzt Bescheid, gehen bei derartigen Attacken sofort mit ausgestrecktem Arm auf Distanz, behalten einen kühlen Kopf und geben Ihrem Gegenüber keine Chance, Sie zu berühren. Was außerdem hilft: Je lauter Sie reden und sich weigern, etwas anzunehmen, um so schneller ergreifen Bösewichte die Flucht.

139. Das Verwirrspiel mit der Bankangestellten

Eine ganz bestimmte Tätergruppe hat sich auf eine Masche spezialisiert, die als »Wechselfallenbetrug« bekannt wurde. Hierbei wird weder eingebrochen noch geraubt, sondern mit Fingerfertigkeit und einer ordentlichen Portion Redegewandtheit Geld gescheffelt. Als Tatorte kommen vor allem Banken und Sparkassen ins Spiel.

Eine Täterin, die ihre »Kunst« ausprobierte, ging mit 4.000 Euro, in 500-Euro-Scheinen gestückelt, zur Kassenangestellten einer Bank und bat darum, das Geld zu wechseln. Als die Summe in mehreren Stapeln 100-Euro-Scheine vor ihr lag, reichte sie die Hälfte davon zurück und bat um Stückelung in 50-Euro-Scheine. Zuletzt gingen noch einmal ein paar Scheine zum Wechseln in kleinere Scheine hin und her, bis der Bankangestellten am Ende ganze 1.000 Euro fehlten. Obwohl sie raschen Schrittes verschwand, konnte sich die Täterin nicht lange an ihrer Beute erfreuen, denn ein Bankangestellter sah sie mit einem Pkw fortfahren und merkte sich das Kennzeichen.

Auch wenn diese Betrügerin jetzt für einige Zeit hinter Gittern sitzt, ist das kein Grund zur Entwarnung. An welcher Kasse Sie auch arbeiten mögen: Hüten Sie sich vor Kunden mit ausgefallenen Geldwechselwünschen.

140. Mit der Rasierklinge ans Geld

Frau Bergers Freude auf das bevorstehende Weihnachtsfest war mit einem Schlag verschwunden. Als sie in einer Boutique im Stadtzentrum einen Pullover für ihre Tochter bezahlen wollte, griff ihre Hand ins Leere. Und das im wahrsten Sinne des Wortes, denn an der Seitenwand ihrer Umhängetasche befand sich ein 15 Zentimeter langer Schlitz. Durch diesen ungewöhnlichen Ausgang mußte ihr Portemonnaie mit 300 Euro Bargeld entwendet worden sein.

Im Vorjahr hat die Polizei auf dem Weihnachtsmarkt einen jungen Mann gestellt, der mit Vorliebe Damenhandtaschen aufschnitt und auf diese Weise schnelle Beute machte. Seine Waffe: eine Rasierklinge. Die Strategie ging auf, doch es geht natürlich auch einfacher. Vorweihnachtliches Einkaufsgedränge ist für alle Trickdiebe ein wahres Eldorado. Sie zocken Geldbörsen aus Gesäßtaschen, ziehen Brieftaschen aus Anzugsjacken und öffnen Handtaschen, um an Bargeld zu gelangen.

Wer seine Geldbörse in einer verschlossenen Innentasche der Bekleidung trägt oder die Handtasche fest unter den Arm klemmt, schützt sein Geld am effektivsten, vor allem dann, wenn das Gedränge im Kaufhaus mal wieder groß ist.

141. Die teure Bratwurst

Die wohl teuerste Bratwurst ihres Lebens hat eine Besucherin des Weihnachtsmarktes gegessen. Sie bestellte eine Wurst und ein Mineralwasser und bekam zuerst das Wasser. Sie legte ihre Geldbörse vor sich auf den Tresen. Da die Wurst noch etwas dauerte, nahm sie mit dem Wasser eine Tablette ein. Die wenigen Sekunden reichten zwei Männern, die neben ihr standen aus, um sich mit der Geldbörse, in der sich über 500 Euro befanden, aus dem Staub zu machen. Was für ein Pech! Aber selbst verschuldet, denn gerade im Gemenge auf Weihnachtsmärkten sollte man seine Geldbörse hüten wie seinen Augapfel.

Ich hoffe, Sie gehören nicht zu denjenigen, die solchen üblen Personen mit einem ausgesprochen gestörten Verhältnis zum Eigentum anderer ein unverdientes Weihnachtsgeschenk machen.

142. Die Beutelschlitzer

Es weihnachtet sehr, und das heißt, daß sich Langfinger auf das Gedränge in Kaufhäusern und auf Weihnachtsmärkten einstellen. Das war bisher jedes Jahr so. Neuerdings gibt es unter ihnen einige, die eine clevere Masche ausprobieren. Ihre Opfer sind Kunden, die mit großen Einkaufsbeuteln unterwegs sind. Sie kennen das: Man kauft mal hier ein bißchen, dort ein bißchen und irgendwann ist auch ein größerer Gegenstand darunter, für den man eine große Tüte bekommt. Also ab mit den kleinen Dingen in die Tüte und die große Sache obendrauf. Genau diese Situation machen sich diese speziellen Diebe zunutze: Sie sitzen in Straßenbahnen oder Bussen, während Sie mit der Tüte in der Hand nichtsahnend neben ihnen stehen. Jetzt zücken diese Halunken einfach nur ihr Cutter-Messer, schlitzen die Tüte am Boden auf, und all die kleinen Sachen purzeln raus, ohne daß Sie etwas bemerken. Das funktioniert ebenso beim Einsteigen in die öffentlichen Verkehrsmittel oder auf der Rolltreppe.

Ich habe von Kunden gehört, die gar nicht an Diebstahl dachten, sondern der Meinung waren, ihre Tüte sei aufgeplatzt oder fehlerhaft gewesen. Möglicherweise bemerkten sie nur nicht, daß sie ein leichtes Opfer waren.

Sie wissen jetzt Bescheid und können reagieren, wenn jemandem vor Ihnen unbemerkt etwas aus der Tüte purzelt. Übrigens: Diese Täter gab es schon im Mittelalter, wo man sie »Beutelschneider« (Geldbeutel) nannte.

143. Pudding auf der Jacke

Es war wie ein leichter Stoß, den ein 41jähriger Mann auf seiner linken Schulter spürte. Er war gerade aus einer Sparkassenfiliale gekommen und auf dem Weg zu seinem Auto, als sich dieser Zwischenfall ereignete. Ein Blick über die Schulter offenbarte, daß da vermutlich eine puddingähnliche Masse auf seinem Mantel gelandet war ... Just in diesem Moment lief ein südländisch aussehendes Pärchen an ihm vorbei und stammelte in gebrochenem Deutsch, daß das Geworfene aus dem Fenster eines nahe gelegenen Hauses gekommen sei. Beide waren zugleich eifrig bemüht, ihm bei seinem ersten Reinigungsversuch zu helfen. Daß sie nicht halfen, sondern in seine Taschen langten, bemerkte der Mann erst, als er sich das Malheur auf seinem Mantel zu Hause noch einmal ansah. Plötzlich stellte er fest, daß das Kuvert mit 2.700 Euro, die er kurz zuvor von der Sparkasse abgeholt hatte, fehlte.

Ich muß zugeben, die Masche mit dem Puddinggeschoß, das auf dem Rücken des Opfers landet, kannte ich noch nicht.

144. Trickdiebe in der Weihnachtszeit

So sicher, wie jedes Jahr in der Vorweihnachtszeit das große Einkaufen beginnt, so nimmt auch jährlich die Aktivität einer ganz besonderen Sorte von »Zauberkünstlern« zu. Gemeint sind Taschendiebe. Je mehr Geld und Kreditkarten die Leute in den Taschen haben und je dichter das Gedränge ist, um so mehr Taschendiebe tauchen auf. Große Warenhäuser, aber auch Supermärkte und natürlich die Weihnachtsmärkte sind ihre favorisierten Tummelplätze.

Bevorzugtes Diebesgut sind Portemonnaies und Brieftaschen. Zu den häufigsten Opfern zählen Frauen. »Gearbeitet« – wenn man das überhaupt so bezeichnen kann – wird meistens im Team. Ein Taschendieb braucht Komplizen, die das Opfer während der Tat ablenken. Da wird man auffällig angefaßt, angerempelt, die Kleidung wird beschmutzt oder man wird einfach in ein Gespräch verwickelt. Während einer ablenkt, »zieht« ein zweiter das Portemonnaie und der Dritte verschwindet mit der Beute. Sie können sich unbeschwerte Weihnachten bescheren, wenn Sie es dem Täter schwer machen oder den Schaden begrenzen.

Bewahren Sie Geld, Kreditkarten oder Papiere möglichst in verschlossenen Innentaschen Ihrer Kleidung auf. Brustbeutel oder Gürtel eignen sich besonders gut, weil die Taschendiebe keinen direkten Zugriff haben. Achten Sie auch darauf, daß Ihre Handtasche stets geschlossen ist, und klemmen Sie sie bestenfalls unter den Arm. Nehmen Sie zu Ihren Einkäufen grundsätzlich nur so viel Bargeld mit, wie Sie voraussichtlich an diesem Tage benötigen. Obacht, wenn

Sie jemand anrempelt, Ihre Kleidung scheinbar unabsichtlich beschmutzt und dann eifrig bemüht ist, den Schaden sofort zu beheben.

Legen Sie – ein letzter Tipp – Ihre vollen Einkaufstüten nicht sichtbar in Ihrem Fahrzeug ab. Am sichersten ist der Kofferraum, aber auch hier lohnt es, sich umzuschauen, ob Sie nicht jemand bewußt beobachtet. Alles behalten? Na, dann frohe Weihnachten!

145. Münzen verloren?

Kennen Sie den Münzen-Trick? Vielleicht nicht, denn der Name läßt nicht so leicht vermuten, was dahinter steckt. Eine Rentnerin aus Schelkau und ein Mann aus Papenburg könnten Ihnen ein Lied davon singen. Was die Rentnerin um 1.000 Euro brachte, kostete den Geschäftsmann jenseits der Elbe satte 30.000 Euro.

In einer Bank beobachtete ein Dieb, wie der Mann einen größeren Bargeldbetrag abhob und dieses Geld, in einem Briefumschlag verstaut, entgegennahm. Unbedacht steckte er sich das Kuvert in seine äußere Manteltasche. Der Täter verfolgte ihn bis in eine Fußgängerpassage und warf ihm einige Münzen vor die Füße. Mit der Bemerkung: »Sie haben da was verloren«, machte er sein potentielles Opfer auf das Geld aufmerksam und zeigte sich sofort bereit, mit ihm gemeinsam das Geld aufzusammeln. Obwohl der Mann beteuerte, daß es nicht seines sei, ließ sich der Fremde nicht beirren und steckte es ihm zu. Welchen Zweck diese scheinbar höfliche Geste hatte, bemerkte der Geprellte erst zu Hause: Das Kleingeld in seiner Manteltasche klimperte, der Umschlag mit den dicken Scheine aber fehlte.

Merken Sie sich: Nicht jeder, der sich hilfsbereit gibt, ist gleichzeitig anständig.

146. Polnische Ladendiebe

Daß besonders in großen Kaufhäusern geklaut wird, was das Zeug hält, ist kein Geheimnis. Die Palette der Diebe geht dabei vom Schulkind bis hin zum Pensionär. Manche tun es nur mal so nebenbei, andere betreiben dieses Geschäft schon eher professionell. Das jedenfalls konnten Polizeibeamte zwei Männern und zwei Frauen aus Polen nachweisen. Aufgefallen waren sie den Beamten in einer Parfümerie, als einer von ihnen ein teures Duftwässerchen aus dem Regal nahm, sich nach beiden Seiten umsah und die Kostbarkeit dezent in seinem Mantel verschwinden ließ. Vor dem Geschäft schlugen die zivilen Polizisten zu. Was sie bei der Durchsuchung der Ladendiebe entdeckten, war eine nicht alltägliche Überraschung: Alle hatten die Innenseiten ihrer Mäntel mit extrem großen Taschen ausgestattet und darin Diebesgut im Wert von über 1.500 Euro verstaut.

Wenn alle trotzdem erklärt haben, nur als Touristen unterwegs zu sein, dann haben sie mit Sicherheit eine falsche Vorstellung von Souvenirs, die man üblicherweise mitbringt.

147. Großfamilie auf Diebestour

Neun Personen in einer Mittelklasse-Limousine sind mehr als Polizei und Straßenverkehrszulassungsordnung erlauben. Daß alle Platz fanden, mußten unlängst Polizeibeamte feststellen, die nach einer flüchtigen Diebesbande in einem Renault fahndeten.

Sechs Frauen, zwei Männer und ein Baby, allesamt aus Rumänien, zechten an einem sonnigen Nachmittag in einer Gaststätte einer Kleinstadt. Mit ständigen Gängen zur Toilette und vor die Haustür sorgte das muntere Völkchen für entsprechende Bewegung im Lokal. So fiel zuerst auch nicht auf, daß eine der Besucherinnen die Privaträume des Gaststättenehepaars durchsuchte. Als sie von der Wirtin dabei ertappt wurde, verließ die ganze Familie fluchtartig das Haus. Eine Überprüfung ergab, daß Schmuck im Wert von 3.700 Euro fehlte. Ein Anruf bei der Polizei löste besagte Fahndung aus, in deren Folge die Diebe erwischt wurden. Zwei von ihnen lagen im Kofferraum. Für das Diebesgut hatten sich die Damen ein geschicktes Versteck ausgedacht: Unter ihren Röcken trugen sie extra dafür gefertigte Schürzen mit Taschen, in denen man auch schnell einmal bei einem Bummel durch Kaufhäuser Sachen verschwinden lassen konnte, ohne sich an der langen Schlange anzustellen.

In diesem Fall ging die Diebesbande ins Netz. Aber es kann ja sein, daß sie demnächst mal bei Ihnen auftaucht. Ein wachsames Auge kann da nicht schaden.

148. Organisierter Trickdiebstahl

Sie kommen gleich in Familienstärke, die Trickdiebe, die zur Zeit Geschäfte, Tankstellen, Cafés und Gaststätten unsicher machen. Männer, Frauen, Kleinkinder und sogar Säuglinge, die auf dem Arm getragen werden, sind mit von der Partie.

Fünf bis sieben oder gar noch mehr Leute betreten zur gleichen Zeit den Raum, verteilen sich, lenken durch scheinbares Kaufinteresse, Geldwechselwünsche und Fragen nach der Toilette oder ähnlichem das Personal ab und schaffen sich so im allgemeinen Wirrwarr Gelegenheit zum Diebstahl. Da wird eingesteckt, was greifbar ist, aber man scheut sich auch nicht davor, Nebenräume, Büros und Wohnungen aufzusuchen. Selbst verschlossene Türen bilden kein Hindernis. Nach zwei, drei Minuten ist der Spuk vorbei und genauso schnell, wie sie eingeflogen sind, verlassen die Diebe den Tatort. Was nicht mehr an seinem Platz ist, wird von den Opfern häufig erst später festgestellt.

Ohne jegliche Vorurteile oder Fremdenhaß stärken zu wollen, möchte ich darauf hinweisen, daß die Täter schon recht markant aussehen: Sie haben einen etwas dunkleren Teint, schwarze Haare – die der weiblichen Beteiligten sind besonders lang – und die Frauen tragen lange bunte Röcke. Alle sprechen kein gutes Deutsch. Sollte eine solche Gruppe bei Ihnen auftauchen, dann werden Sie lauter als Ihre ungebetenen Gäste. Lassen Sie gar nicht erst zu, daß sie Ihr gesamtes Territorium in Beschlag nehmen, und informieren Sie per 110 die Polizei. Kündigen Sie den unerwünschten Kunden gern deutlich an, daß die Polizei unterwegs ist.

Wenn Sie den Beamten nach einem solchen Blitzüberfall noch das Kennzeichen des Fluchtfahrzeuges mitteilen können, haben Sie ganze Arbeit geleistet.

149. Der Geldschein mit dem ganz bestimmten Buchstaben

Ein orientalisches Aussehen hat es, das Betrügerpärchen, das mit Vorliebe Kassiererinnen in Baumärkten zu ihren Opfern macht. Er ist etwa 30 Jahre alt, sie ein bis zwei Jahre jünger. Meist kaufen sie Waren für einen geringen Betrag und zahlen mit einem Hunderter. Wenn es ans Geldwechseln geht, fragen sie nach einem Geldschein mit einem bestimmten Anfangsbuchstaben in der Seriennummer.

Sie kennen das sicher: Die Euro-Scheine haben je nach Land, in dem Sie hergestellt wurden, einen anderen Buchstaben – Deutschland das X, Frankreich ein U, Italien ein S ... Schaut die zuvorkommende Verkäuferin die Bündel in der Kasse durch, »helfen« beide gern tatkräftig beim Suchen, fassen dazwischen und palavern viel unverständliches Zeug. Bei einer Verkäuferin im Hagebaumarkt endete das kürzlich damit, daß sie am Abend einen Fehlbetrag von 250 Euro in der Kasse hatte.

Liebe Kassiererinnen: Nett sein, ist schon okay, aber Ihr Job besteht darin, das Geld für gekaufte Waren zu kassieren. Orthodoxe Wünsche nach Geldscheinen mit bestimmten Nummern sollten Sie mit einem freund-

lichen Lächeln und einem »Tut mir leid, das bringt mir hier alles durcheinander« beantworten. Das erspart Ihnen Geld und Ärger.

150. Das Hin und Her mit dem Fünfhunderter

Man kann sich nur wundern, mit welcher Fingerfertigkeit und Beredsamkeit es den sogenannten »Wechselfallendieben« immer wieder gelingt, Kassiererinnen und Kassierer zu täuschen und um viele Hundert Euro zu erleichtern. Die Masche dieser überwiegend ausländischen Gangs variiert von Fall zu Fall, hat aber immer den gleichen Effekt: Ablenkung.

Zwei Osteuropäer kauften in einem Magdeburger Buchladen zwei Bücher für knappe 100 Euro und bezahlten mit einem 500-Euro-Schein. Bevor sie das Geschäft mit der Ware verließen, überlegten sie sich alles noch einmal und machten den Kauf rückgängig, wollten aber nicht das Restgeld haben, sondern ihren Fünfhunderter. Das Ganze ging mit viel Sprachschwierigkeiten, großer Hektik und ziemlicher Lautstärke vonstatten. Ein Geldbündel wurde rübergereicht, wieder zurückgezogen, der Fünfhunderter entgegengenommen, mehrere Fünfziger der Kassiererin überreicht, und als beide schließlich den Laden verließen, fehlten satte 200 Euro. Wie schon gesagt: Wechselfallendiebe.

Eine Chance hat man als Kassierer nur, wenn man einen kühlen Kopf behält und Geld erst herausgibt, wenn man sich sicher ist, daß das Wechselgeld stimmt.

151. Wer kauft denn gleich 30 T-Shirts?

Daß Falschgeld im Umlauf ist, hat sich mittlerweile schon rumgesprochen. Daß man aber auch mit echtem Geld bei entsprechendem Auftreten einen schönen Batzen ergaunern kann, mußte kürzlich die Verkäuferin eines Textilwarengeschäftes erfahren.

Ein Kunde brachte von einem Warenträger, der vor dem Geschäft stand, ein T-Shirt zum Preis von 6,99 Euro zur Kassiererin und bezahlte mit einem echten 200-Euro-Schein. Bereits während des Zahlungsvorganges plapperte der Käufer munter drauf los, lobte die Qualität des Shirts und die Art der Warenpräsentation in dem Geschäft. Als er sein T-Shirt und das Wechselgeld bekam, überraschte er die Verkäuferin, indem er sagte: »Wissen Sie was, ich kaufe 30 von diesen T-Shirts, dafür hole ich nur meine Tragetasche aus dem Auro, dann kann ich sie besser verstauen.« Das Geschäft wurde vorerst rückgängig gemacht, der Kassenbon und das T-Shirt gingen retour über den Ladentisch, die Verkäuferin gab den Zweihunderter zurück, der Kunde drückte ihr den Stapel Wechselgeld in die Hand und war ruckzuck verschwunden. Es kam, was kommen mußte: Durch den Redeschwall war die Kassiererin so verwirrt, daß ihr erst später auffiel, daß 100 Euro Wechselgeld fehlten.

Weil die Wechselgeldfalle, wie Polizisten sagen, von den Betrügern immer wieder in anderen Varianten präsentiert wird, sollten Sie bei ungewöhnlich ablaufenden Geschäften ganz besonders gut hinschauen.

152. Der kleine Marco von nebenan

Erwischt hat es eine ältere Dame, die nichts Schlimmes vermutete, denn was sich da anbahnte, sah eher nach einem Vertrauensbeweis als nach einem üblen Diebstahl aus.

Ein junger Mann klingelte an ihrer Wohnung, sprach sie höflich mit ihrem Namen an und gab sich als ein alter Bekannter aus, nach dem Motto: »Sie wissen doch, ich bin der kleine Marko, wir haben hier nebenan gewohnt«. Er bat sie um einen Gefallen. Für einen Pkw-Kauf habe er 15.000 Euro bei sich. Da sich der Kauf aber verzögere, wolle er das Geld zur Sicherheit zwischenzeitlich in ihrem Safe lagern. Na, dachte sich die Dame, wer so nett ist und kein Geld will, sondern nur etwas abgibt, dem kann man trauen. Außerdem ist er ja der kleine Marco ... An ihn konnte sie sich zwar nicht erinnern, aber wenn er es

sagte ... Genau das war der Fehler. Als sie ihren Safe aufgeschlossen hatte, wurde der Mann leicht hektisch, stellte sich vor den Safe, legte sein Briefkuvert mit den angeblichen 15.000 Euro in das Fach, schloß ab und übergab der Dame den Schlüssel.

Von dem schnellen Abschied des kleinen Marco etwas mißtrauisch geworden, schaute sie in ihr Wertfach und mußte mit Entsetzen feststellen, daß ein Kuvert mit Papierschnipseln darin lag, aber ihre Sparbücher, ihr Bargeld und Schmuck im Wert von insgesamt 25.000 Euro fehlten!

Eine gesunde Portion Mißtrauen hilft oft, Kummer zu vermeiden – auch bei rührseligen Geschichten vom angeblichen Nachbarsjungen.

153. Die Kette für die Geburtstagstorte

Schier unerschöpflich scheint der Erfindungsgeist bei Trickdieben zu sein. Diese Erfahrung jedenfalls mußten Juweliere im Raum Magdeburg machen.

Ein seriös wirkender Herr ließ sich zwei Goldketten zeigen und bekundete eine ernste Kaufabsicht. Bevor das Geschäft zustande kam, verließ er aber noch einmal den Laden, um sich angeblich von einer Verwandten beraten zu lassen. Nach einer knappen Stunde war er zurück, entschied sich für eine der beiden Ketten und bat darum, sie in eine kleine, von ihm mitgebrachte Plastetüte zu stecken, weil die Kette in einer Geburtstagstorte versteckt werden sollte. Die Tüte nahm er probeweise mal in die Hand, um zu testen, ob sie wirklich klein genug sei. Als es um die Bezahlung ging, stellte er überraschend fest, daß er nicht genügend Bargeld mit sich führte, legte die Tüte, in der sich die Kette befand, auf den Verkaufstisch und verschwand, um das restliche Geld zu holen. Erstaunt über das abrupte Ende des Verkaufsgesprächs, nahm die Verkäuferin die Kette wieder aus dem Tütchen und staunte nicht schlecht, daß diese von dem vermeintlichen Kunden gegen eine ähnlich aussehende Billigkette ausgetauscht worden war. 3.000 Euro verschwanden im Nu!

Meine Empfehlung: Lassen Sie sich durch Sonderwünsche der Kunden nicht irritieren. Ein Verkaufsgeschäft sollte ganz normal durchgeführt werden. Für Extravaganzen ist nach dem Bezahlen immer noch Gelegenheit.

154. Rein in die Tüte mit der Kette

Er hatte seinen Auftritt in mehreren Städten, der elegant wirkende Herr mit der angeblich dicken Brieftasche. In Juweliergeschäften verlangte er eine Perlenkette oder anderen hochwertigen Schmuck für seine Auserwählte, der allerdings nicht mehr als 50.000 Euro kosten dürfe. Bei seinem letzten Coup wurde ihm von einem Juwelier eine 21.000 Euro teure Perlenkette angeboten. Um sich angeblich mit der zukünftigen Schwiegermutter abzustimmen, verließ er für eine halbe Stunde das Geschäft, kam dann wieder und bat darum, die Kette in eine von ihm übergebene kleine Plastetüte zu stecken, weil sie als Überraschung in eine Torte eingebacken werden sollte. Jetzt ging das Verwirrspiel, das Sie schon kennen, in vollem Umfang los. Die Tüte umwickelte der saubere Kunde mit einem Gummiring, hielt sie probeweise in der Hand, steckte sie kurz in die Hosentasche und legte sie wieder auf den Tisch. Da war das gute Stück allerdings schon gegen ein billiges Plagiat umgetauscht, das er vorher in einer artgleichen Tüte verstaut hatte. Jetzt, wo es ans Bezahlen ging, stellte er plötzlich fest, daß sein Portemonnaie noch im Auto liege ... Um es zu holen, verschwand er aus dem Geschäft, und ward nie mehr gesehen.

Achtung, liebe Juweliere, nicht alles, was über den Ladentisch geht, muß für Sie ein Geschäft sein.

155. Zu zweit im Juweliergeschäft

Sie sahen nicht unbedingt aus, als hätten sie Böses vor, die zwei Frauen, die sogar mit einem Kinderwagen und einem etwa dreijährigen Kind in Magdeburg zwei Juwelierläden aufsuchten. Eine von ihnen war um die 30, die andere etwa 40; beide sahen von Gestalt und Bekleidung her so aus, wie man südosteuropäische Frauen beschreiben würde. Im ersten Juwelierladen ließen sie sich eine Goldkette aus dem Verkaufstisch zeigen, bekundeten dann aber Interesse an Schmuck aus dem Schaufenster. Als die Verkäuferin der einen Frau den gewünschten Schmuck zeigte, stahl die andere aus dem Schaufenster zwei Armbänder. Ihren Juwelierbesuch beendeten die beiden Diebinnen abrupt, indem sie fragten, ob sie auch mit Dollar bezahlen könnten. Als das erwartungsgemäß verneint wurde, verschwanden sie mit den Armbändern. Ganz ähnlich lief ihr Coup am darauffolgenden Tag in einem großen Einkaufszentrum ab.

Hier stahlen sie auf die gleiche Weise einen 3.000 Euro teuren Diamantring.

Wer als Juwelier mehr über Tricks und Maschen in seiner Branche wissen will, der sollte einfach mal unter www.warndienst.com nachschauen. Da hat ein cleverer Juwelier Infos ins Netz gestellt, die helfen, Minusgeschäfte zu verhüten.

156. Oldiequartett als Ladendiebe

Sie waren ein super eingespieltes Team. Zu viert suchten sie verschiedene Geschäfte auf, zwei von ihnen schnappten sich meist einen Elektroartikel und lenkten den oft einzigen Verkäufer der Filiale mit Fragen dazu ab. Während dieser Zeit bedienten sich die anderen beiden ausgiebig an allem, was sie in Manteltaschen oder der mitgeführten Aktentasche verstauen konnten. Pech hatten sie allerdings Anfang dieses Jahres, als sie in einer Quelle-Filiale erwischt wurden. Bei der Durchsuchung ihres Mercedes kamen diverse Handys und Fotoapparate zum Vorschein, für die die sauberen Herren keine Rechnungen vorweisen konnten. Es war auch nicht das erste Mal, daß die Ganoven gestellt wurden. Zwei Monate zuvor hatte man sie in einer anderen Stadt bei der gleichen Freizeitbeschäftigung erwischt.

Nun kommt der Hammer: Wer denkt, ich rede hier von jungen Leuten oder einer ausländischen Trickdiebbande, der irrt. Der jüngste im Quartett ist 51, der älteste 60 Jahre alt.

Sie kennen das Sprichwort: Je oller, desto doller?

157. Vorsicht vor seltsamen Kranken

Ich will gleich einmal vorausschicken, daß sie in diesem Fall nicht ihr Ziel erreichten, die beiden Trickdiebe, die auf die Hilfsbereitschaft braver Bürger spekulierten. An der Tür eines Einfamilienhauses stand einer von ihnen und klingelte. Als der Hausbewohner öffnete, sah er auf der Treppe in gekrümmter Haltung einen zweiten Mann sitzen. Ihm sei schlecht geworden und er habe Magenkrämpfe, verkündete der »Gesunde« mit der Bitte um Einlaß und ein Glas Wasser für seinen erkrankten Begleiter. Da diese Situation dem Hausherrn sichtlich komisch vorkam, gab er zu verstehen, sofort den Notarzt und die Polizei zu verständigen.

Noch bevor er sich abwenden und die Tür schließen konnte, wurde er Zeuge der Spontangenesung des vermeintlich Erkrankten. Der sprang nämlich auf und suchte mit seinem Komplizen auf flinken Füßen das Weite. Ein uralter Trick mit immer wieder anderen Varianten. Das Prinzip bleibt aber dasselbe: Trickdiebe versuchen auf diese Weise, in Ihre Wohnung zu gelangen. Einer lenkt Sie ab und der andere steckt ein, was er an wertvollen Sachen finden kann.

Hilfe leisten ist wichtig, aber dazu müssen Sie niemanden in Ihre Wohnung lassen. Ein Glas Wasser kann man auch vor die Tür reichen. Achten Sie darauf, daß die Tür während des Wasserholens geschlossen bleibt. Sie werden sehen: Wenn Sie zurückkommen, kauert niemand mehr vor der Tür.

158. Auch die lieben Kleinen können es schon

Zwischen acht und 13 Jahren sind sie, die lieben Kleinen, die mit Unschuldsaugen und leidendem Blick überwiegend bei älteren Menschen an der Tür klingeln und um Einlaß bitten. Angeblich muß einer von Ihnen dringend mal auf die Toilette; der andere fragt, ob er ein Glas Wasser haben kann. Das ganze Schauspiel muß ziemlich überzeugend laufen, denn nicht wenige Leute haben die kleinen Racker in die Wohnung gelassen. Wenn sie erst mal drin sind, zeigen sie kindliche Neugier für alles Besondere, was sie in der Wohnung entdecken, und wuseln unkontrolliert durch die Räume. Das böse Erwachen kam für vier Mieter erst Stunden später: Geld und Schmuck im Wert von fast 1.500 Euro hatten den Besitzer gewechselt.

Wenn Sie in einer ähnlichen Situation Hilfe leisten, dann lassen Sie nur einen in die Wohnung – und nicht einen Moment aus den Augen! Das sollten Sie aber auch nur tun, wenn Sie nicht allein zu Hause sind.

159. Der Zettel für den Nachbarn

Sie haben wieder zugeschlagen, die Täter mit dem Zetteltrick. Diesmal hat es eine 83jährige Frau erwischt. Trickdiebe suchen sich für diese Masche mit Vorliebe ältere Menschen aus, weil sie einfach darauf bauen, daß deren Reaktionsvermögen nachgelassen hat und sie häufig schneller zu überrumpeln sind als jüngere. In diesem Fall erwartete das Diebespärchen, ein Mann und eine Frau, die alte Dame vor deren Haustür und erklärte, daß sie zur Familie Hinze wollten, die ebenfalls in dem Haus wohne. Die Frau öffnete die Tür zum Treppenhaus, ließ die beiden ein und begab sich in ihre Wohnung. Kurze Zeit später klingelte es an ihrer Wohnungstür und beide Personen baten die Rentnerin um Zettel und Stift, um Hinzes, die angeblich nicht zu Hause seien, eine Nachricht zu hinterlassen. Binnen Sekunden standen sie in der Wohnung der Dame. Der Mann bekam ein Blatt Papier und einen Stift und die Frau holte plötzlich, aus heiterem Himmel, ein großes buntes Tischtuch aus ihrer Umhängetasche und hielt es mit hochgestreckten Armen ausgebreitet vor die alte Frau, so daß ihr die Sicht in den Flur und das daneben befindliche Schlaf- und Wohnzimmer versperrt war. Ob die Fremde ihr das Tuch zum Kauf anbieten wollte, konnte die alte Dame nicht erklären. Erst, als die Fremden wieder verschwunden waren, wurde sie mißtrauisch, schaute im Schrank ihres Schlafzimmers nach und stellte fest, daß ihre EC-Karte und 100 Euro verschwunden waren. Die Erkenntnis, daß das ausgebreitete Tuch ihr nur die Sicht auf den geplanten Diebstahl versperren sollte, kam leider viel zu spät.

Reichen Sie Fremden Zettel und Stift einfach auf den Flur hinaus, statt sie zu sich hereinzubitten. Sie werden sehen, daß ihnen das Interesse am Zettelschreiben ganz schnell vergeht.

160. Ein Anruf, und die Handschellen klicken

Robert, Tamara und Magdalena heißen die Mitglieder des zweifelhaften Trios aus Gdansk, die sich mit ihrer Masche schon einen richtigen kleinen Schatz ergaunert haben. Meist klingeln die zwei Damen an einer Wohnungstür in einem Mehrfamilienhaus und erbitten ein Briefkuvert, in das sie einen 50-Euro-Schein legen wollen, der angeblich für den Nachbarn bestimmt ist. Weil sie noch ein paar Zeilen schreiben wollen, gelingt es ihnen meist, in die Wohnung der hilfsbereiten Person zu gelangen. Hier laufen beide ziemlich unkontrolliert hin und her, wollen auf die Toilette, bewundern die anheimelnde Einrichtung ... und wenn sie dann endlich mit dem beschriebenen Kuvert die Wohnung verlassen, sind mit ihnen in der Regel Schmuck und Bargeld verschwunden.

Pech hatten sie allerdings unlängst bei einer älteren Dame, die sie nicht in die Wohnung ließ und zudem die Polizei rief. Dabei gab sie gleich noch das Kennzeichen des Fahrzeugs durch, in dem der Komplize auf das Diebespärchen wartete. Neben diversem Schmuck fanden die Beamten noch 13 Ankaufquittungen von Pfandhäusern, in denen sie bereits gestohlenen Schmuck versetzt hatten.

Dumm gelaufen für die drei. Aber ich bin mir sicher, wenn die wieder auf freiem Fuß sind, finden sie garantiert leichtgläubige Mitmenschen, bei denen sie die gleiche Masche erneut versuchen.

161. Das Paket für den Nachbarn

Wie steht es denn mit dem Verhältnis zu Ihrem Nachbarn. Bestens? Na das höre ich gern. Wenn das so ist, zeigt man sich auch schnell mal bereit, demjenigen einen Gefallen zu tun. Genau das wurde aber einigen Mietern zum Verhängnis.

Unter dem Vorwand, für den Nachbarn ein Paket abgeben zu wollen, gelangte ein Mann in mehrere Wohnungen. In allen Fällen bat er um einen Zettel für eine knappe Benachrichtigung. Kaum wurde er hineingebeten, achtete er auf eine offen stehende Wohnungstür und hängte seinen Mantel an der Wohnzimmertür so geschickt auf, daß ein Blick in den Flur unmöglich war. Während er die Wohnungseigentümer, die immer allein zu Hause waren, durch ein Gespräch ablenkte, betrat sein Komplize die Wohnung und durchsuchte Küche und Schlafzimmer. Schmuck und Bargeld wechselten so unfreiwillig den Besitzer.

Wenn bei Ihnen jemand mit dieser Bitte auftaucht, nehmen Sie das Paket, schließen Sie die Tür, suchen nach Papier und Stift und reichen es dem Unbekannten in den Flur. Ich glaube, der weiß dann vor Überraschung gar nicht so recht, was er schreiben soll.

162. Mit dem Krückstock verjagt

Mit einem simplen Telefonanruf bereiten sie ihren Trickdiebstahl vor, die drei Frauen, die länderübergreifend schon so manch einen Diebeszug gestartet haben. Am Telefon erkundigen sie sich unter einem fadenscheinigen Grund, ob unter der angegebenen Adresse ein älterer Mann oder eine ältere Frau wohne. Am darauffolgenden Tag kommt eine Frau vorbei, die vorgibt, Geld für eben diesen Nachbarn abgeben zu wollen. Damit das mit dem Geld ordentlich abläuft, bittet sie um einen Briefumschlag. Das ist der Moment, in dem die Dame in die Wohnung gebeten wird. Dabei achtet die Fremde tunlichst darauf, daß die Bewohnerin vor ihr geht und sie die Tür persönlich schließen kann. Statt sie aber ordnungsgemäß zu schließen, lehnt besagte Frau sie nur an und ermöglicht so ihrer Komplizin, heimlich hinter ihr in den Flur zu schlüpfen. Während die eine den Mieter kräftig ablenkt, durchsucht die andere Küche oder Schlafzimmer nach Bargeld, Sparkassenbüchern und Schmuck – und das meist mit Erfolg. Bis auf einen Fall ... Da kam nämlich die 85jährige Frau eines Rentners gerade vom Einkauf zurück, als ihr Mann nett mit einer der weiblichen Ganoven plauderte. Lautstark und mit erhobenem Stock jagte sie diese und ihre Komplizin aus der Wohnung. Ich bin mir sicher, daß das Motiv für ihr engagiertes Handeln nicht nur Eifersucht war.

Es geht also! Sogar mit 85 kann man sich Respekt verschaffen, wenn man nur will. Am sichersten ist es allerdings, wenn Sie Fremde gar nicht erst in die Wohnung lassen.

163. Der Blumenstrauß für den Nachbarn

Er hat wieder einmal geklappt, der Trick mit der Nachricht für den Nachbarn.

Zwei Frauen haben sich als Opfer eine Mieterin in einem mehrgeschossigen Mietshaus ausgesucht, dort geklingelt und erklärt, daß sie für den Nachbarn einen Blumenstrauß und eine schriftliche Nachricht hinterlassen wollen. Dazu baten sie um einen Zettel, auf dem sie die Nachricht aufschreiben könnten. Als sie die Wohnung betraten, bot eine der Frauen der Dame eine Tischdecke zum Kauf an. Diese Decke hielt sie so hoch, daß der Mieterin der Blick auf den Rest ihrer Wohnung versperrt wurde. Das wiederum nutzte ihre Komplizin aus und entwendete Schmuck aus dem Schlafzimmer. Uralt, diese Methode, aber es

gibt immer noch Menschen, die sich davon überrumpeln lassen. Den Blumenstrauß hielten die Diebinnen tatsächlich in den Händen, doch sie nahmen ihn wieder mit ...

Das zeigt, daß auch Trickdiebe vor der »Arbeit« in »Arbeitsmaterial« investieren. Requisiten wie Blumen, Zeitschriften und dergleichen verleihen ihrem Coup die nötige Authentizität. Lassen Sie sich davon nicht blenden.

164. Der Charmeoffensive erlegen

Mit einem eindeutig osteuropäischen Akzent sprachen die beiden netten Frauen, die augenscheinlich Mutter und Tochter waren und in zurückliegender Zeit an mehreren Türen in Neubaugebieten klingelten. Unvergessen werden sie auf alle Fälle für Herrn Ganzer bleiben. Angeblich wollten die Damen einen Beutel mit persönlichen Dingen für seinen Nachbarn abgeben. Weil Herr Ganzer ein freundlicher Mensch ist, hat er sich dafür sofort bereit erklärt. Die beiden Frauen zeigten sich aber sehr besorgt und schlugen vor, ein Verzeichnis des Beutelinhalts anzufertigen, damit ihm nicht der Vorwurf gemacht werden könne, er habe einige Dinge unterschlagen. Klingt logisch, und führte auch dazu, daß Herr Ganzer Vertrauen faßte und nach Papier und Bleistift suchte, während die Damen sich in seiner Wohnung umsahen und aus dem Nachtschrank im Schlafzimmer 200 Euro stahlen.

Sie sollten dem Charme solcher Damen lieber widerstehen und sie auf keinen Fall in Ihre Wohnung lassen. Schon gar nicht, wenn Sie allein sind.

165. Erst Zettel schreiben und dann liegen lassen

Eine 80jährige wurde geschädigt, indem man ihre Kostbarkeiten im Wert von über 6.000 Euro stahl. Schwerer als der materielle Verlust wiegt allerdings der ideelle Schaden. Beim Diebesgut handelte es sich um Porzellanfiguren, die schon seit ihrer Hochzeit das Wohnzimmer geschmückt hatten. Die Dame war offenbar Opfer des sogenannten »Zetteltricks« geworden.

Im besagten Fall klingelte eine Mittvierzigerin an der Wohnungstür der Rentnerin, heuchelte, daß sie dem Nachbarn eine Nachricht hinterlassen wolle, und bat um einen Zettel, auf dem sie etwas schreiben könne. Die freundliche alte Dame ließ die Frau in die Wohnung und suchte nach Papier und Kugelschreiber. Hieran schloß sich etwas Unerwartetes für die Mieterin, das natürlich zum Programm der Täterin gehörte. Letztere erklärte, daß sie schöne Tischdecken und Bettzeug günstig verkaufen könne, und breitete, begleitet von einem Redeschwall, ein Tuch im Flur mit hochgehaltenen Armen weit aus, und zwar so, daß der Wohnungsinhaberin der Blick auf die Eingangstür versperrt wurde. Durch diese Tür, die von der Besucherin bewußt einen Spalt offen gelassen wurde, kam, wie schon in den vorherig geschilderten Fällen, eine Komplizin in die Wohnung, die das Wohnzimmer durchsuchte und flugs besagte Porzellanfiguren einsteckte. Bemerkt wurde der Diebstahl erst, nachdem die Täterin verschwunden war – ohne besagten Zettel mitzunehmen.

Hört sich abenteuerlich an, aber Sie können mir glauben, auf diesen Trick sind auch schon Leute reingefallen, die noch viele Jahre brauchten, um 80 zu sein.

166. Nicht jeder, der fleißig putzt, ist eine ehrliche Haut

Sie ist 20 Jahre, zierlich, bescheiden und wirkt mit ihren großen, dunklen Augen durchaus vertrauenswürdig, die junge Frau, die sich in mehreren Fällen bei Ehepaaren als Haushaltshilfe anbot. Daß sie allerdings die Wohnung nicht nur vom Staub befreien würde, sondern auch Bargeld abstauben wollte, vermutete keiner. Ein Ehepaar, das vor Jahren schon einmal schlechte Erfahrungen mit einer Haushaltshilfe gemacht hatte, verlangte sicherheitshalber die Personalien von der jungen Frau und fertigte ein Foto von ihr an. Allerdings stimmte das, was sie ihnen erzählte, vorn und hinten nicht. Bevor sie die Zusage für den Nebenjob als Haushaltshilfe erhielt, legte sie schon einmal los und brachte, zur Freude der Wohnungsinhaberin, alles auf Vordermann. Die nette Art zu kommunizieren sorgte dafür, daß die Bedenken langsam verschwanden. Nach zwei Stunden Probearbeit verabschiedete sich die junge Frau und sagte zu, am nächsten Tag wieder zu erscheinen. Sie ward allerdings nie wieder gesehen, und das hatte einen guten Grund: In der Geldkassette, die sich im Schlafzimmer der Familie befand, fehlten 5.000 Euro. Dank des Fotos konnte die Polizei die Täterin schnell ermitteln und so erfahren, wie der Diebstahl vollzogen werden konnte. Die Haushaltshilfe hatte in einem unbeobachteten Moment die Wohnungstür einen Spalt breit geöffnet und so einer Komplizin die Gelegenheit geben, die Wohnung zu durchsuchen.

Wenn Sie sich auf das Abenteuer Haushaltshilfe einlassen, sollten Sie anhand eines Ausweises die richtigen Personalien der guten Fee feststellen, bevor Sie grünes Licht für Ihre Wohnung geben.

167. Einkauf im Kofferraum – Handtasche weg

Geschicklichkeit ist eigentlich eine Eigenschaft, die positiv bewertet wird. Wenn jemand aber seine Geschicklichkeit mit krimineller Energie paart, dann ist das in hohem Maße verwerflich. Genau dieser Mix trifft auf eine Tätergruppe zu, die die Parkplätze vor Supermärkten unsicher macht. Ihre Opfer sind meist Frauen, die ihren voll bepackten Einkaufswagen zielstrebig zu ihrem Pkw auf dem Parkplatz steuern. Die Täter, die meist zu zweit oder zu dritt handeln, beobachten ihr potentielles Opfer genau. Interessant für sie sind nur Frauen, die das Fahrzeug aufschließen, ihre Handtasche oder das Portemonnaie auf dem Sitz ablegen und dann die Einkaufstüten im Kofferraum verstauen. Wird diese Reihenfolge eingehalten, lenkt in der Folge einer der Täter die Frau mit Fragen oder einem ungezwungenen Gespräch ab, während der

zweite leise die Tür öffnet und mit der Handtasche verschwindet. Manchmal bemerken die Opfer den Verlust der Tasche oder des Portemonnaies erst, wenn sie zu Hause ankommen – eine schmerzliche Erfahrung, die sich ganz einfach verhindern läßt.

Meine Damen: Auch wenn es unbequem sein sollte, behalten Sie Ihre Tasche mit dem Portemonnaie auch beim Verstauen des Einkaufs immer direkt bei sich. Sie sehen, wie schnell sie weg sein kann.

168. Der vermeintliche Schaden am Auto

Gemeinsam mit ihrem Mann hatte Frau Gerald 1.000 Euro von der Bank abgehoben, das Geld in ihrer Tasche verstaut und sich dann zu ihrem Pkw begeben. Was ihr nicht auffiel, war, daß zwei Männer sie dabei beobachteten. Plötzlich standen die beiden an ihrem Auto, klopften an die Scheibe und machten sie darauf aufmerksam, daß vom hinteren Reifen die Luft entweiche. Einer der beiden wies noch auf einen vermeintlichen Schaden unter dem Fahrzeug hin, so daß beide Pkw-Insassen voll damit beschäftigt waren, das Ausmaß der Panne zu ergründen. Das nutzte einer der Fremden aus, griff nach der auf dem Sitz liegenden Tasche und flüchtete mit seinem Kumpanen. Glück im Unglück hatte das Pärchen, weil Passanten einen der Diebe kurzzeitig festhielten, woraufhin dieser die Handtasche wegwarf.

Fremde Helfer, die hektisch gestikulieren und Panik am Fahrzeug verbreiten, haben meist nichts Gutes im Sinn.

169. Trickdiebstahl – Ablenken einer Pkw-Fahrerin

Es ist kaum zu fassen, was sich Trickdiebe alles einfallen lassen. Eine 40jährige Geschäftsinhaberin hob unlängst in ihrer Bank einen größeren Bargeldbetrag ab, verstaute das Geld in ihrer Handtasche und legte diese auf den Beifahrersitz ihres Pkw, den sie in der Tiefgarage neben dem Kreditinstitut abgestellt hatte. Kurz bevor sie aus der Garage fuhr, gestikulierte ein Mann wie wild mit den Armen und wies darauf hin, daß vom linken Hinterrad ihres Pkw die Luft entweiche. Als die Frau ausstieg, um nach dem Rad zu schauen, öffnete eine Begleiterin des »aufmerksamen« Herrn die Beifahrertür, schnappte sich die Handtasche und beide verschwanden in einem Affentempo. Offensichtlich hatten sie bewußt in der Garage auf Personen gelauert, die mit dicken Portemonnaies aus der Bank kamen.

Versetze ich Sie in Alarmbereitschaft? Schauen Sie sich ruhig einmal öfter um, ob Sie eventuell jemand beim Geldabheben beobachtet. Und wenn Sie abgelenkt werden, achten Sie unbedingt darauf, daß niemand an Ihr Geld kommt.

170. Diebische Elstern in Arztpraxen und Krankenhäusern

Viele Trickdiebe bewegen sich in Krankenhäusern, als würden sie zum Personal gehören, während sie eigentlich auf Beutezug sind.

Im ersten Fall stahlen sie eine Geldbörse mit 200 Euro und EC-Karte aus dem Schrank einer Patientin. Im zweiten Fall entwendeten sie aus Behandlungszimmern die Portemonnaies zweier Ärzte. Die Patientin traf es besonders hart, da mit ihrer EC-Karte nochmals 500 Euro abgehoben wurden. Kaum vorzustellen, wie das passieren kann, aber Trickdiebe haben keine Hemmungen. Sie suchen Wartezimmer in Arztpraxen auf, schauen in Behandlungszimmer oder werfen einen Blick in Patientenzimmer. Und jedes Mal wird vorher angeklopft. Sollte jemand da sein, sind sie um eine kluge Frage als Ausflucht nicht verlegen. Ist dagegen die Luft rein, finden sie schnell die Orte, an denen Handtaschen oder Aktenkoffer mit Geldbörsen aufbewahrt werden.

Sie sind vor diesen Gaunern sicher, wenn Sie als Patient im Krankenhaus Ihre Wertsachen abgeben oder sie in verschlossenen Schränken aufbewahren. Dem Personal der medizinischen Einrichtungen rate ich: Sprechen Sie Personen, die über Gänge schleichen, ruhig an. Ein »Kann ich Ihnen weiterhelfen?« verjagt schon die meisten.

171. Pärchen bestiehlt Kundinnen

Attraktiv sah sie aus, die Frau aus dem Kosovo, die mit ihrem jugoslawischen Freund eine unheilvolle Allianz einging. Ihr Hauptbetätigungsfeld fanden die beiden in Kaufhäusern; Opfer waren meist Frauen. Die charmante 21jährige fragte mit einem Lächeln auf den Lippen Kundinnen nach bestimmten Produkten oder ließ sich zeigen, wo diese zu finden seien. In dem Moment abgelenkt, merkten die Damen häufig nicht, wie sie vermeintlich aus Versehen vom Komplizen angerempelt wurden. Dieser kurze und sachte Kontakt reichte aus, um den Damen das Portemonnaie aus der Handtasche zu entwenden.

Ihr letzter Coup war jedoch zum Scheitern verurteilt. Ein Kaufhausdetektiv entdeckte sie und hielt beide – gemeinsam mit einem Kunden – fest, bis die Polizei eintraf. Jetzt sitzen sie hinter Gittern, aber Pärchen wie diese gibt es noch viele, deshalb sollten Sie sich nicht durch Fremde ablenken lassen. Eine freundliche Antwort auf eine höflich gestellte Frage gebietet schließlich der gute Umgang.

Tragen Sie Handtaschen am besten über der Schulter bzw. eng am Körper. Wenn Sie die dekorative Klappe dem Körper zugewandt tragen, haben Taschendiebe kaum eine Chance, an Ihr Geld zu kommen.

IV

HOKUSPOKUS UND SCHLIMME GERÜCHTE

Es gibt Geschichten, die gibt es gar nicht – möchte ich manchmal sagen, aber das Leben schreibt sie tatsächlich. Deshalb erzähle ich sie Ihnen auch. Zugegeben, man muß bei der einen oder anderen Begebenheit schon ganz schön weit von der Realität entrückt sein, um solch einen Hokuspokus mitzumachen. Wie die Praxis zeigt, gibt es leider auch einfältige Mitmenschen. Liegt es an der Aussicht auf einen riesigen Profit, die das Denkvermögen einschränkt? Oder haben tragische Lebensumstände die Menschen labil und zu leichten Opfern für Scharlatane werden lassen?

Insbesondere die »Schlimmen Legenden«, die auf Neudeutsch auch als »Hoax« oder »Großstadtmärchen« (Urban Legende) bezeichnet werden, verbreiten sich rasend schnell und werden rauf und runter erzählt. Das liegt sicherlich an ihrem Unterhaltungswert, schließlich sind es die besonders raffinierten Methoden der Betrüger, die uns fesseln und zum

Staunen bringen. Ich verrate Ihnen auch einige davon – aber bitte nicht als wahre Geschichte weitererzählen.

UNGLAUBLICHE GESCHICHTEN

172. Banking-Business für kleine Leute

Wenn ich Ihnen nun etwas von vermeintlichen lukrativen von Geldanlagen erzähle, dann werden die meisten von Ihnen in Anbetracht der Turbulenzen auf dem Finanzmarkt ohnehin abwinken. Trotzdem versucht ein Unternehmen, das sich schlicht »Banking-Business« nennt, per Mail potentielle Anleger zu gewinnen. Sie brauchen einfach nur 35 Euro anzulegen. Mit Hilfe des ausgeklügelten Systems des Unternehmens sorgt »Banking-Business« dafür, daß innerhalb von 40 Tagen für Sie schlappe 42.000 Euro daraus werden. Das klingt doch super, oder? Damit das auch jeder versteht, erklären die segensreichen Unternehmer, daß sie mit drei Offshore-Banken zusammenarbeiten. Der eingezahlte Betrag wird jeweils mit einem Faktor von elf an die nächste Bank transferiert. So kommt schließlich der schon erwähnte Geldsegen zustande. Prima, nicht?

Denjenigen, die gleich richtig reich werden wollen, wird angeraten, gleich mehr Geld einzusetzen, bis maximal 10.000 Euro. Natürlich ist »Banking-Business« kein Wohlfahrtsverein und behält deshalb 10 % des endgültigen Gewinns für sich. Aber selbst damit, denke ich, könnten die Investoren gut leben, wenn die Aktion als solche funktionieren würde. Tut sie aber nicht, und deshalb waren alle Einzahler das Geld los, ohne einen Cent zu gewinnen.

Ich rate Ihnen dringend ab, Geld in ein Vorhaben zu investieren, das nach einer Milchmädchenrechnung aus 35 Euro für alle Beteiligten 42.000 Euro machen will. Woher bitte soll dieses Geld kommen?

173. Astrale Versuchungen

Glück, Gesundheit, Reichtum, Liebe, Erfolg – das und noch mehr versprechen dubiose Hellseher, Astrologen und selbsternannte »Medien« in psychologisch geschickt aufgemachten Werbebriefen, die in ganz Deutschland kursieren. Doch genau diese angeblichen esoterischen Lebenshilfen sind nichts anderes als ein übles Geschäft mit der Angst. In wirtschaftlich wenig rosigen Zeiten wittern sie das dicke Geschäft durch den Verkauf von Glücksbringern oder Talismanen, die »telepathische Psycho-Unterstützung«, »positive Energien«, »astrale Vorhersagen« und ähnliches mehr versprechen. Richtiggehend perfide sind diese Schreiben, die Kaufunschlüssigen eine trostlose Zukunft suggerieren, ja sogar großes Unheil prophezeien, wenn sie auf die Schreiben nicht reagieren. Das kann für labile Charaktere zu Psychoterror werden und in schlimmen Alpträumen enden.

Kassiert wird ab 25 Euro aufwärts. Man fragt sich allerdings, warum diese Genies mit ihren astralen Fähigkeiten überhaupt auf diese Art von schnöder Erwerbstätigkeit angewiesen sind.

Wer's braucht, soll mitmachen. Aber wer sein Geld lieber nutzbringender anlegen möchte, dem rate ich, diesen ganzen Schmarrn getrost zu entsorgen.

174. Muß gut sein, wenn Gertrud es empfiehlt

Wer träumt nicht von ewiger Jugend ... oder wenigstens vom kaum merklichen Altern. Genau für diese Kategorie Träumer hält die Industrie eine schier unerschöpfliche Palette von Verjüngungs- und Verschönerungskuren parat. Wer auf das, was per Hauswurfsendung oder auf Kaffeefahrten angeboten wird, schon einmal angesprungen ist, läßt in der Regel von weiteren Versuchen die Finger, denn bis auf einen schmaleren Geldbeutel ist der Erfolg dieser Wundermittel in der Regel enttäuschend.

Und genau dieses Problem haben die Leute, die diese Mittelchen vertreiben, erkannt. Die Kunden glauben ihnen nicht. Deshalb sind wirksamere Werbemethoden gefragt: Wie sieht es denn aus, wenn Ihnen eine gute Bekannte etwas empfiehlt? Die Chance, daß Sie das Produkte jetzt, infolge einer Empfehlung, kaufen, steigt rapide!

Genau diesem Gedanken ging ein cleverer Prospektvertreiber nach, der bei Postwurfsendungen mit Reklame unter der Überschrift »Jungbrunnen – Wunder in Süd-Europa entdeckt« eine persönliche Widmung auf das Papier schrieb: »Liebe Gertrud, meine Beschwerden sind alle weg! Das ist auch was für Dich. Gruß ...« Die Unterschrift ist unleserlich.

Ich kenne jemanden, der hat sich gleich zwei Pakkungen zu je 80 Euro bestellt – und hat noch die gleichen Leiden wie vorher.

Natürlich ist solch ein Vorgehen nicht kriminell, aber verdammt schlitzäugig! Seien Sie gewarnt.

175. Das zwielichtige Treuhandkonto

Kennen Sie den angeblichen Millionentransfer aus Afrika? Schon in den 90er Jahren kamen ähnliche Botschaften per Fax, später per Mail von der sogenannten »Nigeria Connection«. Jetzt erreichte mich eine Mail, in der – entgegen früherer Botschaften in unsagbar schlechter Sprachqualität – das Anliegen in feinstem Deutsch formuliert wurde. Ein vermeintlicher Regionalleiter der »First National Bank of South Afrika«, Mr. Mkolo Ngoma, hat meine E-Mail-Adresse aus einem Deutschen Branchenbuch herausgesucht, um mir Folgendes mitzuteilen: Beim Erstellen des letzten Jahresreports seiner Bank habe er festgestellt, daß ein Betrag von 9,5 Millionen US-Dollar von seiner Hauptgeschäftsstelle nicht registriert wurde.

Diesen Betrag hat er vorsorglich als Familieneigentum zum Transfer nach Europa deklariert. Jetzt suche er jemanden, der bereit sei, das Geld treuhänderisch in Empfang zu nehmen, um es anschließend mit ihm zu teilen. Er betont ausdrücklich, daß für mich kein Risiko besteht. Ich müsse lediglich ein Konto dafür eröffnen und erklären, der ursprüngliche Einzahler der 9,5 Millionen zu sein.

Mit mir würde das Spielchen nicht laufen. Andere, die sich in kindlicher Naivität darauf eingelassen haben, wurden zu Zahlungen von Bearbeitungskosten aufgefordert oder mußten Blanko-Briefbögen unterschrieben übersenden, mit denen dann Waren für Tausende Euro bestellt wurden, auf deren Kosten sie sitzen geblieben sind.

Überlegen Sie nicht lange, wenn Ihnen jemand so ein unglaubliches Angebot macht. So viel Geld wird einem nur im Märchen geschenkt, nicht im wahren Leben. Löschen Sie die Mail und vergessen Sie die Millionen.

176. Das Schweizer Gaunerpärchen

Sie rochen schon mächtig nach Geld und unterstrichen mit ihrem schwarzen 530er BMW das Klischee von erfolgreichen Geschäftsleuten, die Schweizer Eheleute, die sich für einen Monat in eine kleine Pension im Süden unseres Landes einmieteten. Mit weltmännischem Gehabe und gekonntem Auftreten erschlichen sie sich das Vertrauen der Pensionsinhaber. Als dann noch eine satte Provision für die Mieter in Aussicht gestellt wurde, erteilten diese dem Unternehmerehepaar die Zugriffsmöglichkeit auf ihr Konto. Eigentlich geschah das nur, weil die Schweizer aus ihrem Heimatland eine größere – na, seien wir ehrlich: sehr große – Summe nach Deutschland transferieren wollten. Ein schönes Stück von dem Kuchen sollte freilich für die Pensionsinhaber abfallen. Ausgestattet mit der Kontoberechtigung, gingen die zwei flugs daran, das Konto ihrer Gastgeber zu leeren. Bei dieser Gelegenheit lösten sie gleich noch ein Depot der Familie auf und erschwindelten sich in deren Namen mehrere Tausend Euro für eine angeblich geplante Baumaßnahme. 20.000 Euro kostete diese Vertrauensseligkeit die Pensionswirte. Sie sind aber nicht die einzigen, die geprellt wurden. Besagter schwarzer BMW stammte aus einem Autohaus in Dresden und hatte, Sie ahnen es, seinen Besitzer gewechselt, ohne bezahlt zu werden.

Fazit: Nicht jeder, der Reichtum vorgaukelt, ist einer, von dem Sie profitieren können.

177. Der Start für eine Hans-im-Glück-Karriere

Würden Sie von einem Fremden unvermittelt zehn Kilo Gold kaufen? Abgesehen davon, daß für solch eine Transaktion nicht immer das nötige Kleingeld vorhanden ist, gehört schon eine schöne Portion Blauäugigkeit dazu, sich auf solch einen Deal einzulassen.

Ein 65jähriger kann jetzt eine Geschichte davon erzählen, wie man es nicht tun sollte. Er traf in der Bar eines Mittelklassehotels drei Herren, die fließend Portugiesisch und ein recht passables Französisch sprachen. Umgeben von der Aura der Geschäftsmänner, die den Umgang mit Geld zu ihrem Alltag erklärt hatten, ließ er sich ein Angebot machen. Die Herren erklärten dem Pensionär, daß Gold die einzig lukrative Anlageform sei und sie ihre Geschäfte deshalb nur auf dieses Edelmetall konzentrierten. Nach einigen Gläschen war der 65jährige so weit, sich an einem vermeintlich gewinnorientierten Geschäft zu beteiligen. Er wollte am darauffolgenden Tag für 10.000 Euro Gold aufkaufen. Gesagt, getan. Ein verführerisch glänzender 1-Kilo-Batzen Gold wechselte in der Hotelhalle gegen Bares seinen Besitzer. Die drei Herren verabschiedeten sich und der neue Goldbesitzer tat genau das, was er eigentlich vor der Geldübergabe hätte tun sollen: Er suchte einen Goldschmied auf, der die Ware für ihn analysierte. Das Ergebnis war ernüchternd. Der Batzen bestand aus simplem

Messinggranulat, überzogen mit einer hauchdünnen Goldschicht.

Der Trost für den Käufer: Er war vermutlich nicht der einzige, dem es so erging. Selbst im Märchen kam es so: Hans im Glück trat seinen Weg mit einem Klumpen Gold an und kam zum Schluß mit leeren Händen nach Hause (allerdings mit einem Glücksgefühl).

178. Die Wunderheilerin

Es gibt Geschichten, die scheinen eins zu eins aus Grimms Märchenwelt in unser Jahrhundert gewandert zu sein. Doch immer dann, wenn Aberglaube tief im Menschen verwurzelt ist, hat die Vernunft kaum eine Chance, Schlimmes zu verhüten.

So auch bei einer 66jährigen Frau aus Kasachstan, die in einer Einkaufspassage in Deutschland Kontakt mit zwei Russisch sprechenden Frauen hatte. Im Gespräch klagte sie über eine schwere Krankheit, die ihre Tochter befallen hatte. Und genau an dieser Stelle wußten die beiden Frauen Rat. Eine von Ihnen gab sich als Wunderheilerin aus und versicherte, daß sie auf zahlreiche Erfolge zurückblicken könne. Für die Heilung sei erforderlich, sämtliches Geld vom Konto der 66jährigen abzuheben. Sie versprach, dieses Geld mit einer Beschwörung zu versehen, die umgehend den Heilungsprozeß in Gang setzen würde. Das Geld könne danach wieder eingezahlt werden. Ich glaube, daß die Aussicht, ihr Geld behalten zu können, den Ausschlag gab, ganze 90.000 Euro an die vermeintliche Wunderheilerin zu übergeben. Diese wickelte die Geldscheine in ein Tuch, band das Bündel mit Zwirn zu und begann wirre Zauberformeln zu sprechen. Nach fünf Minuten Hokuspokus händigte sie der Frau das Bündel aus und beschwor sie, es nicht vor dem sechsten Tage zu öffnen, denn erst dann würde die Zauberformel wirken. Irgendwie muß die besorgte Mutter wohl mißtrauisch geworden sein, denn zu Hause öffnete sie das Bündel und fand nur Papierschnipsel vor.

Da war nicht mehr viel zu retten. Bleibt zu hoffen, daß die Zeit die neuerlich entstandenen Wunden zu heilen vermag.

179. Hokuspokus im Kiosk

Wenn Sie etwas Interessantes erleben wollen, dann werden Sie Polizist. Was die Kollegen sich anhören mußten, ließ sie echt zweifeln ...

Eine südländisch aussehende Frau mittleren Alters, die in Begleitung eines etwa sechsjährigen Jungen war, betrat in der Landeshauptstadt einen Kiosk. Sie bot der Kioskinhaberin einen vermeintlich goldenen Ring zum Kauf an. Die Frau lehnte zwar ab, kam aber mit der Besucherin ins Gespräch. Nach einigen Minuten zog die Unbekannte ein grünes Band aus ihrer Handtasche, legte es der Kioskbesitzerin in die Hand und forderte sie auf, drei Knoten hinein zu machen. Dann sollte sie das Band in ihren Händen verstecken und schütteln. Anschließend hielt die verdutzte Kioskinhaberin nur drei Teilstücke des Bandes in der Hand. Die Unbekannte behauptete, daß es Unglück bringe, wenn so etwas passiere. Nach erneutem Schütteln in der Hand war das Band wieder intakt und in einem Stück. Nach diesem Taschenspielerkunststück wollte die Unbekannte etwas kaufen. Ob sie tatsächlich etwas gekauft hat und wie und wann sie den Kiosk wieder verließ, weiß die Besitzerin nicht mehr. Ihr fehlte jegliche Erinnerung an die Ereignisse nach dem Hokuspokus mit dem grünen Band.

Ihr Sohn, der sich zu diesem Zeitpunkt in einem hinteren Raum des Kiosks aufgehalten hatte, erzählte der verwirrten Frau, daß er beiläufig beobachtet habe, wie sie etwa 150 Euro aus der Kasse genommen und der Fremden gereicht habe. Außerdem habe ihr die Unbekannte, scheinbar mit deren Einverständnis, ihre goldene Kette vom Hals genommen und den Kiosk eilig verlassen. Als die wie in Trance handelnde Frau nach einiger Zeit wieder klar denken konnte, fand sie auf dem Tresen einen roten Stein. Ihre 150 Euro, die Halskette und die ominöse Unbekannte waren spurlos verschwunden.

Eine wahre Geschichte! Fälle, in denen Täter ihre Opfer hypnotisiert haben, kennt die Kriminalgeschichte. Ich vermute fast, daß es noch anderen so ergangen ist, sie sich aber nicht trauen, es der Polizei zu melden.

Wenn Sie auch unversehens ausgehebelt wurden und Ihnen anschließend etwas fehlte, dann nur Mut zur Anzeige. Die Polizei glaubt Ihnen mehr, als Sie für möglich halten.

180. Negative Einflüsse

Sie wissen, daß ich ein echter Polizist war und daß echte Polizisten nicht lügen dürfen ... auch nicht diejenigen im Ruhestand. Und schon gar nicht die, die ein Buch schreiben. Warum ich das vorausschicke? Ganz einfach: Damit Sie mir die Geschichte glauben, die ich Ihnen jetzt erzähle, denn sie hat sich wirklich zugetragen.

Mit einem leicht ausländischen Akzent hat eine Mittvierzigerin eine 36jährige Frau in einem großen Einkaufszentrum im Süden des Landes angespro-

chen und ihr ungefragt gesagt, daß sie von ihren Problemen wisse. Wenn man den Worten der Unbekannten glauben darf, dann wollte eine entfernte Bekannte sie durch ihren negativen Einfluß vernichten. Und genau dagegen bot die nette Frau Hilfe an. Für 300 Euro verriet sie, daß jene entfernte Bekannte einen Magier für die Vernichtungsprozedur engagiert habe. Die Unbekannte erklärte sich bereit, das Geheimnis um die geplante Vernichtung zu lüften. Dazu mußte die junge Frau einen Tag später ein Ei, ein getragenes T-Shirt und 1.500 Euro zu einem Treffen in einem Park mitbringen. Mit viel Hokuspokus spielte sich dort eine Zeremonie ab, bei der das Ei geopfert wurde und 1.500 Euro den Besitzer wechselten.

Wie gesagt, eine wahre Geschichte. Das Gute daran war, daß die Polizei die »Wahrsagerin«, eine Frau aus

Serbien, einige Tage später festnehmen konnte, der schon viele für solche und ähnliche Dienstleistungen mehr Geld zugesteckt hatten, als die meisten von uns verdienen.

Meine Meinung dazu: Wer solch einen Unsinn mitmacht, den kann ich gar nicht so recht bedauern.

181. Mit einem Fluch belegt

Das Treiben von Trickbetrügern nimmt schon manchmal recht skurrile Formen an. Mal ehrlich, wenn ich die Angaben zur Anzeige in diesem Betrugsfall nicht selbst gelesen hätte, wären mir echte Zweifel daran gekommen, daß so etwas funktioniert.

Zwei Frauen um die 40 sprachen im Stadtzentrum eine etwa gleichaltrige Frau an, erklärten ihr in geheimnisvoller Weise, daß sie von Gott gesandt seien, und offenbarten der Frau, daß sie von einem Fluch belegt sei, der sie unfruchtbar mache. Nun muß es mit dem Gemütszustand der Angesprochenen wahrlich nicht zum Besten gestanden haben. Allein der Umstand, daß ein langjähriger Kinderwunsch bisher nicht erfüllt wurde, löschte ihren letzten Funken Mißtrauen. Die beiden »Gottgesandten« ermutigten die Frau und erklärten, daß sie in einem geheimen Ritual den Fluch beseitigen könnten. Dazu müsse die bedauernswerte Frau allerdings 8.000 Euro übergeben, die als »Opfergabe« verbrannt würden. Was man kaum für möglich hält, trat tatsächlich ein: Die Frau übergab den beiden das Geld, und die zogen sich damit zurück, um alles für die rituelle Verbrennung vorzubereiten. In den darauffolgenden Tagen hatten sie mehrfach telefonisch mit ihrer »Geldgeberin« Kontakt und brachten sie tatsächlich dazu, weitere 10.000 Euro zu übergeben. Es sei nötig, ihre Großmutter, die eigentliche Ursache für den Fluch, »reinzuwaschen«. Da die Zahlungen reibungslos klappten, konnten diese getrost weiter ausgereizt werden, waren sich die beiden weiblichen Scharlatane sicher. Deshalb bedrängten sie die arme Frau in den Folgetagen mit mehreren Telefongesprächen. Ihre Botschaft: Der Fluch kann nur beseitigen werden, wenn ihr gesamtes Geld »reingewaschen« würde. Also löste die Frau sämtliche Wertpapiere, die sie besaß auf, verstaute sie in einer Tüte und übergab sie den beiden Wunderheilerinnen. Die sprachen in ihrem Beisein Gebete, bedeckten die Tüte mit »heiligen« Tüchern und erklärten nach gebührender Zeit, daß das Geld nun gereinigt sei und sie die Tüte mit nach Hause nehmen dürfe. Allerdings müßten die Gebete erst noch einwirken, deshalb dürfe sie das Geld erst nach drei Tagen aus der Tüte nehmen. Die Frau befolgte brav die Hinweise und erlebte nach dem Öffnen die wohl größte Enttäuschung ihres Lebens. Statt des Geldes befanden sich nur Papierservietten im Kuvert.

Die beiden Trickbetrügerinnen meldeten sich nie wieder. Sollten Sie von ihnen angesprochen werden, sollten Sie clever handeln, scheinbar auf den Budenzauber eingehen und zur nächsten Verabredung einen Herrn von der Kriminalpolizei mitnehmen.

182. Viel Geld für die Handleserin

Wer an Prophezeiungen und Beschwörungen glauben will, der soll es tun, aber nicht sein Leid klagen, wenn er bösartig reingelegt wird.

Eine ältere Frau, wohnhaft auf einem Dorf, wurde eines Tages Opfer einer selbsternannten Hellseherin. Die Damen mit den magischen Fähigkeiten las ihr aus der Hand und prophezeite, daß ihr etwas sehr Schlimmes widerfahren würde. Um dies abzuwenden, müsse sie ihr eine Decke für 300 Euro abkaufen. Die Unbekannte redete so lange auf die Frau ein, bis diese das Geld holte. Die Übergabe erfolgte im Haus – und da fand auch Teil 2 der Abwendung des prophezeiten Unheils statt: Die Frau sollte ihr Geburtsdatum auf einen Zettel schreiben und dahinter vier Kreuze machen. Mit der Decke, dem Zettel und den Geldscheinen führte die »Handleserin« eine zirkusreife Beschwörungszeremonie durch und verlangte prompt für jedes Kreuz, das hinter dem Geburtsdatum stand, 250 Euro. Daß sie überhaupt 500 Euro ausgehändigt bekam, lag mehr daran, daß die Rentnerin nichts sehnlicher wollte, als diese Frau loszuwerden. Von Glaube an Magie keine Spur!

Den Ärger hätte sich die Frau ersparen können, wenn sie sich gar nicht erst auf ein Gespräch mit der Unbekannten eingelassen hätte. So zahlte sie einen hohen Preis für einen Haufen Abrakadabra.

183. Post von der Hellseherin

Viele ältere Bürger kamen mit dem Schrecken davon, als sie diverse Schreiben einer selbsternannten Hellseherin von angeblich internationalem Ruf erhielten – sie hörte auf den schönen Namen Samantha. Mit einer Kaltschnäuzigkeit sondergleichen teilte sie mit, daß demnächst ein großes Unheil ins Haus stehe. Über drei Seiten erstreckt sich eine Mischung aus mystischer Geheimniskrämerei und metaphysischen Worthülsen, die ganz gezielt die Ängste der Adressaten schüren. Aber Samantha wäre ja keine richtige Hellseherin, wenn sie nicht gleich eine Lösung zur Abwendung des Problems parat hätte: Man schikke 25 Euro oder besser gleich 30 Euro an eine Postfachadresse im Ausland, und schon würde per Post das Allheilmittel eintrudeln.

Sie wissen, wie Sie damit umzugehen haben: 1. Nicht ernst nehmen. 2. Nicht drüber ärgern. 3. In den Papierkorb schmeißen.

184. Das Testament der Marie-Rose Valmont

Eine Erbschaft kann eine tolle Sache sein. Erst recht, wenn sie völlig unverhofft kommt und noch dazu von einem Menschen, den man gar nicht kennt. Dieses unverhoffte Glück konnte eine ältere Dame – nennen wir sie Frau Einfalt – aus der Region erfahren.

Eine Frau aus der Schweiz mit dem klangvollen Namen Marie-Rose vererbte ihr – und jetzt wörtlich – »eine von der Vorsehung bestimmte Zukunft voller Geld, Luxusgüter und nicht-materiellem Erfolg«. Na prima! Auf drei kleingedruckten Seiten berichtet Marie-Rose über ihre Visionen, die immer mit Frau Einfalt zu tun hatten, die von schweren Schicksalsschlägen erzählten und nun endlich eine frohe Zukunft verheißen. Das Annehmen dieses uneigennützigen Testaments sei auch ganz unkompliziert. Man müsse nur 45 Euro per Brief oder Postscheck an Frau Valmont schicken, und schon würden die Zeilen mit den Vorhersagen der verheißungsvollen Zukunft auf die Reise gehen. Das Geld würde übrigens, laut Angaben in dem Schreiben, nur dafür verwandt, auch anderen Menschen ihre Unterstützung erfahrbar zu machen.

Ich werde das Gefühl nicht los, daß Marie-Rose nur noch ein begrenztes Leben hat. Es besteht nämlich die akute Gefahr, daß sie sich totlacht, sollten zu viele gutgläubige Menschen auf ihren parapsychologischen Hokuspokus hereinfallen.

185. Der große Insider-Ratgeber

Sie wollen ganz nach oben? Jetzt gibt es einen Insider-Ratgeber, der Ihnen verrät, wie Sie das schaffen können. »Der große Wolffen« heißt das Machwerk, und er verspricht Ihnen garantierten Währungsgewinn, Umsatzsteigerungen von über 300 %, Luxusautos und Luxusyachten. Er verrät Ihnen, wie Sie nie mehr im Lotto verlieren, einen Doktortitel erhalten, ohne je eine Universität besucht zu haben, an eine Pistole ohne Waffenschein oder einen Zweitpaß kommen, mit dem Sie untertauchen können ... und dann noch die Tricks der Autoknacker. Mit diesen Tipps kann quasi nichts mehr schief gehen in Ihrem Leben. Ganz billig ist diese Lebenshilfe allerdings nicht: Schlappe 500 Euro muß der potentielle Leser dafür hinblättern.

Was er im Grunde erhält, sind Ratschläge, die ihn in arge Schwierigkeiten bringen können. Wer da nämlich eine Waffe ohne Waffenschein erwirbt, sich illegal einen Zweitpaß besorgt, einen Doktortitel bekommt, ohne die Qualifikation zu besitzen, oder einen Führerschein sein eigen nennt, ohne die Prüfung dafür gemacht zu haben, begeht ganz einfach eine Straftat.

Deponieren Sie das Werbeschreiben in der großen Sammeltonne für Altpapier, da ist es am besten aufgehoben.

186. Der große hellsehende Ratgeber

Endlich ist er da, der »Große hellsehende Ratgeber persönlicher Chancen«!

Realisiert haben ihn zwei »Lichtschwestern der Wahrsagung« namens Lise und Rose. Und damit auch ja keiner auf den Gedanken kommt, es verberge sich irgendein kommerzieller Schnickschnack hinter der Geschichte, sind die gutmütigen Gesichter zweier Omis mit Hornbrille und schütterem Haar, deren Falten im Gesicht einen Plisseerock vor Neid erblassen lassen, auf einem handsignierten Foto in Großformat beigefügt. In dem ersten Brief, der kostenlos mit der Wochenzeitschrift in allen Postkästen landete, bieten sie Lösungen für alle Probleme an, von der Liebe bis hin zum schnöden Mammon. Völlig kostenlos. Schickt man einen extra dafür vorgesehenen kleinen Abschnitt ausgefüllt zurück, laufen Lise und Rose zu wahrer hellsichtiger Hochform auf. In einem zehnseitigen Brief versprühen sie ganze Salven von Verständnis und Einfühlungsvermögen in die komplizierte Lebenssituation des Hilfesuchenden und versprechen eine Zeit der Erfüllung und des Glücks, wenn sich der Auserwählte entscheiden sollte, ihre Hilfe anzunehmen.

Daß eine solche hellseherische Tätigkeit natürlich unwahrscheinliche seelische Anstrengungen fordert und auch sehr viel Zeit verschlingt, dürfte dem werten Leser des Briefes sicherlich klar sein. Trotzdem bleiben die beiden Omis völlig selbstlos und verlangen für die Zusendung des ganz auf Ihre Person zugeschnittenen »Großen hellseherischen Ratgebers«

statt der eigentlichen 300 Euro nur 45 Euro. Ist das nicht nobel?

Wenn Sie auch dieses super Angebot bekommen haben, überlegen Sie nicht lange und schicken Sie das Geld an die angegebene Adresse von Lise und Rose unter einer Postfachnummer in Genf. Das Geld können Sie zwar nicht wieder zurückfordern, falls der Ratgeber Sie enttäuschen sollte, aber Sie können wenigstens sicher sein, daß es ein paar Menschen in der Schweiz glücklich macht – auch wenn die mit Sicherheit nicht Lise und Rose heißen.

187. Abzocke mit Familienchronik

Korschewinski« ist schon ein recht seltener Name, dachte sich Frau Korschewinski und war deshalb doppelt erfreut, als sie von einem Verlag angeschrieben wurde, der ihr eine detaillierte Familienchronik mit dazugehörigem Familienwappen versprach.

Mal ehrlich, wer hat schon selbst die Zeit und Gelegenheit, in eigener Sache Ahnenforschung zu betreiben und die Wurzeln seines Daseins minutiös aufzudröseln? Keiner. Und deshalb haben neben Frau Korschewinski noch viele andere das Ahnenforschungsangebot, das zudem nur 49,95 Euro kosten sollte, angenommen und ihre ganz spezielle Familienchronik bestellt. Was aber per Post in Buchform eintrudelte, war leider eher enttäuschend. Die vermeintliche Familienchronik enthielt nur allgemeine Informationen zum Familiennamen, wie man sie in einem beliebigen Interneteintrag hätte selber abrufen können; außerdem noch eine Auflistung von Personen gleichen Namens. Mit anderen Worten: Es handelte sich um einen Haufen wertlosen Datenmüll für viel Geld, der mit seriöser Ahnenforschung und fundierten Informationen zum eigenen Stammbaum nichts zu tun hatte.

Seriöse Ahnenforschung läßt sich – nebenbei bemerkt – nicht mal schnell per Post, und schon gar nicht für 49,95 Euro, bewerkstelligen.

188. Psychisch unter Druck gesetzt

Gehören Sie auch zu den Auserwählten, die vom »Hanussen-Ring« oder der »Hanussen-Gemeinschaft« für eine Mitgliedschaft auserkoren wurden? Viele Bewohner der Region haben einen Brief bekommen, in dem für eine Mitgliedschaft in dieser dubiosen Gemeinschaft geworben wird. Als Geschenk verspricht der Verfasser des Pamphletes eine Meditationsfibel. Wer auf das Schreiben reagiert hat, dem wurde allerdings ein Preis von 150 Euro für die Fibel offeriert. Verständlich, daß sich daraufhin erneute Nachfragen nach dem Werk in Grenzen hielten. »Das war's dann«, wird sich manch einer der Schreiber gedacht haben. Aber weit gefehlt. Wer keine Bereitschaft zeigte, die 150 Euro auszugeben, bekam erneut Post. Jetzt wurde dem unwilligen Käufer Unheil und Leid angekündigt für den Fall, daß er sich nicht doch für eine Mitgliedschaft und den Kauf der für ihn angeblich so wichtigen Fibel entscheiden sollte. Nun, wer ein dickes Fell hat, den kümmern solche Drohungen wenig, aber Tatsache ist, daß es doch eine ganze Reihe Menschen gibt, für die an dieser Stelle das Wohlfühlen in Gefahr gerät. Was bleibt, ist ein ungutes Gefühl im Hinterkopf, das einen nicht mehr losläßt. Bei besonders labilen Mitmenschen sind kleine Mißgeschicke deshalb schnell ein Indiz dafür, daß dies alles mit dem nicht bestellten Pamphlet zusammenhängen könnte. Dann hilft ihnen nur der Bestellvorgang, um sich zu beruhigen.

Mein Rat: Erhalten Sie sich Ihre optimistische Lebensauffassung. Solche Post sollte für Sie kein Grund zur Besorgnis sein. Werfen Sie sie getrost in den Papierkorb. Da ist sie am besten aufgehoben.

189. Himmlisches Lottoglück

Paloma Summer« lautet der klangvolle Name, den sich eine Wahrsagerin aus Genf gegeben hat. Eben jene Schweizerin schreibt gezielt Leute aus unserem Bundesland an, um ihnen mitzuteilen, daß sie die Gabe habe, potentielle Lottogewinner zu erkennen. Mit der Aussicht, »Ihre Geldprobleme zu lösen« und dafür die Fähigkeit der »astralen Wahrsagung« zu nutzen, verspricht die Dame den Adressaten, die kommende Zahlenkombination für das Lottospiel zu errechnen. Eine tolle Sache! Der Wegzoll zu den kosmischen Glückszahlen kostet allerdings 25 Euro.

Da fragt man sich unweigerlich, warum diese begnadete Dame auf den 25-Euro-Obolus angewiesen ist, wo sie doch mit den errechneten Lottozahlen alle ihre eigenen finanziellen Engpässe so leicht überwinden könnte.

Offensichtlich muß es noch genug Leichtgläubige geben, die ernsthaft davon ausgehen, daß die richtigen Lottozahlen aus den Sternen zu holen sind.

190. Mit Speiseöl das Unheil abwenden

Stehen Sie ein bißchen auf Wahrsagerei? Dazu hat sicherlich jeder seine eigene Meinung, und das soll auch so sein. Was mir aber aktuell an Scharlatanerie in Form von neun eng beschriebenen Seiten auf den Tisch geflattert kam, ist für mich der momentane Höhepunkt der Volksverdummung. »Karl Dungner« nennt er sich, der Endvierziger, der sich mit schwarzem Mantel und hochgeschlagenem Kragen auf der ersten Seite seines Briefes, den er an Hunderte Menschen geschickt hat, präsentiert. Dieser selbsternannte Magier verkündet den Adressaten, daß er in seiner letzten »Sitzung« eine Eingebung gehabt habe. Ihm wäre klar geworden, daß der Empfänger des Briefes einer akuten Bedrohung durch einen Manipulator ausgesetzt sei, welcher sich magischer Kräfte bediene. Und da sich der von Herzen gute Herr Dungner Sorgen um das Wohl der Betroffenen macht – chronischer Geldmangel, persönliches Unglück und die alltäglichen Schwierigkeiten im Leben würden durch diesen Manipulator eventuell verstärkt –, bietet er eine heilbringende Lösung an. Nachdem er blumenreich schildert, wie schlimm sich diese Manipulationen, die sich der »Radiästhesie« bedienen, auswirken können, verspricht er die einzig wahre und wirkungsvolle Hilfe. Was da kommt, ist wahrlich der größte Schwachsinn, den ich je gelesen habe.

Auf einer beiliegenden sogenannten »radiästhetischen Scheibe«, die nichts anderes ist als ein beidseitig bedrucktes Stück Fotopapier, soll man die mit Speiseöl benetzten Finger der linken Hand – unter Beachtung eines ganz bestimmten Rituals – ablegen. Diese schickt man zusammen mit einem Fragebogen – 17 Fragen sind mit »ja« oder »nein« zu beantworten – per Brief zurück. Alles weitere würde der Magier erledigen. Man solle obendrein 43,35 Euro in den Brief legen oder, wer die Antwort per Nachnahme will, beim Postboten runde 46 Euro bezahlen. Für die nötige seriöse Anmutung sorgt der Hinweis des Magiers, daß das Geld selbstverständlich Ihr Eigentum bleibe, bis sich der Erfolg einstelle. Eine Geld-zurück-Garantie! Na, wenn das nicht Hoffnung macht!

Also schnell das Speiseöl aus dem Schrank geholt und los geht's ... Oder lohnt es sich nicht eher, das Schreiben schleunigst zu entsorgen, bevor die Versuchung Sie zu unkontrollierten Handlungen animiert?

191. »Wir sagen Ihnen, wie alt Sie werden ...«

... suggeriert ein Unternehmen auf einer Internetseite, die von Tausenden Usern genutzt wurde und deren Betreiber schlicht und einfach für eine Pseudoleistung satte 30 Euro verlangen. Glauben Sie wirklich daran, daß man vorhersagen kann, wie alt Sie werden? Also ich habe da meine Bedenken, denn die Vorstellung, daß ich bei bester Gesundheit den 100. Geburtstag erreiche und dann doch an der nächsten Ecke von einem Auto überfahren werde, läßt mich daran zweifeln, daß dieser Service auf Seriosität gegründet ist.

Im konkreten Fall hat der Betreiber auf seiner Startseite direkt darauf hingewiesen, daß die von ihm zugesagte Lebenserwartungsprognose 30 Euro kostet. Wer trotzdem seine Daten eingegeben und geklickt hat, bekam nach der vagen Aussage über das zu erwartende Lebensalter prompt die Rechnung. Wer nicht zahlte, erhielt kurz darauf schon den ersten Mahnbescheid mit saftigen Drohungen über zusätzliche Inkasso- und Gerichtskosten für den Fall der Zahlungsverweigerung.

Sie sollten sich nicht einschüchtern lassen, auf alle Fälle Widerspruch einlegen, Ihre Verbraucherzentrale informieren und dann abwarten. Erst wenn ein gerichtlicher Mahnbescheid kommt, ist es angemessen, sich ausführlich zu den Umständen zu äußern. Der wird mit großer Wahrscheinlichkeit auf sich warten lassen, denn nach bisherigen Erkenntnissen verbirgt sich hinter dem Unternehmen eine Briefkastenfirma, die es nicht auf Service, sondern auf Abzocke angelegt hat. Und solche Leute bemühen ganz selten das Gericht.

Noch besser ist es natürlich, wenn Sie Ihr Leben einfach leben, wie es ist. Im Ernst: Die Aussicht zu erfahren, daß es am 13.08.20... vorbei sein soll, stelle ich mir nicht besonders beruhigend vor.

192. Finger weg von Wundermitteln

Die Ausrichter von Werbeverkaufsveranstaltungen haben erkannt, wohin die Entwicklung in unserer Gesellschaft geht, und sie richten sich bestens darauf ein.

Die Bevölkerung wird immer älter; und älter werden bedeutet in der Regel, daß sich das eine oder andere Zipperlein einstellt. Genau da knüpfen clevere Geschäftsleute an und preisen Salben, Tinkturen und Dragees zum Einnehmen als wahre Heil- und Wundermittel an. Solchen vermeintlich gesundheitsfördernden Mitteln werden klangvolle Namen gegeben und Eigenschaften angedichtet, die sie nie erfüllen.

So bot man unlängst das Mittel »Lypramed« an, das angeblich den lebenswichtigen körpereigenen Wirkstoff »Eprolin« ersetze. Eprolin kennen Sie nicht? Müssen Sie auch nicht, denn Eprolin und Lypramed sind schlichtweg Phantasienamen. Die Wirkung des Wundermittels ist gleich null, der Preis hingegen kann sich handfest nennen. Eine »Lypramed-Kur« kostet horrende 1.198 Euro. Wenn Sie den Werbeveranstalter fragen, ob das nicht ein bißchen teuer ist, dann erklärt er Ihnen ohne mit der Wimper zu zucken, daß derselbe Artikel in der Apotheke das Doppelte koste. Und der Hammer bei der Sache: Er erbringt scheinbar noch den Beweis dafür, indem er Sie mit seinem Handy bei Ihrer Apotheke anrufen läßt. Natürlich führt die Apotheke dieses Mittel nicht, aber die Apothekerin kann im Computer nachschauen, ob das Mittel gelistet ist ... und siehe da, es findet sich zum doppelten Preis! Das beeindruckt sehr, hat aber gar nichts zu bedeuten, denn jeder, der ein Mittelchen vertreibt, das keinen zugelassenen Medikamentenstatus benötigt und gesundheitlich unbedenklich ist, kann dies in besagte Liste eintragen lassen und seinen Wunschpreis dafür angeben.

Sie sind jetzt gewarnt und lassen sich nicht von der allgemeinen Euphorie, die bei solchen Veranstaltungen verbreitet wird, anstecken. Diese Art von Wundermitteln helfen – wenn überhaupt – nur, wenn man ganz fest daran glaubt.

193. Der Trick mit dem »Schwarzgeld«

Daß sich hinter dem Begriff »Schwarzgeld« tatsächlich schwarz aussehendes Geld verbergen kann, darauf muß man erst mal kommen.

Die Masche mit dem angeblich schwarz eingefärbten Geld läuft schon über Jahre und wird immer wieder mit Erfolg von Tätern, die überwiegend aus Kamerun und anderen afrikanischen Staaten kommen, angewandt. Diese suggerieren deutschen Geschäftsleuten, daß sie Personen kennen, die Geld aus Kamerun (aus dubiosen Quellen) illegal nach Deutschland gebracht hätten. Zur Verschleierung sei dieses Geld schwarz eingefärbt worden. Es könne allerdings in einer aufwendigen Prozedur mit einer speziellen chemischen Lösung wieder entfärbt werden. Als »Katalysator« benötige man lediglich echte Euro-Scheine. Daß diese Verwandlung tatsächlich funktioniert, »beweisen« die Betrüger ihren Opfern an einem Beispiel. Hierfür verwenden sie einen echten, in Jod getränkten Geldschein, der schwarz aussieht. Diesen legen sie zusammen mit einem echten, nicht eingefärbten Schein in ein Wasserbad, schütten Vitamin-C-Pulver hinzu, und schon entfärbt sich der jodierte Schein. Damit ist zugleich der Beweis erbracht, daß er echt ist. Allerdings funktioniert das angeblich nur, wenn der Prozeß 1:1 durchgeführt wird, also für einen vermeintlich gefärbten Schein wird ein echter, nicht verfärbter benötigt. Von dem Zauberkunststück müssen sich viele beeindruckt gezeigt haben. Ein Rentner aus Süddeutschland löste für den versprochenen Gewinn sogar seine Lebensversicherung auf und verlor so satte 425.000 Euro. Die Täter veranstalteten vor seinen Augen eine aufwendige Prozedur, indem sie mehrere Bündel aus schwarzen und echten Scheinen zusammenbastelten, diese tränkten und dem potentiellen Opfer bei der Übergabe rieten, die Bündel erst nach 24 Stunden zu öffnen. Zwischenzeitlich hatten sie die Bündel längst gegen wertlose Papierschnipsel ausgetauscht und waren verschwunden.

Mal ganz abgesehen davon, daß Sie vielleicht nicht so viel Geld auf Ihrem Konto haben, sollten Sie sich auch nicht verführen lassen, kleinere Summen für diesen Hokuspokus herzugeben. Sie sehen ja, was dabei herauskommt.

194. Wash-wash-Verfahren

Sie sitzen hinter Gittern, die beiden Liberianer, deren geheimnisvolles Tun nach einer Polizeikontrolle ein jähes Ende fand. Bei sich hatten sie einen Schlüssel für ein Schließfach auf dem Bahnhof. Darin fanden die Fahnder einen Pilotenkoffer mit rätselhaftem Inhalt. 6.000 schwarze Papierscheine, zurechtgeschnitten auf das Format von 100-Dollar-Noten, waren sorgsam in Watte eingehüllt. Zwischen den einzelnen Scheinen befand sich eine feine Schicht Talkum.

Aufklärung über den eigenartigen Kofferinhalt gab ein Schreiben, das in der Wohnung der beiden gefunden wurde. In sauberem Englisch verfaßt, suggerierte das amtlich wirkende Schriftstück eines angeblichen »Bureau of engravin and printing« mit Sitz in Washington, daß es sich bei besagten schwarzen Papierscheinen um echte Dollar-Noten handle, die vom US-Finanzministerium in spezieller Form verpackt wurden, um sichere Lieferungen an die Zentralbanken bestimmter Länder zu gewährleisten. Erläutert wird auch, wie man mit einer Spezialtinktur, die unsere Pappenheimer natürlich besaßen, aus dem schwarzen Papier waschechte Dollar machen kann. So ausgestattet, haben sie so manch einem mit viel Profitgier und wenig Verstand ausgestatteten Mitbürger um sein echtes Geld gebracht.

Bei Ihnen können die beiden sicherlich nicht landen. Aber Sie dürfen mir glauben, daß die Ganoven bei so manch einem Leichtgläubigen das geschwärzte Papier mit Erfolg in gute Euro umgewandelt haben.

195. Die wundersame Geldvermehrung

Stroh zu Gold spinnen hat schon im Märchen nicht geklappt. Ähnliche Mißerfolge verzeichneten bisher alle, die Papier in echtes Geld verwandeln wollten. Das hatte ein Ehepaar offensichtlich nicht bedacht, als es sich von einem Mann aus Kamerun vorführen ließ, wie dieser einen Geldschein mit einer Flüssigkeit bestrich, darunter ein gleich großes Blatt Papier legte, beides in Alufolie einwickelte und danach 20 Minuten unter Druck setzte. Nach dem Auswickeln waren plötzlich zwei Geldscheine da. Da der Ehemann auf Nummer Sicher gehen wollte, ließ er den Schein von seiner Bank begutachten, und siehe da, er war echt. Das gab den Anlaß, die wundersame Geldvermehrung in großem Stil durchführen zu lassen. Insgesamt 105.000 Euro wurden von ihm abgehoben und in seiner Wohnung von dem Kameruner und dessen afrikanischem Freund mit der Wundertinktur bestrichen und nebst leeren Papierblättern in Alufolie eingewickelt. Den Mann schickten die beiden kurz aus dem Zimmer, um ein Glas Wasser zu holen ... Als er wiederkam, steckte das fertige Alu-Bündel schon unter dem Fuß des Kühlschranks. Dort müsse es wegen der großen Geldmenge 24 Stunden bleiben.

Sie ahnen es: Nach der fraglichen Zeit fand unser gutgläubiger Herr nur auf Geldscheinformat zugeschnittenes Papier! Die echten Scheine nebst kameruner Wundertäter waren weg.

Komisch, irgendwie kann ich den Mann gar nicht richtig bedauern.

V

HOAX UND SCHLIMME LEGENDEN

196. Die Wäschekörbe für die Schuhsammlung

Manchmal klingen Dinge so plausibel, daß sie sogar von eifrigen Polizeibeamten als Warnmeldung an ihre Kollegen herausgegeben werden. Sie haben es sicher selbst schon vor Ihrem Haus erlebt. Da steht eines Morgens ein Wäschekorb vor der Tür mit dem Vermerk, daß Sie da hinein gebrauchte Schuhe oder noch gut erhaltene Bekleidung legen können. Das Ganze diene, so wird jedenfalls häufig argumentiert, einem guten Zweck, weil es Bedürftigen zugutekomme. Tatsächlich ist es in der Regel ein rein kommerzielles Geschäft (aber darum soll es in dem Fall nicht gehen). Ist Ihnen schon einmal aufgefallen, daß diese Körbe verschiedene Farben haben? Es gibt blaue, rote und gelbe Wäschekörbe, die jedoch keine Sortierung der Kleidung nach Schuhen, Kleidung oder ähnlichem vorsieht. Sie signalisieren vermutlich Einbrecherbanden, die zu den Korbverteilern gehören, einen Geheimcode:

Blau	Achtung Hunde!
Rot	Hier leben Katzen.
Gelb	Ein lohnendes Einbruchsziel.

Hm, daß vor Hunden gewarnt oder ein lohnendes Einbruchziel mitgeteilt wird, leuchtet mir noch ein, aber wie wichtig es für Einbrecher ist zu wissen, daß vor Ort Katzen leben, erschließt sich mir absolut nicht. Wichtig ist, daß diese Interpretation der Korbfarben einfach Quatsch ist. Genauso wie der Hinweis, daß man die Körbe wegnehmen und vernichten soll, um so der »Altkleidermafia« ihre Arbeitsmittel zu entziehen.

Entscheiden Sie selbst, was Sie tun, aber glauben Sie nicht dieser Panikmache von dem bevorstehenden Einbruch.

197. Die HIV-Kanüle im Kinositz

Mit einem mulmigen Gefühl verfolgt man in den Medien, daß sich ein Kölner bei einem Kinobesuch angeblich in eine Kanüle gesetzt hat, die im Polster des Sitzplatzes verborgen lag. Beim Verlassen des Kinos machte ihn sein Begleiter auf einen Zettel auf seinem Rücken aufmerksam, auf dem stand: »Willkommen im Club«. Der Fall wurde angeblich der Polizei gemeldet; diese überprüfe ihn, weil der dringende Verdacht bestehe, daß die Kanüle HIV-infiziert sei. Es heißt, HIV-Infizierte »rächen« sich auf diese Weise am Rest der Menschheit.

An dieser Stelle schlage ich keinen Alarm, sondern gebe Entwarnung. Diese Story zählt zu den sogenannten »Urban Legends«, den »Großstadtmärchen«. Sie werden in unterschiedlichen Varianten immer wieder in Umlauf gebracht. Erstmals tauchten Mails mit der »Kanülen-Geschichte« im Jahr 2000 in Österreich, dann in der Schweiz und jetzt auch in Deutschland auf. Es ist nicht ein einziger Fall bekannt, der diesen Sachverhalt belegt. Sie sollten der Bitte des Verfassers, die Mail weiterzusenden, nicht nachkommen und ebensowenig die Polizei mit Nachfragen zu diesem Thema bemühen. Gleiches gilt auch für Kettenmails, die auffordern, einem schwer erkrankten Kind zu helfen, indem man die betreffende Mail an viele Adressaten weiterschickt. Informieren Sie stattdessen den Absender, daß er einer Falschmeldung aufgesessen ist, und löschen Sie die Nachricht. Das Internet ist einerseits ein ideales Informationsmedium, andererseits leider auch die ideale Tummelwiese für Verschwörungstheoretiker, Weltuntergangsprediger und Personen mit Pseudo-Paranoia oder überzogenem Sendungsbewußtsein.

Differenzieren Sie Informationen oder recherchieren Sie bestenfalls, um sich der Wahrheit zu versichern.

198. Kinokarten für geklaute Fahrräder

Daß Diebe kreativ sind, ist für mich nichts Neues. Trotzdem gelingt es denjenigen, die sich zu gern am Eigentum anderer zu schaffen machen, immer wieder, mich in Erstaunen zu versetzen. So geschehen in einer Großstadt ganz in der Nähe.

Ein Ehepaar, das morgens sein Haus verließ, mußte feststellen, daß seine beiden Fahrräder, die im

Vorgarten angeschlossen waren, gestohlen wurden. Verärgert über diesen Umstand, erstatteten die beiden Anzeige bei der Polizei. Aber, welch Wunder, als sie abends nach Hause kamen, standen beide Räder wieder an ihrem Platz. Auf dem Gepäckträger klemmte ein Brief, in dem die Täter sich reumütig entschuldigten, erklärten, daß sie in Zeitnot waren, dringend noch den Zug erreichen mußten und so schließlich etwas taten, was sie eigentlich zutiefst verurteilen. Als kleine Entschädigung für den Ärger und die Umstände legten sie zwei Kinokarten für den kommenden Sonnabend bei.

Sie staunen? Aber die Geschichte ist noch nicht zu Ende: In genau der Zeit, in der das versöhnte Ehepaar im Kino saß, stahlen routinierte Einbrecher aus deren Haus alles von Wert und Dinge, die sich leicht transportieren ließen. Ist das nicht Ironie des Schicksals?

Diese spektakuläre Geschichte, die sich wie ein Lauffeuer verbreitete, hat im realen Leben nie stattgefunden. Oder ist Ihnen so etwas passiert? Dann melden Sie sich bitte bei mir, die Begebenheit würde mich persönlich sehr interessieren.

199. Die Legende von den präparierten Visitenkarten

Zur Zeit kursieren E-Mails mit einem Warnhinweis vor präparierten Visitenkarten. Behauptet wird, daß von verschiedenen Tätergruppen Visitenkarten mit einer Droge (Burundanga) getränkt werden. Diese Visitenkarten werden zum Beispiel Autofahrern an Raststätten gegeben. Der Kontakt mit der Karte bewirke, laut E-Mail, Übelkeit, Atemnot und schließlich Bewußtlosigkeit. Angeblich verfolgen die Kartenverteiler ihre Opfer mit einem Pkw, bis diese hilflos anhalten müssen, und berauben sie dann. Berichtet wird von einer Frau, die an einer Tankstelle von einem angeblichen Maler die Visitenkarte erhielt. Gleich nachdem sie die Tankstelle verließ, verfiel sie in einen Rauschzustand und klagte über Atemnot. Im Rückspiegel beobachtete sie, wie der Maler sie mit einem weiteren Mann im Auto verfolgte. In ihrer Not fuhr sie auf einen Parkplatz, hupte und schrie fortwährend, was letztendlich die Verfolger dazu brachte weiterzufahren.

An anderer Stelle wird die Geschichte abgewandelt und behauptet, auch Visitenkarten mit den Adressen vermeintlicher Autokaufinteressenten seien mit der Droge kontaminiert. Diese würden auf Parkplätzen, im Wohngebiet oder vor Supermärkten lauern und die Kärtchen hinter den Scheibenwischer klemmen.

Fakt ist, daß es die Droge Burundanga gibt. Der berauschende Wirkstoff der Droge wird aus Pflanzen gewonnen. Um eine ausreichende Wirkung zu erreichen, muß diese Droge jedoch geschluckt oder inhaliert werden. Eine Übertragung durch Hautkontakt ist nicht möglich. Was hier per E-Mail verbreitet wird, ist als »Urban Legend«, als »Großstadtmärchen« bekannt, also Fiktion. Der Kriminalpolizei ist kein Fall bekannt, in dem sich ein derartiger Sachverhalt tatsächlich zugetragen hat.

Sollten Sie eine derartige Hoax-Mail bekommen, legen Sie sie im elektronischen Papierkorb ab. Vom Weiterleiten – und sei es nur zu Sensationszwecken – rate ich ab, um nicht weitere unbegründete Ängste zu schüren.

NACHWORT

Das Böse ist immer und überall« sang in den 1980er Jahren schon eine Band, die sich passenderweise »Erste Allgemeine Verunsicherung« nannte. Was die Bandmitglieder mit einem Augenzwinkern musikalisch transportierten, hat einen realen Hintergrund. Aber glauben Sie mir, auch wenn ich Ihnen in meinem Buch eine geballte Ladung Boshaftigkeit präsentiert habe, hält das Leben doch mehr schöne als schlechte Seiten parat. Wenn ich Ihnen eine Botschaft mit auf den Weg geben darf, dann diese: Hören Sie, wenn Sie sich einer Sache nicht sicher sind, auf Ihren Bauch. Wenn der Ihnen ein komisches Gefühl vermittelt, dann sagen Sie lieber Nein, als sich auf Dinge einzulassen, die Sie später bereuen.

Mit dem, was Ihnen diese 199 authentischen Kriminalgeschichten vermitteln, gehören Sie in Sachen Kriminalprävention jetzt zu den Wissenden. Sie kennen sicher den Spruch: Wer nichts weiß, muß alles glauben.

Ralf Staufenbiel: **Brände / Morde / Explosionen**
Kriminal- und Brandfälle aus den Altkreisen Wernigerode, Halberstadt, Oschersleben, Wanzleben, Aschersleben, Staßfurt und Quedlinburg
Ein Kriminaltechniker und Brandursachenermittler erzählt
Hardcover, Leseband, 288 Seiten,
125 Abbildungen, davon 9 in Farbe
ISBN 978-3-934277-68-7
Preis: 18,95 Euro

Gerd Frank: **Totmacher 1**
Der Vampir von Nürnberg und andere unheimliche Kriminalfälle deutscher Serienmörder (1945–1977)
Mit einem Vorwort von Michael Kirchschlager
Taschenbuch, 200 Seiten,
zahlreiche s/w Abbildungen
ISBN 978-3-934277-46-5
Preis: 12,80 Euro

Titelfoto: Bernhard Poprawa
Illustrationen: Sven Kirchner

IMPRESSUM

2. Auflage

Umschlaggestaltung: Ute Schmidt, Geraberg,
Michael Kirchschlager, Arnstadt
Satz und Layout: Ute Schmidt, Geraberg
Lektorat: Janine Kaitzl, München
Druck und Bindung: PBtisk s. r. o., Příbram

ISBN 978-3-934277-73-1

Change is the Reality

Change is the Reality

The Work of Robin Walker Architect

Edited by Patrick Lynch and Simon Walker

Canalside Press

Contents

CRITICAL REFLECTIONS

Robin Walker
1924–1991

For Dorothy
in memoriam

AN ARCHITECT

Seamus Heaney

He fasted on the doorstep of his gift,
Exacting more, minding the boulder
And the raked zen gravel. But no slouch either

Whever it came to whiskey, whether to
Lash into it or just to lash it out.
Courtly always, and rapt, and astonishing,

Like the day on the beach when he stepped out of his clothes
And waded along beside us in his pelt
Speculating, intelligent and lanky,

Taking things in his Elysian stride,
Talking his way back into sites and truths
The art required and his life came down to:

Blue slate and whitewash, shadow-lines, projections,
Things at once apparent and transparent,
Clean-edged, fine-drawn, drawn-out, redrawn, remembered... .

Exit now, in his tweeds, down an aisle between
Drawing boards as far as the eye can see
To where it can't until he sketches where.

Change is the Reality

Robin Walker

The choice of materials and techniques and their employment for functional ends should form a fountain of energy for the outpouring of the spiritual qualities and aspirations of the buildings and of the people who use and observe them—the sum of architecture.

Progress is a myth... change is the reality. Dionysus has just as much to do with Delphi as Apollo himself, a statement rather startling to modern ears... Apollo is the principle of simplicity, unity and purity; Dionysus of manifold change and metamorphosis.

Style is an emanation of the spirit which lies behind the appearance. I know that the C19th and early C20th were mistaken in their belief in progress—there is only change.

Introduction

Progress is a Myth, Change is the Reality

THE FOSSIL POETICS OF ROBIN WALKER

Patrick Lynch

Hazel stealth. A trickle in the culvert.
Athletic sealight on the doorstep slab,
On the sea itself, on silent roofs and gables.

Whitewashed suntraps. Hedges hot as chimneys.
Chairs on all fours. A plate-rack braced and laden.
The fossil poetry of hob and slate.

Desire within its moat, dozing at ease—
Like a gorged cormorant on the rock at noon,
Exiled and in tune with the big glitter.

Re-enter this as the adult of solitude,
The silence-forder and the definite
Presence you sensed withdrawing first time round.

"Settings xiii" from "Wheels within Wheels", in *Seeing Things*, Seamus Heaney[1]

Opposite: Bótharbuí

Arriving at Bótharbuí for the first time, around 8pm I think, on a warm evening in August 2007, the car's headlights revealed—coming up fast before us—a great white gable wall, infeasibly tall and seemingly alone.

My first sense was astonishment: "this is a missing link, a Portuguese project drifted across the Atlantic seaboard, a fragment of another history of modernism born into an alternative timeline—Siza in Cork, a lost brotherhood with Walker". Also, "what on earth is this doing here—then and now?" Bótharbuí is startingly modern and arcane, made up of extreme opposites. It is both rough and smooth. In fact, the land on which the house was built is almost entirely rock and forest. Access used to be exclusively by boat, and when the site was dynamited in order to create a road down to it—from the top of the escarpment where it sits—the local police came to guard the explosives from banditry. Bótharbuí ("Yellow Road" in Gaelic) is relatively remote geographically, perched above the Kenmare River Delta at the Western edge of Cork, and indeed Europe, and it feels remote in terms of time too. From

this rocky ground the architect re-constructed the ruins of a bothy and cast retaining walls into and against the escarpment. Ferns and other ancient flora cover the ground. The house appears to emerge from the wood like a great white boat. The inaugural acts of material excavation are visible still beneath the cantilevered decks of the various blocks. I gained a powerful sense of psychic excavation there too. It feels as if the past has been dug up and co-mingled with the foundations of a new/old architecture, mixing memory with modernity in an abrupt new way. From the blank white gable walls the timber parts—fully glazed—seem semi-suspended, and without a balustrade to guard you, you feel as if you could just step off, into the view, and fly.

My sense of disorientation was a temporal as well as a geographic phenomenon. Not quite dislocation: rather, a feeling of laminated "ultra-location", of somewhere infused by the spirit of other things and places, and yet also remarkably unique. When you come across such places, often via buildings there, it's as if all of the layers of time and history that make up a place,

This page: Bótharbuí
Opposite: Arriving at Bótharbuí at night

all of the ideas that have contributed to its identity, are suddenly remarkable and visible at once: like watching a film and seeing all of its influences writ-large; like reading a novel and remembering an entire library; like deja vu during a conversation with friends; like seeing familial resemblances at a wedding; uncanny and hard to describe; timeless and full of time at once.

Counter to the linear sense of progression that places us moderns at the apex of cultural and social attainment, Robin Walker insisted upon an alternative view of time, declaring:

> Progress is a myth... change is the reality.

Continuing, in a direct attack upon Anglo-Saxon positivism, Enlightenment Rationalism, and the modernist teleology that sprang from "Western culture" (as he calls it)—all that dogma that lays unnoticed behind the epochal polemic of art historians like Pevsner, Banham, Gideon et al—Walker offers us an alternative paradigm:

> ... a context in which reason and intuition are seen to be reciprocal and mutually tolerant in a continuum of change. One should be open to change, not just for its own sake, but for the sake of discovery...[2]

He distinguished change from progress in stark terms, i.e. "in the sense in which progress suggests improvement, betterment, superiority", proposing instead a unity of intuition and reason, imagination and ingenuity. Walker is emphatic:

> I reject it (progress) and revert to my belief in change as simply difference. However, for the difference to be of value to us, it must be revelationary (sic.), and to achieve this within the indeterminate aesthetic continuum—which is in itself neither static nor dynamic, so much as fluid—one must seek the most up-to-date revolutionary rationalism, and the most ecstatic transcendental intuitiveness...

The final line reflects Le Corbusier's struggles to reunite feminine and masculine elements in his paintings and texts in the Poem of the Right Angle. These struggles were, arguably, an attempt to have one's technological cake whilst eating a mythical one at the same time. Various modernist architects and artists attempted similar re-unifications of Nietzsche's dialogical opposites (symbolised by Apollo and Dionysus), but always from a post-religious position in which reason is juxtaposed with "primitive" passion. In other words, they were (unconsciously perhaps) adhering still to Kant's categorisation of art—in contrast to scientific reason—as unreasonable, non-scientific, impure reason. In essence, the problem of juxtapositions of reason vs. intuition is a trope that dogs much modernist rhetoric. This error is the result of assuming that somehow the art of the past was primitive and irrational, because it is

Opposite: Bótharbuí

derived from a religious or superstitious culture; and that the superiority of modern culture is derived from its relative disenchantment.

In contrast, the writing and built work of Robin Walker is a manifesto for a form of modernity that encompasses both an individual soul in confrontation with history, and a sense of a shared human cultural project held in tension with local tendencies: from this tension emerges an infinite line of poetic and psychic possibilities.

This tension might be seen to derive from attempts to contemplate contrasting opposites reconciled from supposedly intractable oppositions, into a fruitful and creative synthesis. Such an endeavour is perhaps bizarre, even esoteric (one thinks of the Prog-Rock Jazz Funk project in 1970s Pop-Culture, and its attempted fusion of Tolkien and African Sci-Fi), but it was also not untypical of the age in which Robin was working. You see something similar at play in John Meunier's work in the 1960s and 1970s, and in his notion of "Intricacy".[3] This entails an emphasis upon "coherent complexity" and the co-existence in architectural circles, in the same seminar rooms (in fact at Cambridge), of such diverse people as the mathematician Lionel March and the architectural phenomenologist Christian Norberg-Schulz. Intricacy might be defined as a desire for the reconciliation of opposites. It is often characterized by ambition for the reconciliation of rationalism and myth, and might be said to appear perhaps most obviously in the co-existence of the quasi-mysticism of Louis Kahn alongside his penchant for the ultra-rationalism of systems: in this architecture, geometry stands in for God, and for man's technological genuis, i.e. for both reason and faith. Architecture became in this period, perhaps, a new form of religion in itself, something to replace the debased gods of universal (colonial) culture and revolutionary science?

Paul Ricoeur's 1961 essay "Universal Civilization and National Cultures", (published in the book *History and Truth*, 1965[4]), crystalised many of these contradictions into a thrilling argument about the cultural expression of difference. Ricoeur exposed the various political and cultural forces at play in a number of ex-colonial countries, the language of Enlightenment reason that had been expressed in the neo-classical architecture of the British and French empires. This language was almost universally rejected by the architects of the new republics, both in Africa and Asia and Ireland, in favour of modernist architecture, e.g. at Bangladesh, where Kahn built the National Assembly (1961-71). At the same time, Ricoeur observed that the antinomies of reason and feeling, (and "objectivity and subjectivity", "abstraction and concrete thought", "universality and singularity", etc.) continued in national conversations after independence, concluding that they represent "the diversive character of man's existential character" and "exemplifications of bivalent nature."

One problem of modern architecture based upon a theory of universal language—one predicated on systems—is that this flattens inhabitants' experience of their own indigenous architectural culture, imposing instead yet another form of universalism; only this time via air conditioning and a new-found dependence upon fossil fuel technology (and thus the continuing enslavement of politically liberated countries to the technological power of western elites—as James Connolly warned[5], via capitalist business, e.g. BP in Nigeria, etc.) Ricoeur's essay was profoundly influential upon architectural theorists such as Dalibor Vesely and Kenneth Frampton[6], whose essay "Critical Regionalism: 5 points for an architecture of resistance", published in Hal Foster's collection *The Anti-Aesthetic: Essays on Postmodern Culture* (1983), inspired much of the resistance to capitalist development in Dublin and London in the 1970s[7].

Robin Walker was writing within and also against this milieu; profoundly sceptical of both technological modernism on the one hand, and secular relativism on the other. His writing, and I think his buildings too, are evidence of a synthesising energy, and of an imagination—like John Meunier's—that is attracted to the challenge of reconciling opposites. This attitude is also a compulsive drive towards establishing the conditions for "complex coherence", and it is manifest, in both cases, in the desire for a form of intellectual order manifest in tectonic elegance, one based upon

the principles of physics (both weight and climate) and architectonic geometric simplicity. This seeming formal and crafted simplicity establishes architecture as the support and enabler for spatial and temporal complexity; it is this that allows for what Walker calls "difference", and what Meunier calls "complex coherence", or "intricacy". In both cases, temporal complexity is an aspect of spatiality, not simply formal or semiotic sophistication. In other words, time is no longer seen in terms of formalistic, moralistic, historicising and scientific linear metaphors—as The Dark Ages, or as its opposite, light, i.e. before and after The Enlightenment: but as something polyvalent, interwoven, alive and mixed, and architecture expresses this new/old way of thinking about time as its more or less silent accomplice and backdrop.

The two long texts by Robin Walker published in this book are curious accompaniments to a career in practice. They demonstrate that he was actively seeking a philosophy and a poetics of architecture and prepared to talk in public about this quest. Walker's architectural "philosophy" is one related to urban design principles, and to what might be described as a Moral Philosophy of Architecture based upon poetic principles.

The key to understanding the evolution of this thinking (and to appreciating its relevance) lies, I believe, in the profound friendship and intellectual solidarity between Robin Walker and Seamus Heaney. Heaney became a friend of the Walkers when he moved from Northern Ireland to Dublin in 1976, and often stayed at Bótharbuí. Indeed, parts of *Seeing Things* (1991) were written there and some verses—the words that preface this essay—were written out by Heaney in his famous calligraphic hand as a gift to Robin and Dorothy Walker. They sit framed on the wall in one of the dormitory blocks. In 2008 Simon Walker and I exhibited drawings and photographs of Bótharbuí alongside a film that we had commissioned of the life of the house in the Irish Pavilion at The Venice Biennale that year[8]. I attempted then to articulate my sense of a profound connection bwteen the house, the landscape and poetics—both Heaney's and Walker's:

Opposite: Bótharbuí interior with the poem on the wall to the right

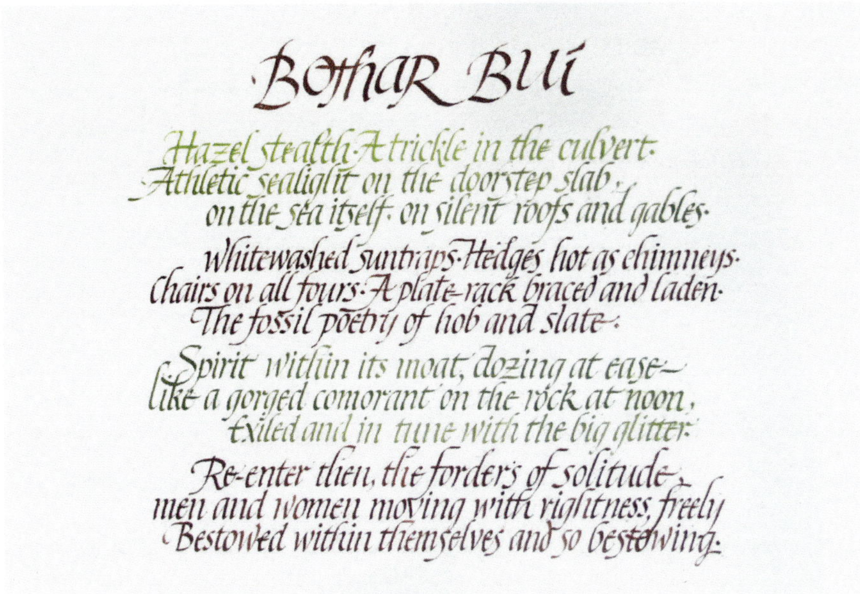

> A ragged fragment of something, a half-built other, Bótharbuí has been a place for social life as a form of work, of contemplation as a mode of spiritual action, of "sanctified leisure", of artistic production as a form of knowledge... of being suspended in a bath of water or on the slatted timber decks or on a rope swing hung from a sprung tree limb, part of the world, close to it, far from it, back and forth, back again and so on.[9]

Writing in the London Review of Books in May 2021, reviewing Roy Foster's new book *On Seamus Heaney*, Seamus Perry, also a professor at Oxford, described Heaney as a "late modernist" poet[10]. One whose "credentials are strong and nowhere more clearly visible than in the long perspectives of his historical vision." This vision embraced deep time and the sense of what Heaney (speaking at The Royal Society of Literature in October 1974 after the recent publication of his second collection of poems, Tollund Man) called, “an indigenous territorial numen, a tutelar of the whole island, call her mother Ireland, Kathleen Ni Houlihan, etc.”: which he contrasts with “a new male cult” of “Cromwell, William of Orange and Edward Carson, and whose godhead is incarnate in a rex or Caesar in a palace in London”.

Perry argues that Heaney “often spoke about the culture in which he grew up as a feminine religion which fell only coincidentally within the precincts of the Roman Church.” Heaney insisted that “Irish Catholicism is continuous with something older than Christianity”. Perry notes that “Of all the brands of Christianity on offer, it was Catholicism with its Marian overtones, and the Irish version in particular that”, in Heaney’s words, “managed to preserve part of the old feminine religion in its structure”. Perry wryly comments “or so Heaney thought.”

There was in fact a strong strand of symbolism and a fusion of Christian and an archaic sensibility at play in the poets that Heaney most admired. Both W.H. Auden and T.S. Eliot were practising Anglo-Catholics[11], and Czeslaw Milosz remained like Heaney, on the border of a sort of pantheistic universe populated by saints and older gods: “Jungian in religion” even, as Heaney once described himself. Milosz remarked that The Party (in his native Communist Poland) “learned” “a wise lesson” from the Catholic Church “that faith is more a matter of collective suggestion than of individual conviction.” Eliot in fact even went as far as to claim that “I am a modernist because I am a Catholic and vice versa.”

In contrast, Heaney’s journey was, on the one hand, the trajectory of an individual soul back into a consciousness of human time much older than Christianity—and the conflicts between its various denominations at work in Ireland in the 1970s. Simultaneously, on the other, as the shade of James Joyce tells the reader-poet in Station Island (1984): “Your obligation/ is not discharged by any common rite... What you must do must be done on your own.” Elsewhere Heaney is even more explicit in his modernity: “There is a second command besides the command to solidarity, and that is to individuate yourself, to become self-conscious, to liberate the consciousness from collective pieties”. This possible emancipation included emancipation

Opposite: Seamus Heany’s Bótharbuí poem

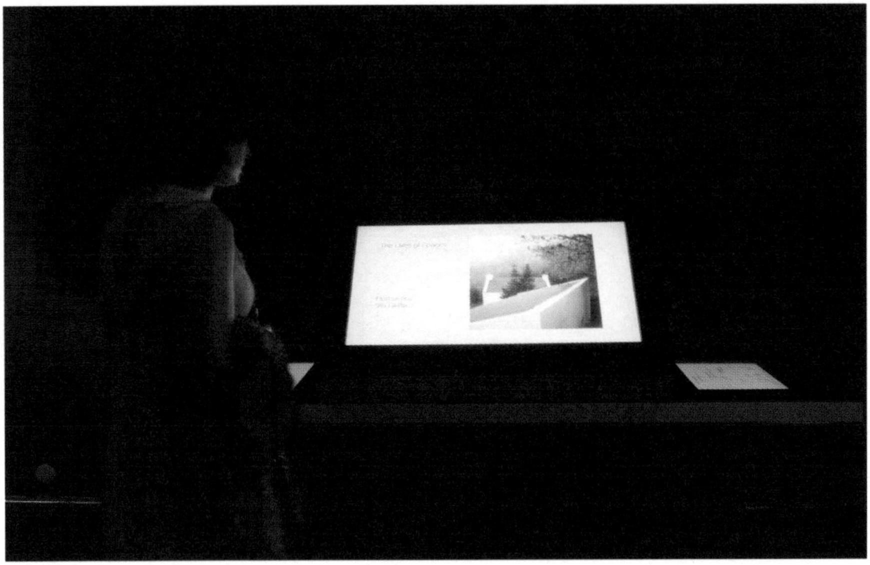

from contemporary versions of mythic structures. It was made possible by revealing a deeper mode of time and modes of thought—and of human bondage—to contemporary ideas of sacrifice to the gods ("the bankrupt psychology and mythologies implicit in the terms Ulster Catholic and Ulster Protestant" as he put it in 1974).

Within this Jungian process of the revelation of symbolic myths as myths, Heaney revealed also a profound sense of the landscape as a site of ritualised and individual meaning. It is perhaps no coincidence that the locus amoreans of his thought at this time was Bótharbuí, the archaic modernist ruin that his close friends Dorothy and Robin Walker loaned him regularly throughout the latter decades of the 20th century. Heaney is godfather to the Walkers' daughter, the celebrated painter Sarah Walker, and of course he wrote the collection *Spirit Level* (1996) partly in response to Robin's death. "An Architect" captures his walking "in his pelt" along the beach at Bótharbuí. One cannot underestimate the effect of a deep friendship between two creative artists, and the Heaney-Walker exchange is poignantly suggested in the film that was shown at Venice in 2008, and in Heaney's comments in a lecture at Oxford in 1989 when he was Professor of Poetry at the university:

> I knew him (Robin Walker) in two parts of the year. August in west Cork, in Bótharbuí near Ardgroom and Kilmacillogue on the Beara Peninsula where he and Dorothy were generous hosts—and at Christmas in Saint Mary's Lane, in Dublin. His dress was extraordinary ... he wore home spun, hand woven white wool tweed pants and jackets, sometimes dark colours and I recall often pepper and salt colour. Shirts were invariably starched oxford button-down collar cotton, occasionally linen with brightly coloured fine loose knitted ties.[12]

Eliot, like Walker, was on a spiritual trajectory that took them from Protestant Unitarian rationalism into the deep time and feminine mystery of catholic rhetoric and theatrical poetics: in contrast, Heaney's journey from Ulster involved a twin life in suburban Dublin and a semester spent teaching at Harvard each year for two decades. Bótharbuí, and his friendship with the Walkers acted as another pole around which his experience of what he called "this phenomenological conditioning of the personal life, as crucial to the salvation of our human souls as the conditionings we undergo from our myths of identity."[13]

Heaney might be said to continue both to uphold and to berate himself (via the voices of the protagonists in Station Island) for his ambivalence towards what Perry calls "the originatory darkness" from which creation is brought forth, and Enlightenment "civilisation". He once defended the latter as "the obstinate voice of rationalist humanism" in dialogue with "a door into the dark" ("The Forge"); concluding that "humanism is important. If we lose that, we lose everything too don't we?"

This attempt to acknowledge and to balance the differences between local culture and universal civilisation might be said to be typical of post-colonial

Opposite: Film showing at The Irish Pavilion, Venice Biennale 2008

situations. The effort of de-colonisation seems to involve conscious, and barely conscious, acts of excavation and revelation of mythologies that preceded the cosmogonies of modernist thought that spurred on conquest and justified it.

Elsewhere, Simon Walker has commented upon my somewhat lucidly-silly suggestion in 2007 that his father was a proto-postmodernist. A suggestion spurred by the revelation—one made in contemplation of a model made by our students at UCD in 2007—that An Bord Fáilte continued the exact rhythms of the neighbouring Georgian houses. Robin Walker's declaration that "progress is a myth" berates the taxonomies of a teleological world view, making art-historical categories like modern and post-modern irrelevant I now believe. Instead, his confidently vulnerable acceptance that "change is the reality" is, I believe, the assertion of a much older, newer form of thought. "Late Modernist" seems to make more sense, at least in the terms Perry uses it to describe Heaney's imagination.

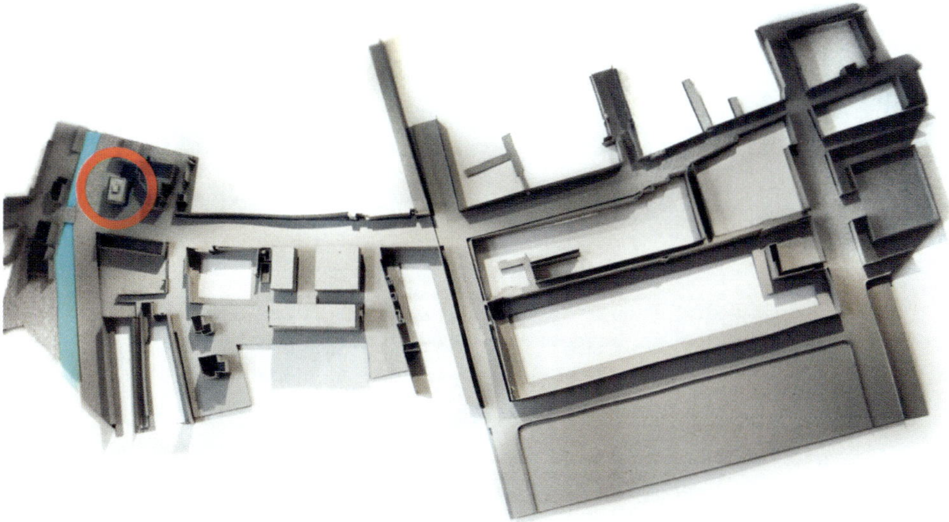

In seeking the unity of supposedly feminine and masculine forces in writing, as Perry and Foster suggest he sought, Heaney uncovered also a way towards a de-colonised poetics of both/and (what Perry calls, in Ulster dialect "we did... and we didn't.") In thinking of Walker's writing and designs more or less in a direct dialogue with his friend Heaney's critical and creative work—and in seeing these things as equal twin parts of an intellectual, creative and cultural imagination—the ground-breaking power of "Change is the Reality" comes to light.

Out of the "excavatory" imagination—something that was "no doubt destructive for Ireland's political subconscious" Perry suggests—came something "enabling for its poetical one." And since the older, original and most precise meaning of poetics is simply "making", then it is neither parochial (in geographical terms) nor anachronistic (in historical terms), to point to Walker's poetics as a great eruption of energy—physical, psychic, poetic energy. For various reasons it had remained somewhat obscured before now, but as the architect-writers here attest, there is great treasure in the efforts Heaney saw

This page: Model of Bord Fáilte
Opposite: Bord Fáilte

him make, "Talking himself back into sites and truths/The art required and his life came down to."

Heaney's poetry points towards a universal modern culture emerging from the deep time of the geological past. In the poem that he inscribed into the architecture of Bótharbuí he emphasises, "Athletic sealight on the doorstep slab,/On the sea itself, on silent roofs and gables."; and the "exile" of a seabird nonetheless "in tune with the big glitter." The poem echoes the architectural structure of the house itself: the sun's heat on the hearth is described as "The fossil poetry of hob and slate"; and the glittering reflections of sea-light mirror the folding glass doors that cantilever out over the topography of the site. In the sunken bathtubs, seawater and bathwater rhyme in an audacious act of poetic dwelling that throws you into the horizon, strangely at peace with solitude—and some kind of "definite presence... withdrawing". The tension between earth and sky that we see played out at Bótharbuí (and which Elizabeth Hatz suggests are emblematic of the poetic synthesis at work more generally in Robin Walker's architecture), fulfill, in part, a dialectic that Osip Mandelstam described as, "Heaviness and tenderness—sisters: the same features"[14]: it is at play also in the dialectic of concrete vs. steel tectonics that Simon Walker identifies in his father's architecture. In my view, this material-spatial tension—which we might perhaps hubristically call also a tension between local and universal architectural language worked out via material culture itself (as a mode of poetics) is what creates work that is simultaneously "grounded" in place AND free.

My point, however vain glorious it might sound, is that this tension is exactly like the imagination itself. Furthermore, the tension within Robin Walker's writing and design method reflects one between theory and method, and between intuition and memory, which is inherent in "late modernist" poetics in general. In other words, a tension between place and spirit; national and universal values; matter and light; praxis and theory, resolved partially in each, and articulated partially also in both language and spatial experience. This unresolved tension is, I believe, not something to be seen as a lack of form or content, but an inevitable gap between them—once one moves away from the naive belief that the meaning of things can be arrived at rationally and expressed transparently. Not only is this movement a progress of thought one away from Space vs. Form, it is also a rejection of the Primitive vs. Progressive teleology that initially gave modern architecture its arrogant animus and drive, and also its superfical confidence. Instead of the assumed clairvoyance and projection of will of Modernist functionalism, one finds in Álvaro Siza's description of the ocean pools that he created in 1966 (at Leça de Palmeira just north of Porto), a beautiful description of the essential role of time in architecture; both in the imagination of architectural production by a designer, and as something even more anonymous and extra-human—work that is completed by decay and ruination (confirming Walker's intuition that "Progress is a Myth... Change is the Reality"):

> "Every year, with the spring tides, the sea takes away what is not essential. In that place, a rocky masif cuts through the three parallel lines: where the sea meets the sky, where the beach meets the sea, the long retaining wall of the street."[15]

David Leatherbarrow suggests that Siza's swimming pools at Leça reveal that Aristotle's distinction "between two sorts of change: of state and position", might not preclude the fact that despite "architecture's inactivity (positional fixity)", this "should not be taken to mean buildings or their materials don't change or lack energy and force." He compares "the kind of energy that stones posesss" to "the non-use of human facilities", noting that "when one's eyes are closed, one does not lose the capacity to see... A capacity is a potential to act, no matter whether that power exists in a person or a thing".[16] Leatherbarrow extends this comparison between bodies and buildings to make a claim that instead of thinking of architecture as a matter of space and form, we should instead consider the rhythm of time, and the life force that animates architecture. In a beautiful summary of Siza's pools that could be

applied equally to the retaining walls that Walker cast into and onto the rocks at Bótharbuí, Leatherbarrow observes:

> After they change their clothes, swimmers move towards the pools. After that, once they've dressed, they move towards the town. The sun's movements are likewise seen in the slide of shadows across the concrete, the noise of the traffic ends when you pass behind the wall... The times of the site, or more broadly the rhythms of the world, are known by virtue of the work's capacity to stay as it has been, to keep itself at rest... Consider the rhythms of life: heartbeat or breathing... a few seconds pass between inhaling and exhaling, a pause or a rest that seems to stop respiration, though life comes to an end if the stop lasts too long... a... comparably still movement... in a pendulum's swing... Siza's thickened retaining wall is precisely that moment of rest, that pause or pose, whose constancy brings the time of the world into relief, rendering it vividly legible, rather like the darkness in a theatre that enables on-stage performances.[17]

This page and opposite: Alvaro Siza's swimming pool at Leça da Palmeira

Leatherbarrow's and Siza's words resonate and reverberate with Walker's drawn and written marks: buildings and building theories reverberating back and forth across the Atlantic condition like waves of thought and impulses, "in tune with the big glitter". This book is the beginning of what we hope will be many more attempts to follow the alignments suggested in Robin Walker's inspired poetic coordination.

1 Heaney, Seamus, *Seeing Things*, (London: Faber and Faber, 1991), p. 69.

2 See Walker, Robin, "Change is the Reality", reproduced above.

3 See Meunier, John and Lynch, Patrick, eds. *On Intricacy* (London: Canalside Press, 2020).

4 Ricoeur, Paul, *History and Truth* (Evanston, Illinois: Northwestern University Press, 2006).

5 See Connolly, James, *James Connolly: selected writings*, Ellis, Peter (London: Pluto Press, 1988); and Morgan, Austen, *Connolly: a political biography* (Manchester: Manchester University Press, 1990).

6 Frampton's support of, and influence upon Irish architecture extends beyond mutual tacit sympathy to active involvement in the careers of certain contemporary practices (he was famously part of the selection committee and competition jury for the Bocconi University school of economics building in Milan that was completed by Grafton Architects in 2008). The importance

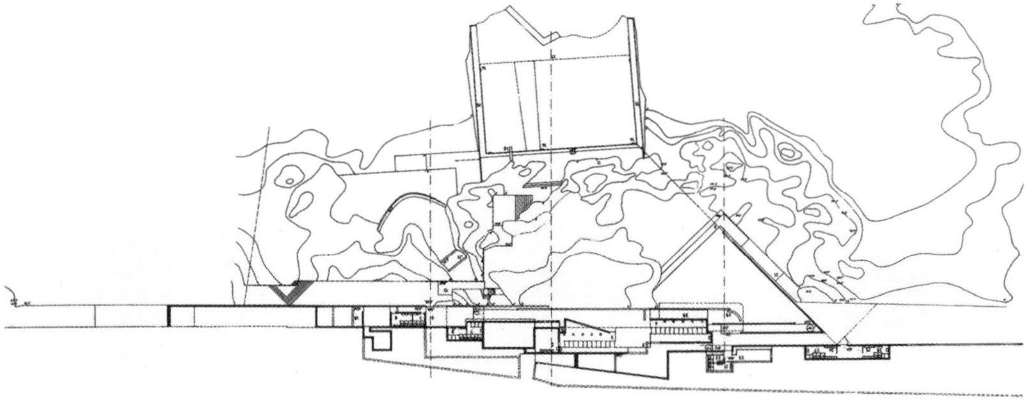

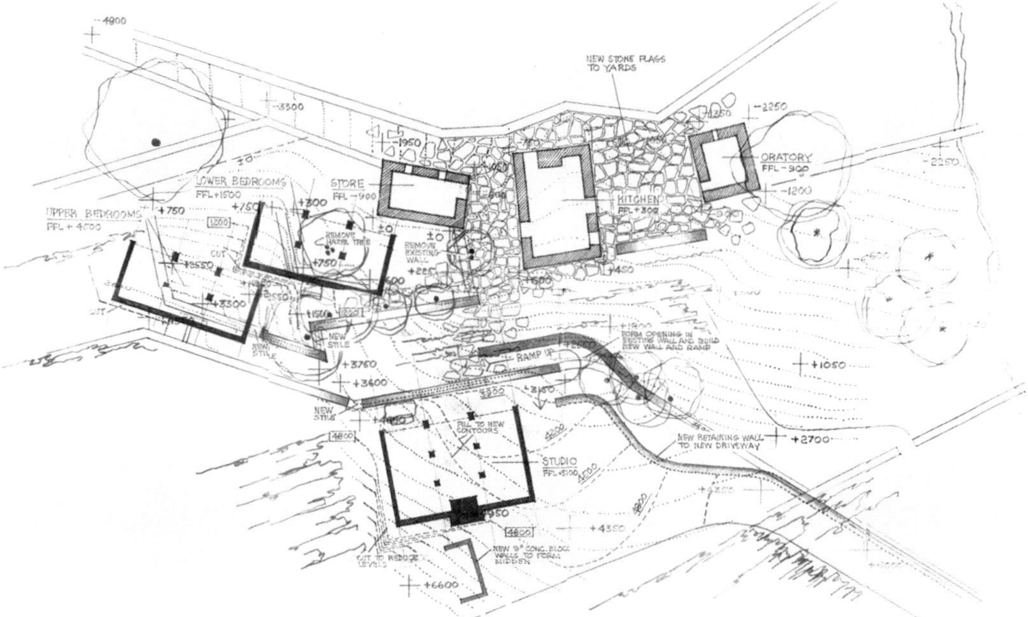

This page, top to bottom: plan of Siza's pool; Bótharbuí
Opposite, left to right: Swimming pool by Alvaro Siza; Bótharbuí

of his essay "Critical Regionalism: Six points for an architecture of resistance" – published in Foster, Hal, Anti-Aesthetic: Essays on Postmodern Culture (Seattle: Bay Press, 1983) – and its influence upon Irish architectural culture on the teaching at UCD and TU Dublin via architecture practices such as McCullough Mulvin, O'Donnel + Tuomey, etc. has been profound. Arguably, Walker's search for an architectural philosophy via the work of phenomenologists such as Edmund Husserl echoes Frampton's emphasis upon the relevance of the writing of Paul Ricoeur and Martin Heidegger for architecture. Whilst Frampton embraces the idea of a prolific, peripheral, regional and poetic architectural culture – and celebrated what he found in places such as the Ticino region of Switzerland, and in the cities of Porto and Dublin - Walker struggled with questions of the universality of modernist architectural language (what might be called "the grid") and local custom ("the pathway"). According to Wikipedia: "The phrase 'critical regionalism' was first presented in 1981, in 'The Grid and the Pathway,' an essay published in Architecture in Greece, by the architectural theorists Alexander Tzonis and Liane Lefaivre and, with a slightly different meaning, by the historian-theorist Kenneth Frampton. Sri Lankan Architect Minnette De Silva was one of the pioneers in practicing this architecture style in the 1950s and termed it 'Regional Modernism'. Critical Regionalists thus hold that both modern and post-modern architecture are 'deeply problematic' (according to Hal Foster). See: https://en.wikipedia.org/wiki/Critical_regionalism#Alexander_Tzonis_and_Liane_Lefaivre

7 See McCullough, Niall, *Dublin an Urban History: The Plan of the City*, Niall McCullough (Dublin: Associated Editions, 2007); McCullough, Niall, *Palimpsest Intervention and Change in Irish Architecture*, (Dublin: Anne Street Press, 1994); McCullough, Niall, *Lost Tradition: Nature of Architecture in Ireland*, (Dublin: Gandon Editions, 1989).

8 "Bótharbuí: Via Gialla", a film by Sue Barr and David Heathcote can be seen here: https://www.lyncharchitects.com/projects/venice-irish-pavilion-2008/ The film includes archive photography and films of events at the house, with new photography made in the summer of 2008, along with a soundtrack comprising readings of the two poems reproduced here by Seamus Heaney recorded especially in Dublin for the exhibition *The Lives of Spaces*, curated by Hugh Campbell and Nathalie Weadick. I was unable to attend the filming and didn't meet Heaney because my daughter Lotte was born that month in London. My intention had been to ask him some questions about the effects of writing in the house—if any—related to his essay "The Place of Writing", Heaney, *Finders Keepers: Selected Prose 1971-2001* (London: Faber and Faber, 2002), pp. 257-26.

9 "Sanctified Leisure: The Villa is not a Temple or a Barn", Lynch, Patrick in *The Lives of Spaces*, Campbell, Hugh, Martin-McAuliffe, Samantha, Ward, Brian and Weadick, Nathalie, eds. (Dublin: Irish Architecture Foundation and University College Dublin, 2008), p.72. See also "Bótharbuí", Walker, Simon in the same collection.

10 Perry, Seamus, "We did and we didn't" (London: London Review of Books, 6 May 2021), pp. 21-24.

11 See Spurr, Barry, *Anglo-Catholic in Religion: T. S. Eliot and Christianity* (London: The Lutterworth Press, 2010); and Carpenter, Humphrey, W.H. Auden: A Biography (London: Faber and Faber, 2014).

12 Heaney, Seamus "The Redress of Poetry" Oxford Poetry Lectures, October 1989, (Oxford: Oxford University Press, 1990), extracts of which are published in Heaney, Seamus, *Finders Keepers.*

13 See Perry, Ibid., "We did and we didn't".

14 "Heaviness and tenderness—sisters: the same features.
Bees and wasps suck the heavy rose.
Man dies, heat leaves the sand, the sun
of yesterday is borne on a black stretcher.
Oh the heavy honeycomb, the tender
webs—easier
to hoist a stone than to say your name!
Only one purpose is left me, but it is
golden:
to free myself of the burden, time.

I drink the roiled air like a dark water.
Time has been plowed; the rose was
earth. In a slow
whirlpool the heavy tender roses,
rose heaviness, rose tenderness, are
plaited in double wreaths."

Osip Mandelstam, from Tristia (1922), trans. Brown, C and Merwin, WS, *The Selected Poems of Osip Mandelstam* (London: Penguin Books, 2004).

15 Siza, Álvaro, Piscina na Praia de Leca, Michael Touissant and Maria Melos, eds, (Lisbon: A+A Books, 2016), p. 9.

16 Leatherbarrow, David, *Building Time: Architecture, Event and Experience*, (London: Bloomsbury, 2020), p. 83.

17 Ibid., p. 89.

Opposite: Swimming pool by Alvaro Siza

Emanations of the Spirit

Simon Walker

ROBIN WALKER AND THE PHILOSOPHY OF ARCHITECTURE

> I am not a philosopher, any more than I am a structural engineer. Like most architects, however, I am an amateur, armchair philosopher-engineer... Scott Tallon Walker, have expressed as our aim as architects which is 'to develop from the technical means appropriate to the solution of our clients' functional and economic requirements, an architecture of the highest possible quality.' We do not define, in this statement, exactly what we mean by quality, but, for me it means that the choice of materials and techniques and their employment for functional ends should form a fountain of energy for the outpouring of the spiritual qualities and aspirations of the buildings and of the people who use and observe them—the sum of architecture."
> —Robin Walker, "Philosophy of Architectural Design"[1]

> Architecture is not a function of an object, it is essentially space... space and light are substantial matter and are part of construction. Light irradiates space—one of the elements supporting Structure, a magnanimous illuminated space—light, truth and love.
> —Robin Walker, "Seven Apollonian Trails"[2]

Opposite: Bótharbuí

One event which confirmed Robin Walker's reputation in Irish architectural culture was the release of a film, directed by Sé Merry Doyle, written and narrated by myself, called *Talking to My Father*[3], and an accompanying exhibition, *A Sense of Place*, of photographs and large-scale models of his buildings, at the Irish Architectural Archive, that I curated in Dublin in 2015. But, sadly, another factor which has propelled the discussion of his work into the public consciousness has been the ongoing destruction of major buildings of that period in Dublin [including three of Robin's] in a seemingly endless procession, one after another. This, despite public awareness, and despite the best efforts of organisations like DoCoMoMo Ireland[4] and the Irish Architecture Foundation to halt it, is ongoing. Significant works of architecture from the mid-20th century are being demolished and replaced with larger, deeper-plan, office blocks on the same sites, which exhibit none of the structural expression characteristic of the Modern period.

Undoubtedly, it is a question of the value society places on these things. But attitudes can and will change. The critical discussion of architecture has shifted since Robin's time, from an analytical propensity—design as "problem-solving"—to one which emphasises "intention", or "inflection", concepts which reinforce authorship. In fact, a new context is created today for an opening to critical, even theoretical, readings of our architectural heritage. In that pregnant and poignant mid-20th century moment, Robin and his colleagues, propagating a Modernist vision, enjoyed considerable success in a nation-building era of government patronage. Grand projects in education, health, telecommunications, transport, culture and the arts were commissioned from the practice—formerly Michael Scott and Partners, then, since the early 1970s, Scott Tallon Walker. A group of like-minded people, including Robin, succeeded in linking architecture with the arts generally in a cultural mission to change Irish society.

When I was struggling with a student project, Robin was asked for help. His answer to me was "... well, you could do it like this, but in time you will develop your own attitude to architecture". It has taken me a long time to fully understand what he meant. For better or worse, the mid-20th century was an era during which the persona of the architect enjoyed respect, was consulted, even looked up to. Robin did not posess an ego that required that kind of attention, but his particular concern was to reconcile an "architectural attitude" with place, with the country he loved. This is reflected in his work and expressed as a close attention to context, to history, to people—the fit of architecture to society. That allows for, or even demands I would suggest, a description of his work as a contingent, non-repeatable architecture. Robin's site-specific universalism ranged, and managed to oscillate between, opposing architectural idioms, from concrete to steel, from urban to rural, from large to small, across a wide range of different types of clients. Very unusually for a partner in a highly successful architectural practice—Michael Scott was awarded the RIBA Gold Medal in 1974—in Robin's work, every statement is made only once. It is as if each building design was a logical challenge, no less than a poetical invitation, and that the expressed result was a mode of scholastic or philosophical rhetoric as much as anything else. The aim of this design methodology was to uncover something typical and even archetypal: "a fountain of energy for the outpouring of the spiritual qualities."

Robin Walker left behind a large body of work—ranging from buildings, to paintings, to writings, to furniture and other design. I don't want to claim to give an authoritative account of Robin's architectural evolution nor of his legacy—anyway I don't see how I can, because I am his son. But I would like to try to introduce a picture of an architect working in the particular context of Ireland in the late Modern period of the 1960s and '70s. Robin Walker, and my mother Dorothy Walker, collaborated with their friends in creating and demanding new possibilities for ways in which Irish society could express itself within the fields of architecture, art and design. Robin, ironically, was in some ways himself the object of his own search—the person who was looking to uncover a new definition of cultural environment for Irish society, and of his place in it.

Robin wrote at some length about his "philosophical" approach towards architectural design, before such academic rhetoric was common. In part, this work was autodidactic—he did not possess a PhD; but in part also it was a directly inherited architectural tradition of enquiry and moral philosphy, absorbed in person as a student and colleague of Mies van der Rohe and Le Corbusier. Another reason for Robin's extradordinary density of attention and concentrated effort comes from his educational and cultural experiences as a member of a series of elites—he was, arguably, both an insider and an outsider in Irish society. Firstly, as a schoolboy at St Columba's College, the pre-eminent "Anglican" private school in Ireland, and secondly as a young person who travelled, worked and studied widely, in Europe, Africa and North America. In order to explain this unsually rich cultural background we will need to commence with some biographical information.

Robin Walker was born in Co. Waterford in 1924, of Anglo-Scots-Irish stock. He graduated from the School of Architecture, University College Dublin, in 1947. Following graduation from UCD he went to Paris, where he worked at Le Corbusier's studio in the rue de Sèvres. Returning to Dublin in 1948, he began his career with Michael Scott in Dublin, where he was to work for various periods over the next 10 years. Like many young Irish graduates, including Patrick Scott, he worked on the design of Dublin's central bus station, *Busáras*.

During the 1950s he made several journeys abroad, including working as an architect in Africa ["Northern Rhodesia"] with his Danish colleague, Erhard Lorenz. In 1956, he was awarded a scholarship to the post-graduate programme in architecture and urban planning at the Illinois Institute of Technology. Here, he was tutored by several former Bauhaus professors, including Mies van der Rohe, Ludwig Hilberseimer and Walter Pederhans. After completing his thesis for a regional plan for the east coast of Ireland, he stayed in Chicago for a further year as a studio tutor under Mies at Crown Hall, while he worked in the office of Skidmore, Owings and Merrill.

Robin is quoted[5] as having made a distinction between "our society"—Ireland in the 1960s, with all of its proximity to nature, strangely absent industrialisation, religious iconography and poverty of material—and "its age", which presumably he meant to refer to the global reality. In some historical depictions of that moment in the development of Irish architecture, it is claimed that Robin, among others, saw the task of driving a local architecture as applying a Miesian way of thinking to a local context.

It is true that there were certain statements of Mies that were the catalyst for a lifelong enquiry into meaning in architecture. But whether we can read Robin's work as "derived" from Mies, in the sense that it is taken to start with a diagram from Mies, then "informed" by "local values" as a kind of secondary concern, I think is debatable. Robin's work is original, predicated on a response to context, and while its ideological search might partially derive its method from the teachings of Mies, it does not end with his philosophical insights. Robin, grateful for and impressed by the clarity of Mies' thought, nevertheless wanted to formulate his own theoretical position. As far as I understand it, mere imitation was never a starting point—it is evident from Mies' own writing that any discussion of his architecture does not start with appearance, nor technology, nor structure, nor form. It starts with an attitude to life and the creative process.

In "Die Form", writtten in 1927, Mies states:

> We should judge not so much by the results as by the creative process. For it is just this that reveals whether the form is derived from life or invented for its own sake. That is why the creative process is so essential. Life is what is decisive for us. In all its plenitude and in its material and spiritual relations. [6]

This statement is key to understanding Robin's devotion to Mies I believe, and to his own quest for "spiritual relations" and "spirital qualities" in every aspect of his life. Mies,—a cradle Catholic and son of a stone mason—had in fact written an introduction to the English publication of Rudolf Schwarz's book *The Church Incarnate* in 1958; and Professor Kevin Harrington, an architectural historian at IIT, claims that Mies spent much of his later career studying books on crystal theory—"the base of all matter".[7] Robin expanded on this idea, applying the dichotomy of wave and particle motion to the triglyphs on the Parthenon, positing a notion of Structure as like a hadron—a composite particle made of quarks with different properties, acting in concert. He wanted to develop what he called a "vital theory", on the basis that "matter is alive".

"Structure" means an organism which weaves together the total fabric of the environment—[to paraphrase Vitruvius] Structure may be defined as Fitness, Love and Clarity—my definition of a system of order for our period. But the word system is far too iron-like a corset for Structure—I will write of a "process of order".[8]

Robin's idea of Structure as an enfolding concept supports the description of the methodology at work in the offices of Scott Tallon Walker at No. 19 Merrion Square in the 1960s, where each building was developed from a basic structural diagram—either concrete or steel, wall architecture or trabeated construction. Style or "influence" was never something *appliqué*. Structure should be understood, rather, as evidence of an intellectual argument—a "Philosophy of Architectural Design" pertinent to each case and each place, yet approaching—when well made, like a sound argument—the anonymous character of a universal type. Robin explains this seeming-paradox in terms of animation and structure:

> "Having been heavily indoctrinated in the philosophy, or, if you would prefer, the notions of the modern movement in architecture, I frequently find it difficult to draw a distinction between architecture and building, and particularly good building. Mies considered architecture to be the transcendence of building. I often find it to be simply overblown building which does not engage my attention. It does not really interest me unless its roots are firmly embedded in the fertile soil of building. That fertile soil is, though, fertilised by the fallen blossoms of animate architecture. So I will try to avoid any such distinction and write instead about structure, which used by me in its organic sense, embraces architecture, building and the total environment".[9]

Perhaps it is simply the legacy of the 17th century Enlightenment that architects, like Mies, of the Modern period—and I am including Robin in this regard—obsessively refer to notions of "era", "age", "period" and any number of historical subdivisions and categories. Perhaps it is because their work is read in such sharp contrast to its immediately preceding context. Ironically, however, this tends to lock the reading of architecture into a linear, chronological analysis—which is somewhat confounded by the desire for a temporal reach, not to mention place-specificity, in Robin's best work. His first major stand-alone building was started on his return in 1958 from Chicago to Michael Scott's office. It was the Headquarters of the Irish Tourist Board, Bord Fáilte, on Baggot Street in Dublin. which for a building of this type and moment, evidences a remarkable concern with historical context.

Bord Fáilte is located at a natural node-point at the end of the Baggot Street terrace where it meets the Grand Canal, and in terms of the urban plan of the Georgian estate, discreetly establishes a stand-alone object at this point. Despite its Modern language, it could be said to be "pre-Modern" in terms of a way of thinking about time and the city, and the continuing value of what Robin calls "the spirit of the city" over individual built interventions at any given time.

Most significantly, in my view, Bord Fáilte acts as a cipher for us in understanding Robin's appreciation of the Georgian vernacular. He was concerned to build at low-cost in the same spirit as the Georgian terrace of Baggot Street—in his words, with "fitness, love and clarity". As the load-bearing front wall of the Georgian was flat and unadorned, so Robin exposed the plain load-bearing concrete frame of the Modern, perfectly detailed; as the proportion of the Georgian bay was vertical and glazed to the maximum limit of what the structural wall could allow, so Robin used the essential defining proportion of modern structure, the horizontal bay afforded by reinforced concrete, with glazed infill; as the Georgian terrace culminated at its top in a single course of plain granite subtending the sky, so Robin set his parapet straight and flat and aligned it with the Baggot Street terrace; as the terrace used basic bricks made on site with local

material, so Robin used the humblest of all local, contemporary materials—the grey stock brick.

Yet, perhaps the most striking characteristic of the building is its approach to the section of the site—setting the ground [hall] floor of the building, as does the Georgian house, at 0.75 m above street level, allowing clerestorey lighting to the basement accommodation. He then further develops 50% of the site area to the west as an enlarged basement "area", or sunken garden, which provides a secluded space for the use of the building's occupants, away from the street, and connecting through the basement level of the building.

In Corbusier's "Five Points of Architecture" published in the 1920s, one point is to raise the building on *pilotis*. By doing so he creates a doubling of the ground. In their insightful book, "Groundscapes", Ilka and Andreas Ruby explain:

> Le Corbusier's "*maison en l'air*" needs the ground only as a necessary contradiction that helps to realise the dialectic of its presence: the weaker the ground, the stronger the figure with which architecture can distinguish itself from it.[10]

Later, they develop this idea as it applies to Mies van der Rohe:

> In the architecture of Modernism the conceptual neutralisation of the ground is most clearly carried out by Mies. True to his classicist leanings he generally supports his building on a podium comparable to the stylobate in a Greek temple. In a certain sense he develops the ground... as a symbolically emphasised part of the building.[11]

In the various published descriptions of Bord Fáilte, it has been claimed that it is the first core-plan office building adopted in Britain and Ireland, and that it was the first use of fair-faced concrete in an Irish office building. And undoubtedly there are other devices also derived from Mies, in particular his buildings at IIT.

Opposite: Bord Fáilte

The entire concrete frame structure is exposed, with infill panels of concrete brick. Cost considerations led to the adoption of a limited planning module of 118 cm, but the building was kept in scale by careful control of the vertical dimensions. But the treatment of the ground plane is not to contradict—it is instead an active engagement derived from the immediate Georgian precedent, radically different from Mies' neutralisation. Robin often talked about how the "basement trench" surrounding the Georgian squares made the entire space of the Square "resonate".[12]

Therefore, a simplistic reading of Bord Fáilte as merely an importation of modernist language or form is, I think, incomplete. Patrick Lynch, in a study of the building and its context undertaken with our students at UCD in 2007, has opined[13] that the people around Robin were all sufficiently cosmopolitan and grounded in European humanist culture, from his friends to his clients, for them to see that Modernism was not alien or foreign to Irish architectural culture, but instead, to see both in terms of products of The Enlightenment. Indeed, in his "Philosophy of Architectural Design", Robin explains:

> Looking at a Georgian townhouse façade I do not "see" brick but rather geometry and purpose, line, the grid given substance... it is the mystical interaction of the interior space with its extension beyond the confines of the building which I comprehend.[14]

In a foretaste of the metronomic oscillation between concrete and steel which would characterise Robin's buildings, the following year he completed the headquarters of the National Bank of Ireland in Dublin's Suffolk Street. Begun in 1958, it was completed in 1963 to the rear of, and connecting to, the 19th century headquarters building of the National Bank, founded by the statesman Daniel O'Connell on College Green in 1835. The banking hall extends as unbroken public space linking Suffolk Street, down a wide flight of stairs and via the refurbished original banking hall, to College Green. Many of the original banking hall features were retained and these

were married and overlain with a consistent modern decorative language of handrails, ceiling lighting and public counters. The restored central oculus of the neo-classical building, on a rondelle supported by Corinthian columns, was integrated with a backlit ceiling extending across the entire banking hall plan, creating the impression of a forest canopy suffused with light, drawing the public through the space.

The new building to the rear, which is seamlessly connected via this public space, was faced on Suffolk Street by one of the first purpose-made curtain wall systems in Ireland, designed and made by Dublin company Smith & Pearson Ltd. using duranodic grey aluminium. The windows are vertical sliding sashes, in what has been called a recognition of the prevailing context, but perhaps surprisingly also feature in Mies' Esplanade Apartment buildings, Chicago, of 1956.

This page: National Bank of Ireland

The "success" of these two buildings—within the limited terms of reference of Dublin's Modern architecture at that time—seemed to establish an identifiable linguistic order, not just for the Dublin context, but also for the work of the practice, Michael Scott and Partners. Shortly thereafter, in 1964, a limited competition was held to re-locate Wesley College, a second-level boarding and day-school, from Dublin city centre to a new campus, on the demesne of Ludford House in the foothills of the Dublin mountains. The competition was won by Robin, who explained his strategy to retain the more level parts of the site for playing fields, while locating the school buildings on the sloping, contoured parts of the site. Effectively, Robin had his own campus where he could create a world of his own making, to look after children and teenagers, but also to give them an architectural rule against which they could measure their lives at school.

The school was designed as a sequence of two-storey buildings—dormitories for girls and boys, administration and assembly, classrooms, science, arts and crafts and a gymnasium. The grouping of long, rectangular buildings conforms to the immediate contours of the site, although they are aligned orthogonally with each other, gradually proceeding from the lower part of the site at the entrance to finish at the dormitories at the upper end.

The spaces between the buildings define separate precincts, responding to the diurnal academic timetable, each precinct framing a distinct view outward to the surrounding parkland with its mature trees. The buildings are offset and overlapping in plan and, when viewed together, appear to stagger in section, linked by stepped and paved terraces over a total difference in level of 6 metres.

At the centre of the campus plan is the main classroom block, surrounded on all sides by a colonnade, where the soffit of the ribbed concrete slab is exposed, a recurring theme throughout the campus. This colonnade—or *ceinture*—provides a sheltered gathering space for students moving between classes. All the buildings are unified by a common architectural language of exposed concrete frame of slab edges and columns—whether outside or contained behind a minimal black-painted screen of glazing—with cream-coloured calcium silicate bricks forming a continuous spandrel. Floor and roof slabs are ribbed, and these soffits are exposed at both levels in an uninterrupted continuum throughout the campus. The structural grids are a multiple of the planning grid, varying with each building to suit the relative spans required.

Robin learned from watching and listening to Mies, that the design of structure might result in something we could see as truth—as Mies put it, "...buildings can become worthy of the name of architecture only if they truly interpret their time by their perfect functional expression."[15] If Mies was a master at presenting the design of structure as a kind of philosophical truth within the metropolis of Chicago, in the context of his buildings at IIT to which Wesley is undoubtedly indebted, then Robin was operating in a very different place—an isolated, underdeveloped country, but which nevertheless possessed a beautiful landscape, where everybody lived in close proximity

Opposite: Wesley College

to nature. Robin's quest for "truth", such as it was, was to make a self-evident link between programme, space and nature—ultimately conferring a kind of freedom on both the institution and the students.

Robin was immersed, although he may not have seen it that way at the time, in an intense period of about 15 years during which he—and his colleague Ronald Tallon, along with all of those who were attracted to the fostership of Michael Scott—Séamus Byrne, Brian Foley, Stephen Woulfe Flanagan, Eugene McLernon, Frank Fahy and others—would produce an extraordinary body of work. But it was not just architectural commissions—it was an entire culture of Modernism, in art, theatre and design, which was foundational and has marked Irish culture to this day. It was, in many ways, a society within a society-—the ROSC international art exhibitions, the Living Art Exhibition, the Gate and Abbey theatres. This was a complete life—Robin and his wife, Dorothy, who ran the SIGNA design agency and organised the ROSC exhibitions, as well as her work as an art critic, were central to it.

It is worth noting here that Robin had—perhaps inadvertently—achieved a central influencing position within an emerging Irish design culture, as indeed did many others from an Anglo-Irish background in other cultural fields. This was a new space for him—unsurprisingly, he began to question the precise extent of that cultural immersion. Given the prevailing, albeit unrepresentative and indeed mistaken, identification of Irish republicanism with the Catholic population, it was inevitable that these questions would extend to his own engagement with the Church. His continued "place apart" from the Catholic Church to which his immediate family belonged seemed somehow unsustainable. Perhaps it was a certain feeling of strangeness brought on by lying in on Sunday mornings when the rest of us were going to Mass, perhaps it was awareness of our education by the Jesuit priests at Gonzaga College, or perhaps simply the desire to stand by my mother, but he began a journey that culminated in his conversion to Roman Catholicism.

Architecture, for Robin, was more than a practice or a professional occupation—he *lived* it. This embrace of life is expressed in the four houses he designed, which sit like punctuation marks, or even chapter headings, in his story. As all architects know, the house is a distillation of the principles of one's work at a given moment. Robin only built four in his career, each one quite different from the other, each realised as a complete work in its respective context.

As if to lay out his stall for the years to come, Robin designed his own house, like a precondition for the practice of his architecture. The house [on a lane which had never had a name] was built in 1964, and filled over the next six years with his and Dorothy's five children. Of the four private houses, St. Mary's Lane is the one which shows most clearly the influence of Mies, in particular the sketches for a "house with three courts". Although Mies never built such a house[16], he made several sketches of different versions of this idea in the mid-1930s, which in turn derived from his work on the Gericke house, a competition in Berlin in 1930, and the Hubbe house, an unrealized project for a site in Magdeburg in 1935.

The site for St. Mary's Lane was found by identifying ideal corner sites with the right orientation [south and west]—a theme central to his former tutor Ludwig Hilberseimer's studies on the ideal model for self-sufficient living with garden space. Robin found eight such sites—rear gardens of older houses, all within walking distance of his office. When he wrote to the owners, only one replied—Dr. Larchet of No. 8, St. Mary's Road. The arrangement resulted in Robin acquiring the vegetable garden and orchard of the St. Mary's Road property, which was, as a corner house, a double-fronted site. The house therefore is bounded on three sides by existing granite garden walls approximately 2.2m high. On the fourth side Robin built a concrete block wall, to divide the site from the main garden and run continuously through the living accommodation. The diagram of the house which is contained within this enclosure is very simple—a flat concrete roof slab is poured over the site, leaving three "holes" or courtyards, the largest one to the southwest corner, the next largest at the southeast corner, and the smallest, entrance court, along the northern laneway edge. Although the building presents a completely closed elevation to the outside, within the boundary, all the courtyard walls are full-height glazing, as they are completely secluded from the street.

The accommodation is designed for an "Irish family"[17]—three children's double bedrooms, a common bathroom, a master bedroom with bathroom and dressing area, a living / dining open plan room, a kitchen which mediates between this and the entrance hall, and, at the end of the site, a garage. All the rooms enjoy views and daylight from the courtyards, and most of them have through-views from one courtyard to another due to the open plan of the main spaces. At the main southwest court, a pair of glazed sliding doors disappear completely into a bookshelf pocket wall, thus opening the main room up completely to the garden in summer. The floor throughout is exactly level with the courtyard paving so that the visual and physical connection between inside and outside is uninterrupted. This is achieved by concealing a drainage trench around the perimeter of the accommodation.

In keeping with Miesian aesthetic, all the layers of construction are articulated by small reveals and rebates, which thread continuously between the architectural elements. Corners are picked out carefully, the plaster stops at eight feet above the floor, where it meets the downstand concrete ring beam which reinforces the edge of the roof slab, the ceiling shows the board marking from the underside of the pour, the cork tile floor echoes the grid of the concrete flags paving the courts. A small core—typical of the Mies plan—conceals boiler, services and storage in a plywood box around which the plan rotates. A mere four concrete columns provide the only internal structural supports—the roof otherwise bears on the perimeter walls—but there is no overlaid grid, instead the structure adapts itself to the optimised required living spaces. Like all of Robin's buildings, the house is simultaneously expansive and humble—no value is placed on expensive finishes or complex construction.

The St. Mary's Lane house is, I would suggest, the embodiment of Iñaki Ábalos' "Zarathustrian" world—described in his book *The Good Life: A Guided Visit to the Houses of Modernity* (2001). Ábalos talks about the necessary tension which is embodied in the urban condition of the courtyard house, between the private realm within its walls and the public world on

Opposite: St Mary's Lane

the other side. Hence the courtyard house is a mechanism of both isolation and expansion, necessary for the construction of the self. At St. Mary's Lane the completely private, rarefied courtyard world of horizontal space created within its walls provides a clue to Robin's character, i.e. in his response to the society in which he found himself. This character might be termed "Zarathustrian" Ábalos claims. The "Zarathustrian" type, he states,

> a subject like the one Mies imagines, needs isolation, needs to restructure his self at a physical remove from other people[18]

Mies, as the architect protagonist, within the unfolding, horizontally symmetrical space of his courtyard house designs, manipulates a phenomenological effect, a floating quality—and this sensation of floating, of levitated matter, is common to almost all of Robin's work too. Rather than being ordered according to a static, vertically aligned hierarchy, we see that architectural elements, objects, furniture, are all encountered in an ambulatory sequence, a horizontal "floating" spatial continuum.

Shortly after completing this house, an essay in courtyard house typology, Robin released his design for a tiny villa on the south coast, at the mouth of the picturesque harbour of Kinsale. The Weekend House [also known by the name of its client Michael O'Flaherty as the O'Flaherty House] was built in 1965 as an intended weekend retreat for its wealthy patron, who had a passionate interest in sailing, for which Kinsale is renowned. It was designed, as the name suggests, for occasional use, with just one bedroom.

The tiny house adopts a striking attitude to its cliff-edge site, a classical dynamic that recalls Delphi, which recurs for a second time at Robin's own family house in County Cork, which we will see later. The temples of ancient Greece embody the relationship between people, the Earth and the gods—none more so than the complex at Delphi—where, according to Spiro Kostoff, "the craggy wild of the site testified to the violent struggle between underworld forces and the young god [Apollo's temple]... who made reason triumph".[19]

> In Crete and Mycenae in the first half of the first millennium B.C. [the reconstruction period of the eastern Mediterranean] the priesthood was clearly subordinate. There were no major temples. The deities lived in the open, in groves and caves and mountain tops where they originated. Altars and small shrines in these spots focused popular devotion.[20]

I cannot say whether Robin was especially aware of this aspect of the relation between shrine and landscape, however, he had been to Greece and Sicily in the 1950s and early 1960s, which cannot but have made a lasting impression. Moreover, this presence of divinity in close-up fragments of landscape is also an Irish cultural precept which goes back thousands of years: it is exemplified even today in traditions such as the "pattern"[21] and various holy sites. It recalls a subject which Robin was to write extensively about in later life—the idea that the land is not neutral.[22]

Floating above the undulating slope at Kinsale Harbour, the building has but a tenuous connection to the site via a small footbridge on the northern side. This is an integration of building to landscape which leaves both mutually unscathed. The house stands against the site, in Kostoff's words "its form the very opposite of the agitated landscape".[23] But Robin, unlike the temple, does not build a terrace to announce this separation. Instead, the house perches on slender legs, lightly on the ground which flows underneath it. The sea passes in front of the house—positioned between the ruins of 17th century James' Fort to the west and Charles' Fort to the south, it acts as a sentry at the gate to Kinsale Harbour, while at the same time surveying the town to the north. The exposed concrete structure is aligned exactly, but discreetly, with the central window of St. James' Fort on the headland directly opposite, an alignment that fixes its location within an historical context.

The house is a single-storey 11-metre square plan, raised on eight piers which are set back from the corners in a 1:4:1 relationship to optimise distribution of the bending moment. The visual depths of roof and floor slabs are in proportion to their respective loadings. The columns pass outside the

plan and are extended in angled fillets to support the floor, transferring the load from the edges of the waffle slab; at the roof slab a primitive capital is formed as the column spreads out to collect the load. Respective corners of the plan contain living, dining, sleeping and study spaces, with two asymmetrically positioned elements separating the bedroom and study from the rest—a plywood core containing bathroom and kitchen, and a masonry wall containing storage space and fireplace.

The house is glazed on all four sides with large sliding glass panels, and glass-to-glass corners with only the most minimal bronze angles for protection, opening the space to the landscape and affording spectacular uninterrupted views of the coast and of Kinsale Harbour. Beneath the windows the concrete upstand beam forms a continuous window seat. Everywhere, inside, outside, even underneath the house, the sea and sky are in the field of vision. Now the almost black, weathered concrete has receded into the landscape, to the point where all that is visible from a distance is the evening sunlight reflecting off the glass. As both counterpoint and epilogue, the tiny, separate, guest bedroom structure to the south of the site, in contrast, cut into the hillside, reveals only its glazed front and a small paved forecourt, held between the sloping ends of cast concrete retaining walls emerging from the ground.

This small building seemed to make Robin's growing reputation in Ireland as a visionary architect undeniable.[24] It was not surprising that it led to bigger commissions within his office—two educational buildings which he developed in tandem. As with Bord Fáilte and the National Bank, again he worked in what might be called a "dialectical" method: one structure in concrete—the UCD Restaurant building in Dublin, and one in steel—the Arts Building at St. Patrick's College, Maynooth.

Originally known as the Catholic University, founded by St John Henry Newman in a house on Stephen's Green in central Dublin in 1854, in 1968 University College Dublin started the move out from Dublin city to a suburban campus, coincidentally at the same time as the student riots in Paris. The Irish students felt too the spirit of change—a protest which became known as the "gentle revolution" was held in the form of a week-long sit-down in the architecture faculty at Earlsfort Terrace. It was a moment when it seemed that dark forces had been pushed back—a time before ideas of freedom and radical change became subordinated to present-day notions like "growth" and "performance". Robin's response to the Restaurant building brief was to make a hub for the students, a building where an echo of the students' politics could be heard in its open plan, open volume space. The effect generated an incredible sense of theatre—it was a space which could seat up to 1,300, shared by both students and staff together.

The Restaurant adopts a complex attitude to the relationships between horizontal spaces in section, no less than its equally complex structural square-

Opposite: Weekend House Kinsale

plan diagram.[25] The volume is brought alive by the suspension of the mezzanine floor slab, offset in section above the surrounding ground level, and by the capture of basement courtyards around the building, forming a continuous moat. Three independent slabs—mezzanine, first floor and roof—telescope together like nesting tables, supported by columns, the lower two on an independent grid, offset from the principal roof grid in plan.

The entry level, or mezzanine, sits as the smallest table in the centre of the basement excavation, connected to the surrounding lawns by discreet bridges spanning across the moat. This arrangement of basement and mezzanine is enveloped by a double-height glazed skin, which arrives at the underside of the projecting first floor level overhead. This second "table", in turn, provides a glass-enclosed *piano nobile*, sheltered underneath the final roof-level slab, which itself projects once again to define the limit of the assembly in plan and section.

Perhaps the most surprising fact of the structure is that the principal, and largest, roof structure is supported on just five columns—one at the centre of each edge, one in the centre of the plan, forming a giant cruciform arrangement. The photographs at the time of its construction show an assembly of pre-cast concrete beams, trimmed at the edges by post-tensioned beams, articulated almost as trusses with recessed panels. Remarkably the angle-shaped corner elements are not in fact columns, but ties in tension, fastening the roof to the ground against wind uplift. This idea of Robin's was eventually compromised slightly by engineers Ove Arup, who insisted on adding the steel angle fillets in the centre of the angle-ties, for fear that they would crack in half when the tensioning went on the main edge-beams.

All the concrete elements at the perimeter have a blonde, acid-etched finish which looks as fresh today as it did 50 years ago. The concrete at each

This page and opposite: UCD restaurant

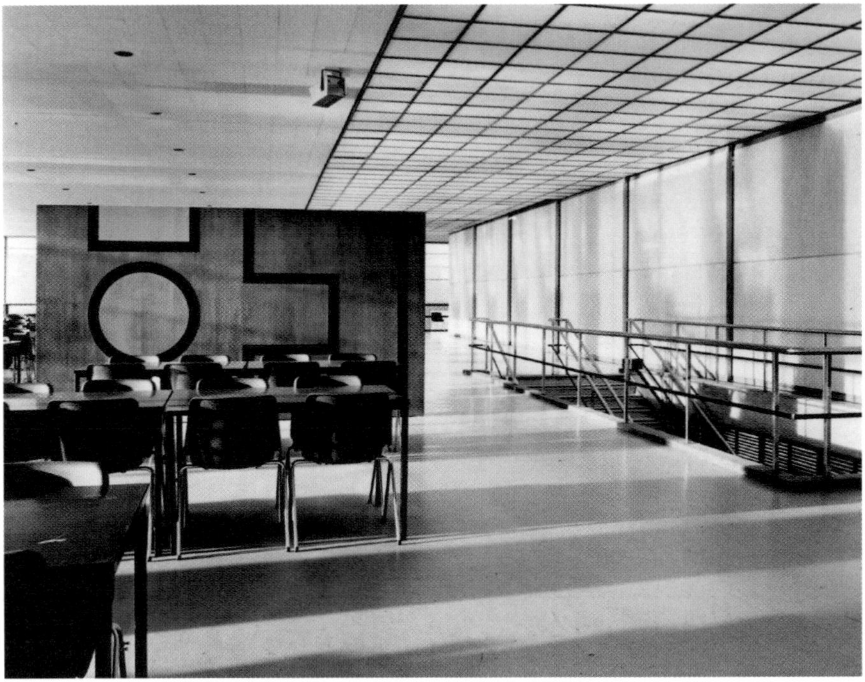

level stands proud of the continuous glazed envelope, which is set in black steel frames whose proportions emphasise the uncompromising horizontality of the whole building. The mullions to this envelope are rectangular box tubes, projecting internally behind the screen. Within the interior, the concrete is plain, cast in-situ, with a smooth finish afforded by close-boarded shuttering. Inside, the delicate articulation of structural increments is continued in the plywood panelling that surrounds the central service core. This core, containing the toilets, kitchens and service counters, is positioned to one side of the central column in plan, the corresponding space on the other side being cut through to allow two cascading staircases to connect all levels.

The entry, or mezzanine level, provides for common seating areas for students and staff, the lower basement level providing more separate smaller dining areas, while the upper *piano nobile* establishes the principal open-plan dining space. Within this space a series of tinted plywood panels designed by the artist Robert Ballagh—spelling out the word "REVOLUTION" in fragments of exaggeratedly large letters[26]—allows for variable secluded seating arrangements.

Before the completion of UCD, Robin had already started work on the Arts Building as part of the developing Maynooth University [now the National University of Ireland Maynooth]. The institution up to that point had been known as St. Patrick's College, the principal seminary for the education of priests in Ireland. Safely located away from the seminary, symbolically across the road, the site for this new campus for secular education was identified. And in many ways, the record of the students, evidenced in John Donat's original photographs from the 1970s, showing a mix of locals, clergy and overseas students, is surely a natural outcome of the Catholic missions carried on for decades by many of the former graduates of the original seminary.

The architecture of this period, if read as an object building in such a site, typically projects outwards—from every side of the building there is a relationship with the land beyond, which, viewed from the interior, seems to be embraced under its wing. In John Donat's photographs, the students of the 1970s enjoy an expansive view from their canteen, across the peaceful pastoral setting, towards cattle grazing in the fields.

Intended as an internalized *stoa* or marketplace of ideas, the building takes the form of a large spread-out plan constructed on a 6m grid of slender cruciform columns, perhaps thought of as a subtle reference to his patrons. But within the ambulatory sequence of spaces, the columns, independent elements in the manner of Barcelona, appear to represent individual students [or teachers]. While also in the manner of Barcelona, independent screens encourage the interpenetration of spaces, suggesting a continuous programme of overlapping learning. The centre of the plan is excavated to form a sunken auditorium, without allowing the form of such a space to claim expression on the outside of the building, as it would have done if allowed to interrupt the

Opposite: UCD restaurant

continuous plane of the roof. Similarly, a courtyard provided in the eastern half of the plan is read as a simple void in the roof plane. The floor surface is square parquet, reinforcing the notion of non-directional, democratic movement within the plan.

Despite all the negative interventions which the building has suffered over the past 50 years, yet the detail of the steelwork at the outside corners of the building survives, like a line of resistance. The outer half of the cruciform column is allowed to travel past the steel beams, to within 50 mm of the top line of building, while the steel I-sections are trimmed back so that only the webs are allowed to meet on the centre-point of the column, neatly reflecting the distribution of just the shear force at this point. This irreducible trace of architectural intelligence speaks to me as a reminder of Robin's elegant presence in the world.

That is how I remember him. At this point in his career, Robin had already produced a significant body of work. But he was not just producing architecture—as I have already said, he was *living* architecture. When it came to making the film *Talking to My Father*, the starting point for me was, in many ways, Robin's end point—Bótharbuí. During the late 1960s, Robin and Dorothy spent a lot of time driving around the southern part of Ireland, looking to see if they could find a site to build a holiday house for their growing family. Ultimately, they were looking for a retreat. As they were driving along the Beara coastline, which falls away sharply to the sea, they looked over the edge facing across the wide Kenmare Bay towards the mountains of Kerry. There they saw a gable wall of an old cottage sticking out of the forest. On closer inspection, they realised that there was no way into it—this must have been a place that was accessed only by the sea.

If these ruins were to be rehabilitated as a dwelling, that was not something that could be "purchased"—it was a project that one had to create, almost from scratch. Robin was to *create*, in a sense, a villa—but it could never be something imported. It was not enough that an esoteric architect, an urban-dwelling sophisticate could "choose" [as if he had a choice] to live in this world—Robin had to extract the *essence* of this extreme site. Only because of its absolute radicalism, the house succeeds in positing an ascetic, urbane view of culture within a rustic, almost bucolic, context of rural life. As in a microcosm of Robin's own life story, Bótharbuí interrogates the relationship between landscape and society, between place and belonging.

The original site comprised of a settlement of three ancient structures, entirely in ruins on first encounter, on a steep wooded slope of several acres. The first task was to carefully blast rock out of the way to allow a steeply sloping driveway to be built into the site, work which took a year to accomplish. The ensuing building works had to be conceived of in a way which was unerringly simple, using local materials and local labour, equipped with only hand tools, as it was an area of the country which had not yet been included on the national power grid. The rugged and timeless forms of the cottage and its attendant *botháns*[27] were added to by three new blocks in a modern idiom, solid-walled on three sides with glazed seaward sides, concrete

Opposite: Detail of Arts Building, University of Maynooth

piers added within the floor plenum for support in mid-plan. Thus, the ground flows freely below and between the buildings, with steps and paving formed by slate flags, which run continuously into the old interiors.

While its topographical attributes may be clearly described, it is the project of inhabitation which establishes the true uniqueness of the house. Therefore, we have to speak in terms of Robin's intention, and his response to both the physical phenomena of the place and the social programme of the holiday home. Gaston Bachelard, in his seminal book *The Poetics of Space*, alludes to this programme of "villa":

> When we live in a manor house we dream of a cottage, and when we live in a cottage we dream of a palace... The two extreme realities of cottage and manor... take into account our need for retreat and expansion, for simplicity and magnificence.... thus the dream house must possess every virtue. However spacious, it must also be a cottage, a dovecote, a nest, a chrysalis.[28]

While Bótharbuí represents a fundamental, directly felt, connection with place and a former life, it is also a consciously wrought work of architecture. Here, expansion—the urbane self-knowledge of the courtyard house dweller—*precedes* the retreat to the wild. Here, we see the perfect life complement to the urban model of St. Mary's Lane with its isolating perimeter walls: to continue with Ábalos's formulae, Bótharbuí is an archetypal example of

"The Phenomenological House": one built in the landscape, and at the same time constructed in the imagination.

> Man's image of place, particularly of home, seems to me instinctually and explicitly sensual and his demand to satisfy this image a normal expectation. Event and place, in memory, are inseparable and so action and environment are inseparable. The idea of place is only a rough, practical approximation—there is nothing logical necessarily about it, and it cannot be made precise. If place cannot be made precise, perhaps neither can a person. It is not simply a question of communication between people—the communication is person-to-person, person-to-site, and, at least in a physical sense, if not indeed in a metaphysical sense, site-to person. It is necessary for us to begin again, to realise that practice and action cannot be divorced from theory—that both must be considered a simultaneous action. Though space, time and architecture may be separate concepts, when faced with the action of building, the concepts fuse into an interactive whole. The building is not *in* space, *in* a place—it *is* that place.[29]

I have in my mind an image of Robin in his armchair, by the window out to the bay, the fire burning, the doors to the cottage wide open, children laughing and running around the buildings, while he is listening with one ear to a heated conversation carried on by Dorothy and friends at the kitchen table—a complex structure of relationships and reflections captured in a situated moment.

Similarly, Ábalos refers to a "privileged moment of the house... a moment of special phenomenological splendour... in which the drizzle stops and the entire natural surroundings blossom forth once more"[30] as having supplanted those other elements of architecture canonized by modern orthodoxy—"the platitudes of the positivist project: structure, skin, efficient layout"—transforming the search for an intensification of perception into "the unfolding of a specific design method"[31].

Opposite: Steps in Bótharbuí

Following Robin Walker's own philosophy of design method, Bótharbuí is not conceived as an objective, geometric composition, but as a happening, a confluence of physical and perceptual phenomena. It represents a multiplicity of microcosms, each one with its own distinct, topological attributes. Any single spatial understanding is broken down into a sequence of different autonomous structures and rooms, organized according to variable positions within the terrain. The site sets up a classical dynamic, a precarious, shifting relationship between the building and the mountainside.

The house then exaggerates its scale by seeding itself into the site, in a complex topological organization of six separate buildings, located around pathways, terraces, trees and ancient enclosures. But it is more than an opportunistic overlapping of exterior and interior, instead a deliberate order is established—the continuous slate floors, the exposed under-crofts, the sound of the rain on the tin roofs, maintain a clear constructional method that is just as tectonic as it is haptic and sensory.

While this horizontal layout is modern in kind, intensifying the active presence, maintaining an implicit, active relationship with the physical environment, it is overlaid by a commemorative layout, represented by the original cottage and stone sheds, which orients and guides the actions of the inhabitants. We can see that, in its juxtaposition of ancient and modern forms, Bótharbuí confronts the memory of the past with a new topological spatial order.

It is precisely this reduction of the cosmos in a simple form which engenders the "poetic" response to the house: "through the poet's window the house converses about immensity with the world"[32]. Bachelard describes how a simple house is inhabited by the mind of the poet:

> An immense cosmic house is a potential of every dream of houses... winds radiate from its centre and gulls fly from its windows. A house as dynamic as this allows the poet to inhabit the universe. Or, to put it differently, the universe comes to inhabit the house.[33]

The final house that Robin built, No. 58 Heytesbury Lane, was commissioned by George Hetherington, former director of Hely Thom printers and board member of the Irish Times, and his wife, Christine, in 1973. The plan appears to be derived from a Pompeian house plan for a narrow infill site—a front courtyard leads to the first suite of rooms, which leads on to an inner garden, or atrium, with a glazed roof, and beyond to the final bedroom suite of rooms, and finally the rear courtyard. The house is symmetrical in both plan and section, and the front and rear elevations are identical. A clear view is afforded through the entire length of the house on both sides, from the front to the rear gardens. A small basement containing the plant room is accessed from just inside the front of the house, by a concrete stair with a bespoke polished stainless-steel square-section balustrade and handrail.

The structure is of reinforced concrete—a flat roof sitting on a concrete ring-beam and columns, with a fair-faced concrete block infill. Door and window frames are of clear anodised aluminium with an exceptionally slender profile. The glazed roof to the atrium, or winter garden, is suspended on a steel lattice frame, and incorporates permanent ventilation. Both side walls, below the downstand concrete ring-beam, provide a clerestorey of white glass louvres along the entire length of the house.

The built-in furniture which lines the sides of the house, and forms the kitchens and bathrooms within the plan, is original, as is the cork tile floor, which is set perfectly flush with the concrete flag surfaces of the outer and inner courtyards. There was also a considerable amount of original furniture in the house, including bespoke pieces by Patrick Scott and Robin himself. But sadly, the house was demolished in 2006 by the current owner of the site.

Ultimately Robin's attitude to architecture, his position, was thoughtful and careful—"philosphical" even, as he claimed. This is why each one of his buildings is so radically different from the next—each emerges from a kind of close attention to the conditions around the building, which means that it is an "unrepeatable" architecture. Everything only happens once but gains the quality of a pure type: a courtyard house [St. Mary's Lane], or a tiny

Modern temple [Kinsale], a "famine village" [Bótharbuí], or an infill archetype based on Pompeii.

Since 1968, prior to the Heytesbury Lane house, Robin had been working on a new science block for St. Columba's, a 19th century secondary school campus in south Dublin. It was designed to provide accommodation for physics, chemistry and biology laboratories. The laboratories, which are at the upper level, are enclosed in a double-skin wall of glass stretching around the entire perimeter, the skins separated by a maintenance space of 60 cm, determined by the increment of the triangulation of the steel lattice roof structure. The outer skin is hung from the edge of the roof structure, suspended from the top chord, while the inner glazed skin supports the bottom chord of the roof lattice via its minimally sized steel T-stanchions.

The outer glass skin, divided only by the slimmest of aluminium vertical glazing bars, follows the edge of the L-shaped plan, stepping out at the inside corner of the L, marking the entrance at the lower level. Behind the outer skin of the glazed envelope run continuous horizontal venetian blinds, mediating glare and direct sunshine, while the effect of weightlessness of the envelope is further enhanced from within the building by the display of scientific specimens in glass jars on glass shelves running continuously around the inside skin. The specimen jars and scientific exhibits, while not visible from outside the building, all at once reveal the laboratory's purpose to an interior flooded with light. Furthermore, the skin, although reductive and almost opaque, intuitively and necessarily implies the existence of a cantilevering space-frame roof.

The main floor slab is suspended on an exposed, bush-hammered, white concrete podium, comprising of a deep perimeter beam elevated on tapering piers. The glass skirt above projects out slightly from this deep beam, the shadow-gap emphasising in a rhetorical way the separation of structural modes between upper and lower storeys. The lower level acts as an under-croft with minimal enclosed spaces used for storage, those set well back from the perimeter. When viewed from outside, it allows a perception of the undulating garden site flowing continuously through and under the building.

There is a sense that Robin is very conscious of the brief in relation to both the site and the people that are going to use it—after all, this was his own former school. Despite the perhaps dry, utilitarian nature of the programme, he eschews any kind of formula. Instead he is concerned to appear at his very best, in his smartest suit. The white, rusticated concrete base which allows the landscape to flow around it, and the sophisticated, elegant glass skin suspended from the steel truss roof, is a very beautiful combination. To put a concrete deep beam on piers, together with an ephemeral steel and glass space-frame structure, in the same building, and to resolve that relationship, results in a radiant work of architecture.

In 1974, three years after the completion of St. Columba's, in an event which echoed the worst fears of society at that time, the world oil crisis erupted, deeply affecting Ireland's economy. Suddenly a countermanding, negative set of developments brutally eclipsed the social aspiration and idealism of the architecture of the preceding period. My impression was that Robin was like the oak tree that could not bend—this cost him dearly both in terms of his output, and even his physical health. As it transpired, the last of his buildings to "squeeze under the door" as it was being slammed shut on Modernist architecture, was an office block on the north side of Dublin, the PMPA insurance company headquarters in Wolfe Tone Street, completed in 1977. It is located on the edge of Wolfe Tone Park, opposite St. Mary's Church where Wolfe Tone, founder of the Republican movement the United Irishmen in the late 18th century, and later the playwright Sean O'Casey, were baptised.

The offices are located on the first and second floors, with a recessed ground floor originally leased in shops, now converted to office use. On the roof there is a penthouse, deeply set back from the building line, with large terraces to front and rear. The floors are supported on four rows of columns, of circular section at the outer rows, set back from the edges of the plan at both front and back of the building. At the Wolfe Tone St frontage, a circulation zone, containing the columns and set just inside the glazing, separates the private offices from the outer skin of the building.

Part of the reason for the immediate visual appeal of the frontage to Wolfe Tone Park is the sensation of floating, of elevated space, a quality common to most of Robin's buildings. The glass facade reflects the trees and above them the sky, seeming to extend the space of the Park. At the same time the recessed ground floor and penthouse levels model the building and reduce its impact on the elevation of the street, dematerializing the building's mass into proportions sympathetic to its surroundings. The recessed ground floor creates a covered colonnade, an inhabited extension of the pavement which animates and enlivens the edge of the Park. Similarly, the partially-visible, setback penthouse level, when seen from the street, suggests an inner world of the urban block, at the same time making a reciprocal gesture to the world of the street, subtly seducing the users of the Park by the intimation of an intriguing rooftop terrace with views over the city.

On closer appraisal, the sleekly detailed curtain wall is equally subtle in its operation, composed of glazed panels with remarkably slender central dividers, and rebates that conceal their drainage. The proportions of the subdivided wall, vertical rectangles based on the golden section, speak directly to its older neighbours. Behind this suspended glass curtain, the columnar structure of the building passes upward, deliberately picked out in red, so as to articulate it clearly from the darkened plane of glass in front. This separation reinforces the floating quality of the building, breaking it up perceptually into a series of layers, added to by the internal curtains on the second floor.

In a further sophistication, the façade is liberated from the structural bay—the spacing of the columns does not correspond to that of the glazing—which is the key to minimising its impact on the street. The increment of the columns is that of the former house plots on the street—25 ft—and, being red, they act as an ongoing visual register of this historic urban grain, while the glazing is allowed to travel past, suspended horizontally from the ground, reinforcing, by its scale, the plane of the urban block frontage. This sense of movement along the street is further enabled by the columns' circular section, drawing people in and along, rather than pushing them to one side of a line.

I know that Robin was particularly fond of this building—it was the last time that he had an opportunity to practice in a considered, semantic way, a grammar of Modern architecture which was of his own making. The crisis in Modernism did not blow over—instead, Robin spent the remainder of the 1970s quarrelling—and losing arguments—with private-sector clients and planners. This proved too much for his fragile disposition—he retired from practice in 1982, at the age of just 58. His last building, completed in that year, is a small church in Kingswood Heights, near Tallaght in the foothills of the Dublin mountains. My distinct memory of this event is of Robin "taking back" this project from the office—he made all the phone-calls and did all the drawings himself—including hand-drawn large-scale perspectives of the interior which he made on the living room floor at home.

In each of the building projects described thus far, whether made from rendered blockwork, cast concrete or steel, there is a dialectic at play between heaviness and lightness, and between introversion and open-ness. If you will, between grounded-ness and a spatial atmosphere hovering between specific situations and typical ones, in-between embodiment and articulation perhaps, specific and universal culture. Ábalos seeks to describe these differences in archetypal terms, as house-characteristics representative of differing philosophical traditions or dispositions, Nietzschean, Bachelardian, etc. This is an elegant and intellectually satisfying game, and one which I think would have appealed to Robin too. In his philosophy of architecture though, buildings do not so much represent this or that academic temperament, or the personality of this or that architect or client. Rather, architectural design is itself a form of philosophical argument, a mode of dialectics itself, one driven by material research and expressed in terms of tectonic rhetoric.

It is tempting, although perhaps ludicrously grandiose, to claim that the recurring dialectic in Robin's work between concrete and steel—heaviness and lightness/groundedness and expansion, etc.—is resolved in a symbiotic relationship in his final project, this tiny church. The truth is the structure is entirely limited by budget constraints—although it is ultimately not determined

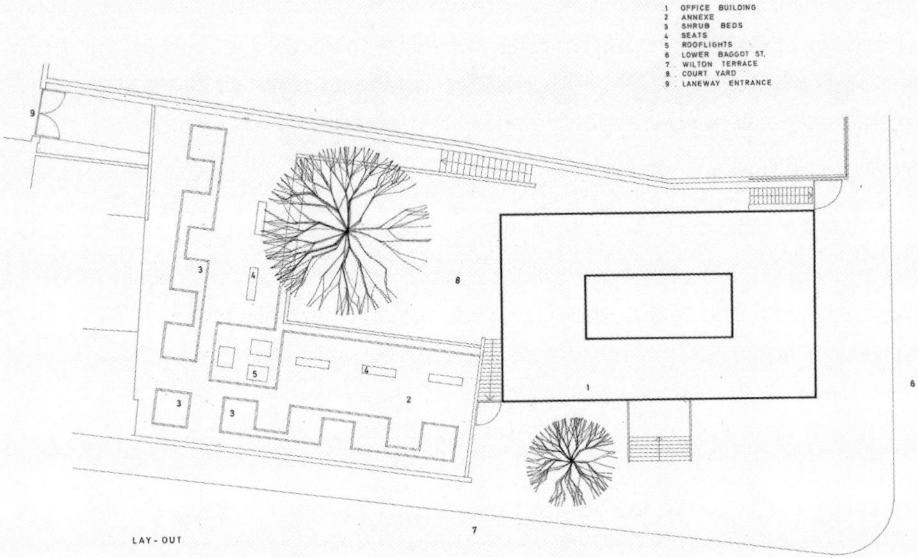

by them. In a sense, Robin had ended up back where he had started with Bord Fáilte, trying to define an architecture within the limits of an extremely small budget. This time, he uses concrete blocks and steel trusses—archetypes, in fact.

The plan is defined by an undulating, whitewashed concrete block exterior, with modest openings at a scale which responds to the surrounding domestic houses. Within this walled enclosure, an independent steel structure makes a clear span across the space, supported on only four steel posts, which are positioned 3 metres inside the corner points. The stanchions support storey-height steel trusses spanning the entire length and breadth of the church, and the height in section of these trusses is fully glazed, providing a clerestory around all four sides. On the interior, the primary, secondary, and tertiary layers of the structure are exposed.

The clerestorey allows a view of the surrounding treetops swaying in the breeze, recalling nothing so much as the chapel in Hans van der Laan's monastery at Vals in Belgium. It is not a vista of a grand landscape, but rather a view which is made all the more intense by its lack of grandeur. Unlike the Gothic cathedral's lux nova, where the presence of the divine is interpreted through stained glass windows, in this small church mass-goers can see for themselves God's creation in all directions. It is a magnificent space, made with the humblest of means.

When I look back on Robin Walker's life, I see the spirit-breaking struggle he was locked into, trying to convince Irish society, his clients and his peers of what he saw as truth, and beauty, in architecture—unfortunately for him, as it is for many architects, this was an attempt to impose thinking, often onto people for whom these ideas were largely meaningless. This impasse, this intransigence, was a self-inflicted condition, and yet the struggle was not in the nature of picking a fight. Nor was it solely an intellectual question—an objective pursuit—it was something that Robin was unable to separate from his own existence. In that sense, architecture for him was not an ideology, nor a polemic. For Robin it was a belief—he lived architecture, it constituted the terms of his engagement with the world. His is a philosophical-architectural argument constructed from earth-bound walls and sky-borne beams: an emanation of a particular kind of curious, questioning spirit, manifest in "a magnanimous illuminated space". The evidence is there in his writing at the end of his life, signifying his release from the endless circularity of Hegel's reason vs intuition, to his arrival at a state of grace—that is, the unconditional possibilities of change, wonder, forgiveness, humility and love.

Opposite: Site plan of Bord Fáilte

1. Part of the preface to a paper "Philosophy of Architectural Design" first delivered at the 7th Annual Conference of the Royal Institute of the Architects of Ireland [RIAI], held at White's Hotel, Wexford, 15-17 October, 1976. [Robin was a former President of the RIAI]. The full text was subsequently published in Portfolio 1, multi-disciplinary review by Gandon Editions, 1991, pp. 84–95, shortly following Robin's death.

2. "Seven Apollonian Trails" was Robin's first draft of an extensive thesis "to discover what is—and how to emulate—the spirit of the vernacular buildings of the 18th and early 19th centuries of Dublin" [Robin's introduction]. This quote is from *Trail 2: Process*. Robin completed his draft of the first three Trails: Ambiguity, Process and Humus—by 1988. The remainder of the book was intended to follow this structure: "Halting Site", "The Fitzwilliam Way", "Ordination or Prostration", "Perdition" and "Horizons". The manuscript was intended to be published as a book, tracing a path from the classical orders of ancient Greece and Egypt, subsequently developed by Alberti during the Renaissance, to the Georgian provenance of the Modern, as manifest in Dublin's 18th century Georgian estates. The impetus for this work was triggered by the Planning Department of Dublin City Council [then Dublin Corporation] prescribing a pastiche of the Georgian in Conditions attached to their planning decisions. Robin became aware of this in 1982, when he took up a post as Inspector on An Bord Pleanála [the Planning Appeals Board], following his retirement from practice. While an outline of these sections was written, the work was incomplete at the time of his death in 1991. Posthumously, the completed parts were redacted and edited by Patrick Healy, but the book never came to fruition. Various versions and sections of the manuscript remain in my possession today.

3. *Talking to My Father*, Loopline Films 2015, directed by Sé Merry Doyle, written and narrated by Simon Walker. The film was funded by the Arts Council of Ireland under its Reel Art scheme, premièred at the Dublin Film Festival 2015. Since then it has been shown at over 20 international film festivals around the world, in Europe, North and Central America, and the Middle East. It is the winner of the international Society of Architectural Historians Award for Film and Video, 2017.

4. The Irish Chapter of DoCoMoMo International is a voluntary organisation which has fought to defend buildings of the Modern period from destruction by property developers. These buildings are particularly vulnerable, as they receive no formal state protection—for example, of the 8,697 buildings on the Dublin City Council Protected Structures list, only 3 were built since 1945. Since 2010, DoCoMoMo Ireland has made over 20 applications to local authorities to place buildings on the Record of Protected Structures, with no success. Therefore, they are reduced to trying to save these buildings via the statutory appeals process against planning approvals to demolish them—notable successes include Dublin's Liberty Hall, the Texaco building and the RTE television studios. However, despite formal appeals, notable large-scale buildings such as Robin Walker's Bord Fáilte building and National Irish Bank building, Sam Stephenson's Electricity Supply Board headquarters, Andy Devane's Allied Irish Bank [partially], Brian Hogan's IDA headquarters and Burley & Shoolheifer's Fitzwilton House have all been demolished in the last four years since 2016.

5. A paper entitled "Higher Education in Art and Architecture", published in *Studies* journal, Winter 1968, Dublin, pp. 405–409.

6. Mies van der Rohe, "A Letter on Form in Architecture", *Die Form*, Werkbund journal, editor Walter Riezler, Berlin, 1927

7. From "Order, Space, Proportion—Mies' Curriculum at IIT", by Professor Kevin Harrington, architectural historian, from *Mies van der Rohe: Architect as Educator*, p. 56, The University of Chicago Free Press, 1986, eds. Rolf Achilles, Kevin Harrington and Charlotte Myrhum.

8. From *Apollonian Trails—Part 2: Process*—see note 2 above.

9. ibid.

10. Ilka and Andreas Ruby, Groundscapes, p. 10, Editorial Gustavo Gili, Barcelona, 2006.

11. ibid., p.11

12. Robin often made this point in discussing the house typology of Dublin's Georgian estates with me, when I was an architecture student at UCD.

13. At a review of 5th year students' work at the School of Architecture, University College Dublin, March 2007.

14. See note 1 above

15. "Baukunst und Zeitwille", *Der Querschnitt* No. 4, 1924 as quoted in "Architect and Teacher in Germany", essay by Sandra Honey in *Mies van der Rohe: Architect as Educator*, p. 39, The University of Chicago Freee Press, 1986, eds. Rolf Achilles, Kevin Harrington and Charlotte Myrhum.

16. The Lemke House, Berlin, 1938, was perhaps the closest Mies came to realising the "House with Three Courts", although it does not have an outer enclosing wall.

17. An "Irish family" means a family with many children.

18. Iñaki Ábalos, *The Good Life—a Guided Visit to the Houses of Modernity*, [chap. Zarathustra House], pp. 24-25, Editorial Gustavo Gili, SA, Barcelona, 2001

19. Spiro Kostoff, *A History of Architecture—Settings and Rituals*, p.120, Oxford University Press, 1985.

20. ibid., p. 118—this description refers to Crete and Mycenae in the first half of the first millennium B.C. [the reconstruction period of the eastern Mediterranean].

21. The "pattern" (Irish: *pátrún*) is a Catholic ritual in parts of Ireland, particularly the southwest, whereby devotions or Mass take place within a parish on the feast day of the patron saint of the parish. Located at particular sites in the landscape, there may be archaeological remains traditionally associated with a local saint, or holy wells reputed to have healing powers. Tea and sandwiches are traditionally hosted afterwards in a nearby house, on a rota basis.

22. Robin frequently referred to the idea of place, as "part of the sum of architecture", notably in his essay "A Sense of Place", delivered at the seminar held by the Construction and Industrialisation Working Group of the International Union of Architects, at the RIAI, Dublin 14-19 September, 1976.

23. Spiro Kostoff, *A History of Architecture—Settings and Rituals*, p.124, Oxford University Press, 1985.

24. Robin Walker's houses at St. Mary's Lane and the Weekend House in Kinsale were both featured in *House and Garden* magazine in the 1960s.

25. See Doug Carson's concrete poem in this book.

26. This work was mistakenly attributed to Patrick Scott in the film *Talking to My Father*—it was however the work of Robert Ballagh, the since internationally renowned artist, who as a young architecture graduate from Bolton Street [now the TUD] in 1969, in between his gigs as bass-player for The Chessmen, worked in the office of Michael Scott and Partners.

27. *Bothán* is a small animal outhouse or shed, derived from the word *bó* [cow], adjacent to a cottage, typically sized for just one milk cow.

28. Gaston Bachelard, *The Poetics of Space* [chap. House and Universe], pp. 83, 85, Penguin Classics ed. 2014, first published Presses Universitaires de France, 1958.

29. Robin Walker, *A Sense of Place*, a paper delivered at a seminar held by the Construction and Industrialisation Working Group of the International Union of Architects, in conjunction with the RIAI, 14–19 September 1976, Dublin, preamble p.2

30. Iñaki Ábalos, *The Good Life—a Guided Visit to the Houses of Modernity*, [chap. Picasso on vacation: the phenomenological house], pp. 99, Editorial Gustavo Gili, SA, Barcelona, 2001

31. Ibid., pp. 105-106

32. Gaston Bachelard, *The Poetics of Space* [chap. House and Universe], pp. 89, Penguin Classics ed. 2014, first published Presses Universitaires de France, 1958.

33. Ibid., pp. 72

Robin Walker
writings

Philosophy of Architectural Design

Robin Walker

including quotes from WT Stace's book *Religion and the Modern Mind*, 1953[1]

I am not a philosopher, any more than I am a structural engineer. Like most architects, however, I am an amateur, armchair philosopher-engineer. In the manner therefore of orthodox architectural practice I have used a philosopher's ideas with which to construct this paper. The philosopher is WT Stace and the book on which I have based my paper is called *Religion and the Modern Mind*. It was published in 1953—almost a quarter of a century ago. Since then there must have been many developments in philosophical thought of which I am unaware, but I doubt if there has been any significant change in man or his architecture and I believe Stace's thesis sums up for us very clearly the dilemma in which many of us find ourselves today and, more than that, offers us a way of resolving the problem.

The scientific revolution of the 17th century had a radical effect on the religious, moral and philosophical characteristics of the modern mind and consequently, through the aesthetic philosophy of architects, on our surroundings. This paper attempts to trace this effect and to throw some light on some of the problems which have led the public to criticise so adversely the quality of our surroundings. In doing so it will clarify what we, that is Scott Tallon Walker, have expressed as our aim as architects which is "to develop from the technical means appropriate to the solution of our clients' functional and economic requirements, an architecture of the highest possible quality." We do not define, in this statement, exactly what we mean by quality, but, for me it means that the choice of materials and techniques and their employment for functional ends should form a fountain of energy for the outpouring of the spiritual qualities and aspirations of the buildings and of the people who use and observe them—the sum of architecture.

That may seem to some of you a preposterous statement coming from someone who was responsible for, so commonly considered, such an arid building as the Bord Fáilte Headquarters and for those who think in this way it obviously calls for some explanation. Bluntly, I consider that the building's design is governed by spiritual rather than by material—I would rather use the term mechanistic—concerns.

In my work and generally in the work of our firm we have followed the lead given by Mies van der Rohe. In many ways we might be considered mere copyists; although I think we have extended his vocabulary, if not his grammar, of form. We have followed Mies in the conviction that his work is the right way and by that I mean the religious way just as for the Japanese the "organic" and for Western man the "geometric" way became the religious or right way. And here, straightaway, I touch on the main theme of this paper—aesthetic morality and its connections with religion. And the crux of this problem/connection lies in the debate which has proceeded in philosophy, overtly and by implication on the question of free-will, since the scientific revolution of the 17th century.

We suffer today under the misconception that there is some essential conflict between science and religion—between science and metaphysics. I am loath to accept this view. To my mind there is nothing in the scientifically based philosophy of the scientific revolution of the 17th century which supports this view—nothing which is contradictory to the religious, metaphysical view of the world held by previous cultures or indeed by many of the proponents, notably Mies, who in our own period have propounded that ours is essentially a scientific and technological epoch, giving rise to the notion that this must exclude metaphysical even mystical qualities. Mies, after all, said "God is in the details."

Architectural aesthetics and morality have never, since the middle ages, been more remarkably interrelated than at the end of the 19th century in the writings and works of Ruskin, Morris (and Choissy) culminating in the English Arts and Crafts movement and, indeed, in some of the dictums of Adolf Loos (decoration is uncivilised) and many of the propositions of his continental counterparts. It is simple to trace the origins of the ideas of the modern movement to these sources—Pevsner's history—and equally simple to trace the origins of Mies' philosophy and practice of architecture to this same root. One can trace Mies' influences further back through Schinkel and Gilly to the philosopher Kant—to the Critique of Pure Reason. Back in fact to the Romantic philosophers of the late 18th and early 19th centuries who were reacting against the prevalent, determinist, naturalistic philosophy of the era which stems from the 17th century revolution:

> The thoughts and actions of men tend to be governed, or at least influenced, by some set of general ideas about the nature of the world and man's place in it. A set of general ideas of this sort may be called a world-picture or a Weltanschauung. Sometimes, by scholars, scientists, or philosophers, a world-picture is more or less explicitly articulated. But in the majority of men it works unseen, a dim background in their minds, unnoticed by them in their minds, unnoticed by themselves because taken for granted. Usually, a particular epoch in a particular culture will have some such set of ideas which is peculiar to it and which pervades the whole culture at that time. Sets of general ideas change in the course of history under the impact of the incoming fresh experiences of the race of men.
>
> Such changes are usually slow. But in the 17th century of the Christian era there occurred a series of events which caused what seems in retrospect like a sudden revolutionary change in the world-picture of European man. This was the century which saw the birth of modern science.

It is from this period that the "modern mind" developed, as something clearly distinguishable from the "medieval mind". It is an acceptable oversimplification and generalisation to say that the medieval mind was dominated by religion whilst the modern mind is dominated by science.

I must interject here that however embarrassing you may find, in a learned and at the same time social architectural occasion, the introduction of religion, I am not really going to preach at you. I have already been dubbed, I feel, at the recent UIA Seminar as an evangelical Christian—such is not my intention—Christianity, Buddhism, Taosim, Zen et al will do, for my definition, as religion, even though I think (medievally) that Christianity is the most beautiful (and this expresses itself in its architecture) myth of all time. I simply want you to accept that religion is a concept which is generally foreign to the "modern mind", (and unfortunately foreign) since it could be, as it was for all previous cultures, central to the modern mind.

I repeat, there is no conflict between science and religion:

> Throughout the middle ages the geocentric theory of astronomy held undisputed sway. The earth stands motionless at the centre of the universe. Sun, moon, planets and stars revolve around it in circles. In the ancient Greek world the idea that the earth is a moving planet had been more than once suggested. In the sixth century BC Pythagorean philosophers speculated that the earth, along with other heavenly bodies, moves round a "central fire" which is always hidden from us because it is on the other side of the earth; the central fire was thus not the sun. At a later date the Greek astronomer Aristarchus definitely proposed a heliocentric view. But in the middle ages these ideas were ignored and forgotten, chiefly under the influence of Aristotle who espoused the geocentric theory. No one, at any rate no one of importance, from the rise of Christianity to the time of Copernicus, doubted that the sun and the stars move round the motionless earth.

The world had a beginning, had a purpose and would have an end. An end variously projected within the immediate comprehension of man's knowledge or imagination of history—for Dante, 1800. "The world drama was enacted and controlled by purpose". And following from this view it was clearly, indisputably, held that, "every object which exists in the universe, every event which occurs in it, must have its purpose. And every such purpose must fit into the grand scheme and the general plan of the whole." The medieval world-picture was composed of three basic elements, namely, God, world-purpose and the moral order of the world.

It is necessary to clarify these elements for as you will see later in my discussion, our present ideas, those of the 17th century revolution, of God, purpose and morality, differ not so much in essence as in practice (or non-practice) so dramatically from the medieval concept that it seems irrelevant to our world-picture, indeed seems to have no part in our picture of Order.

The medievalist's idea of God was that he was a personal, conscious mind or spirit, something like a human mind who made plans and had purposes. Of course, he had a much larger, more powerful and wiser mind than man but nonetheless it was of the same kind as man's—an anthropomorphic conception of God. And he was the Creator. He said: "Let there be light, and there was light." The original basic idea of the creation of the world—a Being similar to ourselves but with a higher capacity, a Person who could intervene and create.

There are two popular (but erroneously so) aspects or interpretations of the question of purpose, the one "teleogical" the other "mechanistic". Teleogical meaning purposive. Mechanistic meaning causative. The medieval view, it is held, was purposive—teleogical. The modern view, it is held, is causative—mechanistic. By way of explaining or emphasising the difference between the two, one can say that the teleological view is goal oriented, the mechanistic (or causative) is, so to speak, an event pushed from behind. But they are not mutually exclusive. Causes and goals are not opposite in nature. It is impossible to decide, for example, whether the man who climbs to the top of a hill to see a beautiful view does so because he wants to see the view or whether the seeing of the view came into existence after the stimulus of climbing—his antecedents in other words were physical educationalists:

> It is obviously true that the man climbs because nerve currents and muscles impel him. And it is obviously also true that he climbs because he wants to see the view.

If one elaborates on this problem of purpose and cause one will have to admit that a non-physical cause may have a physical effect. It is stupid to deny that desires and purposes exist and that they are among the causes of human behaviour. But modern science has thrust the teleological view into the background, its outlook is almost wholly mechanistic. It is the business of science to give causal or mechanistic explanations of the world order.

This has not always been the view of "science". We are accustomed to trace the historical development of science, at least Western science, back to the Greeks. If one studies Plato, Socrates and Aristotle one will find that although the causative explanation of phenomena is present, in all their philosophy, the Greeks held firmly to a teleological explanation. In Plato the teleological motif is dominant. "If we had the highest kind of knowledge… " We should, in his view, understand everything in the universe in terms of what he calls "the form of the good". And here, of course by a long jump one enters the question of morality—moral order. Is the world, the cosmos, a moral order? It is debated by modern philosophers whether moral values are objective or subjective. Following Stace I am persuaded to hold that moral values are objective and that this means that the world is a moral order.

Medieval man believed the world to be a moral order. That moral values are objective means the same as that the world is a moral order:

> Any value will be called subjective if the existence of the value depends, wholly or in part, on any human desires, feeling, opinions, or other mental

> states. An objective value will, of course, be the opposite of this. It will be a value which does not depend on any human desire, feeling, or other mental state.

Many modern (by modern I mean post 17th century) philosophers have thought that not only are economic values (by the above definition) subjective but so also are moral and aesthetic values. Hobbes for example thought that moral values were subjective, depending on what pleases and displeases the individual—or society. Hobbes was a contemporary of Galileo and it was the new science which was the basic cause of the radical change from the Medieval view of moral objectivism to the Renaissance and Modern view of moral subjectivism:

> Undoubtedly there is, in differing Judgments on artistic questions, a large measure of what may be called "mere" personal taste. One competent critic may prefer the poetry of Shelley, while another equally competent critic prefers that of Keats. One music lover may enjoy Beethoven more than Mozart, another Mozart more than Beethoven. In such cases we may be prepared to admit that tastes may legitimately differ. We are not inclined to insist that one opinion, our own, is simply "right", the other simply "wrong", although even here we may suspect that there is some failure of aesthetic perception on the part of the critic who differs from us.
>
> We think that he may have a blind spot as a result of which some aesthetic quality which we perceive escapes him. But we admit the possibility that we on our side may have a blind spot which renders us incapable of fully appreciating the aesthetic quality which he stresses. And so we are not disposed to insist dogmatically on our own opinion, and may be content to say that the difference is a matter of personal taste.

We know or believe as architects that it is possible to educate a student in aesthetics—it follows therefore, if that is so, that aesthetics cannot be wholly

subjective. There are "right" ways and "wrong" ways. Similarly in morals, most of us would agree with the proposition of right and wrong, good and evil and the basis for their belief ultimately falls back on a belief in the "will of God" or some belief in a cosmic "world purpose"—a religious belief.

The development of modern science was a slow process starting with the gradual abandonment of the geocentric theory to its replacement by the heliocentric theory with along the way a constant necessity, particularly on the part of Newton, to introduce God to explain the corrections of apparent aberrations in the system, up to the time of Laplace at the end of the 18th century who was able to say, having explained the abberations, that it was not necessary to introduce God into the working of the system, thus leaving God in the position of no more than the Prime Mover. The system, once started, continued to work in accordance with its own laws, without the need to introduce the notion of God into its workings. And although many philosophers and scientists may have and still do protest a religious belief in the existence of God, the fact is that the idea was pushed into the background—to a time before time began—and ceased to have any particular relevance to any ordinary, everyday events. The Age of Reason, thus ushered in, demanded an obeisance to the proposition that through the enquiries of Science not only could all be understood, but moreover that all could be determined. Everything became measurable to a point of absurdity, with Jeremy Bentham's calculus of pain and pleasure, attempting to "measure pleasure". The world becomes a machine and the mechanistic view crowds out the teleogical view:

> Now if everything in the world is a machine, then everything that happens in it can be explained mechanically, and teleological explanation is excluded, or at least becomes unnecessary. I have already shown that mechanical explanation does not really exclude teleology. That the man's climbing the hill is caused by nerve currents and muscle contractions does not render it untrue that he climbs in order to see the view from the top. That a watch's movement can all be explained as caused by its spring does

not alter the fact that the watch exists for the purpose of telling the time. In the same way the world may be a machine, but it does not follow that it has no purpose.

This means that the jump from the mechanical conception of nature, which science has introduced, to a view of the world as having no purpose, is not a logical transition. It also means that however mechanistic science may be, the denial of a world-purpose does not follow from it. Science is logically irrelevant to the question of teleology. Nevertheless, the modern mind has made the illogical jump. The conviction of the utter purposelessness of things is one of its main characteristics.

Scientific explanation and mechanical explanation are one and the same thing. A fact is explained scientifically when its cause is given. It comes to the same thing to say that it is explained by being shown to be a particular case of a general principle or law. Science is thus wholly mechanistic. And this has not been altered by recent scientific advances. For any explanation is mechanical which is in terms of causes or laws and not in terms of purposes. And recent physics does not explain events by means of purposes.

Such a sketchy outline of the effects of the rise of science on the philosophy, religion, morals and aesthetics of this era does little justice in its crudity to my sources, particularly Stace, nor to my thesis. But it should be clear to us how science, by forcing philosophy to try to establish quantifiable or so called "rational" propositions; by pushing God off the stage from a "being" constantly present and engaged in man's actions to a "being" who simply pressed a button at some infinitely distant point of time, before time, in the past; by replacing purpose with the ideas of relativism, and naturalist determinism, has undermined the foundations of morals and aesthetics. It has become almost impossible for us, without embarrassment, to propose any solution to any problem of architecture on an intuitive, spiritual level rather than on a simply quantifiable, explicitly demonstrable level.

When I say "us", I am probably referring only to those of my own generation. I believe, and am somewhat bewildered by their audacity, that the younger generation are not inhibited by such a hang-up. If this is so they have to thank Immanuel Kant for their release from such a prison. Whilst the materialist/mechanistic/polytechnical attitudes have gained increasing force and have more and more completely dominated our thinking since the 17th century, there have been reactions and there was, during the 19th century, the age of Romanticism, a particularly strong and powerful one springing directly from Kant and his *Critique of Pure Reason*:

> Kant, like Berkeley—though through quite a different train of thought—sought to find a place for religion and morality in a world from which science seemed to be banishing them. He sought to defend the ideas of God, freedom, and immortality, against a non-religious, deterministic philosophy which he saw was developing as a result of Newtonian science.

I have stated earlier in this paper that I cannot accept that there is a fundamental conflict between science and religion and have stressed that I cannot accept that causes and goals are opposed in nature:

> We have now on our hands, as a result of the history of the last three hundred years, a number of major spiritual and intellectual problems. They are the problems which are the root causes of the bafflement and perplexity of the modern mind. Their full solution must no doubt be the work of the ages before us. An individual is hardly likely to solve them completely. If our analysis has been correct, there are two central problems and a sub-problem. The first problem is whether we are to accept the scientific view of the world as true and as the sole truth; or whether the religious view is true or contains some truth which the scientific view leaves out; or whether the two can be in any way reconciled. This is certainly the most important problem. The second problem

concerns the foundations of morality, whether they are secular or religious, and if secular, whether we are committed to a relativistic view of morals. The sub-problem is: have we any free will, or are we mere cogs in a world machine, unable, even in the smallest matters of our conduct, to alter by a hair's breadth the inevitable course of the world? I call this a sub-problem because it is subordinate to the problem of morals and really a part of it. For if there is no free will, there cannot be any morality.

[The conflict of science and religion cannot be solved] by amiable "reconciliations" between bishops and scientists [...] any mere compromise, by which one part of the territory of the world is given to science, the other part to religion, is worthless and shallow. This was the great insight of Kant and of the romantic movement of the 19th century—whatever may be thought of the particular solutions offered by Kant and the romantics. Thus the problem still stands before us, unsolved by any rapprochements which have occurred, or are likely to occur, between scientists and religious men.

Every religion offers a way of life:

There is a "way", and an "experience", and a "destination". It is the way of the "saints". Nevertheless, it is "unknown". Also it is only for those who "have the courage". The destination "cannot be described". The experience likewise cannot be described, but is only "hinted at in myths and images". I shall suggest that these words, a "way" or path, followed by the "saints", which leads to an "experience" and a destination which "cannot be known" except through "myths and images", stand for the conceptions which are the essential truth of all religions. [...]

That all religious doctrines and dogmas are myths and images means that none of them is literally true. To have perceived this is the contribution made to thought by the sceptics and the atheists, in fact by the scientific view of the world. But they have missed something. They have simply said that the dogmas are not true. In this they were right. What they failed to see

> was that the dogmas are not merely falsehoods, but that they are myths, images, allegories which hint at a way of life, a destination, an experience, and possibly also some deeper truth about the universe.
>
> [I do not think that the doctrine, common to all religions] that there exists a being, known as God, who is a person, a mind, a consciousness, who formed a plan in his mind, and who, in accordance with his purpose, created a world [...] can be proved to be false.

And if it cannot be proved false then, following Popper's philosophy that whilst we may not be able to prove our hypotheses, our deductions, to be true, that they may be proved false, and thence rejected, then an inability to prove them false may at least make them acceptable as a working hypothesis and may enable us to believe in a world purpose:

> There are two ways of life, that which most of us follow, and which consists in "making the best of a bad job", and the "way of the saints"—the saints of any religion.

The second way is the mystical way and, without quoting, there is enough in the history and writings of the religious and mystics of the world to justify one in saying that there may be something in it. That it has nothing to do with science (as we understand the word) is obvious but that it may have some truth in it—offer the possibility of experiencing the truth, of passing beyond space and time—and that the mystical experience is objective is, conceivably a fact:

> The contradiction between the naturalistic or scientific view of the world and the religious view is due to the fact that two frames of reference are being used. We may speak of the natural or temporal order, and the eternal order, as being the two frames of reference. The eternal order is revealed in the mystic experience of the saint. The natural order is the space-time world which is revealed to the intellect and to science. If we use the natural

order as our frame of reference, then from that point of view the natural order is the sole reality, the mystic experience is subjective, and God is an illusion. This is the truth presented by atheism, scepticism, and naturalism. But if we use the frame of reference of the eternal order, then from that point of view God and the eternal order is the sole reality, and the world and the natural order are illusion. Looked at from outside itself, the mystic moment is a moment in time. But looked at from within itself, it is the whole of eternity. That God is an illusion is the standpoint of naturalism. That the world is an illusion is the standpoint of the eternal. This latter view finds actual expression in the Hindu doctrine of maya, and, in a less fully developed form, in all those philosophies, such as those of Plato, Spinoza, the German idealists, and Bradley, who hold that the space-time world is "appearance" or is not "the true reality", or is "half real", or has a low "degree of reality".

[This was] the insight of Kant that the solution of the religious problem cannot be a compromise, but that scientific naturalism must be one hundred per cent true and religion one hundred per cent true. Naturalism is the sole truth about the natural order, and religion is the sole truth about the eternal order. Neither order interferes with the other. But the two orders may be said to intersect in the mystic experience which is both eternal—from its own standpoint—and a moment in time—from the standpoint of time.

Before I deal with the problem of the foundations of morality I want to deal with Stace's sub-problem—free will. "If there is not free will there can be no morality." If all that man does is a result of mechanistic causes then he has no free-will. It has generally been considered that determinism is inconsistent with free-will and if one accepts the naturalistic and relativist scientific attitude one has to accept determinism. But in considering the nature of man's acts one can perceive two aspects of his actions, two kinds of actions such as, for example, signing a confession because one wanted to tell the truth, and, signing a confession because the police beat one. One more purposive, one more causative. One may frame the following rough definitions of man's acts—"Acts freely done are those whose immediate causes are psychological states in the agent. Acts not freely done are those whose immediate causes are states of affairs external to the agent." Defined in this way free-will certainly exists even though both acts are to some extent causative. But the causes are of different kinds, "that determinism is incompatible with moral responsibility is as much a delusion as that it is incompatible with free-will."

> In earlier ages morality was seen as grounded in religion. This view appeared historically, of course, in a variety of different forms according to what men's religious beliefs were, and according to their comparative naivete or sophistication. Its most naive form is the belief that what is right or wrong is simply determined by the will of God, God being conceived anthropomorphically as a great mind or consciousness which created and governs the world. And perhaps its most sophisticated form is found in the more abstruse and recondite systems of absolute idealism. The popular concept of God is in them replaced by the metaphysical Absolute. But this Absolute is, like God, the source of moral and other values.

Moral and aesthetic values and laws are necessarily objective if, by Stace's definition, that which is objective is independent of any human ideas, feelings or opinions whilst that which is subjective is, like economics and the laws of supply and demand, that which depends wholly or in part on any human desires, feelings, opinions or other mental states:

> The will of God is independent of any human psychology. So is the world-purpose, if we assume that such a purpose exists. So also is the philosopher's Absolute. And if moral values are founded in any of these, they are objective.

But "the old views changed under the impact of the ever-growing dominance of the scientific view of the world. Objectivism in morals has given way to subjectivism." And if moral and aesthetic views are subjective are they not then necessarily relative?

> The thinking of the modern world may be represented as having taken three steps. First, it accepted the naturalistic view of the world. Second, it deduced subjectivism from naturalism. For it argued that moral values must serve some purpose, and if there is no divine or cosmic purpose, the only remaining alternative is that their function is to serve human purposes, which constitute therefore their only foundation. And this view is, by definition, subjectivism. It took the third step when it deduced relativism from subjectivism, saying that, if morals are dependent on human purposes, they will be different for different men or different groups of men, because human purposes differ from man to man or from group to group.

It is this third step which I cannot accept and which I think is a mistake. I think that the modern mind has made a radical error in maintaining that relativism follows from subjectivism. The essential reason for the transition is the proposition that the purposes of men are all different from one another. But I believe that there are at least three common human purposes which are the sources of universal rules of conduct. They are:

1. Self-preservation: This is the source of a number of universal rules of conduct which may be called rules of prudence or safety.

2. Physical Health: This common human purpose gives rise to a vast body of rules, which are the same for all men, under such heads as sanitation and diet, and which also includes the rules of medical science. These may be called medical rules.

3. Happiness: This may also be called by such names as welfare, richness of living, self-realization, abundance of life, power, health of the soul, etc. The rules which are founded in it are called moral rules. Clearly under this heading one can include aesthetics.

Whilst there may be a degree of relativity attached to the first and second of these common purposes, in the case of moral rules this does not seem, in experience, to be so:

> Every man—except perhaps a few abnormal individuals—desires at least his own happiness. It is therefore a common human end in our sense of the phrase, and must give rise to universal non-relative rules, though there may be different opinions about what these are. It may be objected that "happiness" is a blanket word which is applied to different things by different people. What makes one person happy makes another unhappy. And if so, the assertion that we all desire the same thing may seem to be false, or only true in a verbal sense. [But] if happiness is allowed to be a common human end, shared by all normal men, to what rules of conduct, applicable to all normal men, will it give rise? I will mention a few:
>
> Love your neighbour.
> Get rid of hatred, malice, jealousy, envy, and so on.
> Do not steal, lie, break faith, etc.
>
> These are not rules of prudence or safety or diet. They are what are commonly called moral rules. It is much more difficult to show that all men should follow these rules if they wish to be happy than it is to show that they should follow rules of safety if they wish to preserve their lives, or medical rules if they wish to be healthy. But I believe that this is true. I believe that moral rules simply are rules of human happiness. And if so,

> they will be universal and not relative to any culture in exactly the same way, and for the same reason, as rules of safety and of health are so.
>
> I think it is not possible to prove this—at any rate at present—in the sort of exact and rigorous way in which scientific truths are established, but that it is nevertheless supported by general human experience. And it would seem that the great moralists, such as Jesus, Buddha, and Socrates, have been the best interpreters of that experience. Perhaps more intuitively than by any conscious process of generalizing from experience they divined that obedience to such precepts is the best way of achieving happiness, best for society at large, and best for each individual. [...]
>
> That love tends to increase happiness is just a fact about human nature which might not be true if human nature were wholly different. It might not be true of beings living on Mars; and it might not be true of our own descendants a million years hence if they have evolved into creatures quite different from ourselves. We may say if we like that the great universal moral laws are relative to human nature. But they are not relative to particular cultures or periods, which is what is usually meant by saying that morals are relative.

Hence relativism does not follow from subjectivism.

Returning to the religious formation of morality I have suggested that the essence of religion is found in the mystic experience of the saint:

> The moral urge must be seen as flowing out of that experience. [But] are we not compelled to think that even if ideal and moral aspirations flow out of the religious experience of the saints and, more dimly, out of that of common men, yet this experience being itself no more than a human thing, morals will still be subjective and the world not a moral order. [...]
>
> That the mystic vision is merely subjective is the whole truth if we take our stand within the order of time and make that our frame of reference. But there is another equally legitimate frame of reference. If we take our

> stand within the mystic moment itself, if we view it from within instead of from the outside, then it alone is the truth; and it is, rather, the time-order which is subjective illusion. The same will be true of the moral ideals, the value experiences, which are enclosed in the religious vision and which overflow from it into our daily lives in time. From a naturalistic standpoint they are merely subjective. But in that other frame of reference, which is the eternal order, they are eternal truths. Properly speaking, we should say of them, as we did of God himself, that they are neither subjective nor objective. But we may also say of them that they are both subjective and objective since the universe contains both frames of reference. The error of the naturalist is to admit the reality only of the time-order. But the eternal order is as much a part of the universe, and therefore of reality, and therefore the moral values which belong to it are in the same sense real and objective. This means that from the standpoint of time the world is not a moral order, but that from the standpoint of the eternal it is a moral order. And both truths have an equal right to our acceptance because we live in both orders.

For me it is because of our failure to accept these two apparently distinct, but essentially indivisible, orders as being a true concept of the world and our place in it, that we find ourselves in the unfortunate position of being unable to impart the importance of the spiritual in architecture—that we find it embarrassing to speak about beauty. Just as the spiritual, in modern-day practised religion, has lost its reverence for the spirit, so in today's architecture, materialism has lost its reverence for material. Within one frame of reference measure is abstract, spiritual, conceptual and not material; within the other, material that is matter is abstract, spiritual, conceptual and not measure. And matter, that is, in mythology:

> the Virgin Mary [...] typifies everything signified by Maya in Hinduism and Buddhism—that is, the female shakti, or consort of God, the world which

> "God so loved", or the finite manifestation of the infinite. The word *maya* is derived from the root *matr*—to measure, from which in turn come *μητέρα* (mother), *metre*, *matrix*, *mater* and *matter*, for *maya* is that "no-thing" which, when measured or divided becomes things.[2]

And none of you will deny the influence the Virgin Mary had on the design of the Gothic Cathedral and the problems she created for their architects, from the simple aesthetic impracticalities of fitting a round rose window into a pointed vault to the dematerialisation of the whole interior space.

With Pugin, who found his inspiration for expressing in symbol and architecture the ideals of high-church Anglicanism, it was during the 19th century that Gothic revivalism appeared. It was during the 19th century that the Romantics (following Kant) made their protests in painting, sculpture and philosophy—it was in the 19th century that Choissy and Viollet-le-Duc put forward their principles of structure as the basis of architectural style—it was in the late 18th and 19th centuries that Gilly, and his pupil Schinkel, and his pupil Berlage, set the scene for Mies van der Rohe.

It is arguable that 19th century Romanticism was really no more than an idealistic, sentimental materialism—a branch of humanism—and the argument can be well supported by much of the poetry and painting of the period, but a good example of what I understand by Romanticism (the Romanticism of Kant), to counter the argument, is Blake—"my mind looks out through my eyes." Looking at a Georgian town house facade I do not "see" brick but rather geometry and purpose, line, the grid given substance. Even more so when confronted with the interior of a Gothic Cathedral it is not the columns, mullions, vaults and tracery, the stained glass windows and the flying-buttresses which I "see", it is the mystical interaction of the interior space with its extension beyond the confines of the building which I comprehend; and, inverting Brian O'Doherty's comment about de Koening's painting, "... a myth is simply a way of making talk possible, of "experiencing" something while leaving it unchanged. It is thus a form of understanding that substitutes for comprehension,"[3] I can comprehend the cathedral without understanding it. Of course I can understand it once I have accepted it, but why it was made in this particular way when so many alternative choices, even within the technology of its period, were available, is not understandable within the purely "scientific" frame of reference. It is understandable, rather, comprehensible, only within the two frames of reference, scientific and religious, that indivisible order which is the essence of Medieval art. And the same can be said of Mies' work—it is not understandable within that single scientific frame of reference. The ecstasy of the I-beam and the arithmetical grid, the discord of the free plane in universal space, the contradiction between the plane's apparent flexibility and movement and the immovability of its position in an ordered space, are the mirror image of the "scientific" frame of reference. The one cannot exist without the other. What I think shocks most people about Mies is the apparent conflict between his supposedly basically mechanistic approach to the solution of a problem—its apparent basis in "pure" structure—and its evident basis in pure aesthetics on a very deeply moral, indeed religious (better mystical) level. This is of course the result of our assuming that when he spoke of our age being an age of science and technology he was thinking of it merely as a polytechnician would, whereas, of course, he we searching to find its expression in aesthetics. He was, in effect, a Romantic. It was the Romantic's clear understanding of the Classical as being, in both the Greek and Medieval expression of classicism, an understanding of the unity of those two frames of reference, of order, of which I have written. And Mies' architecture expresses in its aesthetic form this objective morality.

Every age has produced its own vernacular architecture. Indeed Mies himself spoke of his aim as being to produce a "grammar" for the architecture of the 20th century with which one could make "prose" or "poetry"—the equivalent, in a sense, of the 17th and 18th century craftsmen's pattern books. I doubt if any age has seen such an abysmally low quality in its vernacular, culminating in the bureaucratic vernacular of our mass housing, as the 19th and 20th centuries. But I would protest against any suggestion that this was the result of the Romantic movement. On the contrary I believe its roots can be found in Roman and Renaissance art where the division between the two frames of reference—the two orders—manifests itself most clearly and is expressed in the separation of form (structure) from decoration; where the "scientific becomes finally no more than "utilitarian" and the "religious" becomes debased to mere "decoration".

"Form follows function" is only understandable to me as a tenet in terms of architecture and aesthetics if I admit into the term "function" a meaning which goes far beyond the quantifiable, polytechnician, mechanistic and particularly "sentimental-sociological" interpretation of function—the analytical meaning of function. It is understandable only if I reinterpret it following Valery's perception that it is not "in my power to live up, as I ought an analysis with an ecstasy".[4] But once I admit this and accept the objectivity of the other moral, aesthetic and religious frame of reference then the tenet "form follows function" becomes a moral and religious dictum and stands for our aim "to develop from the technical means appropriate to the solution of our clients' functional and economic requirements, an architecture of the highest possible quality."

Originally delivered at a conference at RIAI in Dublin in 1976 and subsequently published by Gandon Editions, Dublin, 1991

1 Stace, WT, *Religion and the Modern Mind* (London: Macmillan, 1953).

2 Alan W. Watts, *Myth and Ritual in Christianity*, London: Thames and Hudson, 1953.

3 Brian O'Doherty, *American Masters: The Voice and the Myth*, New York: Random House, 1973.

4 Paul Valery, *Eupalinos: or, the Architect*, translated by William McCausland Stewart, Oxford: Oxford University Press, 1932.

ANK CHAMBERS
THE PEN SHOP
THE PEN SHOP
Sales & Service
PARKER

Dublin: Seven Trails

Robin Walker
redacted and edited by Patrick Healy

INTRODUCTION

This text will be an attempt to discover what is and how to emulate the spirit of the vernacular building of the eighteenth and early nineteenth centuries of Dublin. The book will consist of nine parts: a Preamble, seven Trails and, between the third and fourth trails an expansion and critique of the preceding parts as an introduction to what follows. The parts will be titled:

Preamble
Trail 1: Ambiguity
Trail 2: Process
Trail 3: Humus
Halting Site
Trail 4: The Fitzwilliam Way
Trail 5: Ordination Or Prostration
Trail 6: Perdition
Trail 7: Horizons

Very briefly, the contents of the *Preamble* will consist of an explanation of the origins of the book (from an appeal against a planning permission) and a general overview of architecture and building past and present in the West.

Opposite: National Bank of Ireland

The contents of *Trail 1: Ambiguity,* will consist of a statement that I consider that ambiguity is a normal constituent of all the arts and sciences, and a characteristic of all creative work. This statement will be followed by a detailed examination of the ambiguities in the Greek Doric temples and the ambiguity in the behaviour of light.

The contents of *Trail 2: Process,* will propose a system of order which (following the conclusions of the previous parts) I consider would be applicable to our period.

The contents of *Trail 3: Humus,* will examine the system of order governing the architecture of the 18th and early 19th centuries of Dublin.

The next part of the book, *Halting Site,* will expand on the foregoing and criticize some of the monumental buildings of the Renaissance generally and of the Post-renaissance of Dublin. The aim of this section will be to prepare the reader for a detailed description of the vernacular building of the 18th and early 19th centuries of Dublin which relates directly to the substance of the planning appeal and to the best of the vernacular building of the city. The spirit of that vernacular is, I believe, most clearly expressed in the fabric of that part of the Fitzwilliam Estate which lies within the 18th century city limits of the canals, that is to say the "hard-core" area of that period.

The contents of *Trail 4: The Fitzwilliam Way,* will be a description of the Estate as an organic structure.

Trail 5: Ordination or Prostration, will cover the cooperation and control by Parliament, the Wide Streets Commissioners and the Paving Board in the work of developing, by the landowners of the great estates, the newly expanding city.

The contents of *Trail 6: Perdition,* will describe the forces which have led to the collapse of the concept and fabric of the city into its present state of total deterioration.

The final part, *Trail 7: Horizons,* attempts to describe what and how we should emulate, rather than copy, the spirit of the city during its period of grand urban design.

PREAMBLE

The origins of the book stem from an appeal, made on behalf of the National Maternity Hospital, against a condition of a permission granted by Dublin Corporation for an extension to the hospital, in order to provide new consulting rooms and offices. The hospital proposed to complete the pseudo-Georgian facade of the existing building and to extend farther along Mount Street with an unremarkable brick-faced building in a modern manner. The development entailed the demolition of a few undistinguished 18th-19th century unoccupied houses. The condition appealed read in part, and referring to the facade fronting Mount Street, as follows:

> "The front elevation of this portion of the building shall be designed in a manner sympathetic to and characteristic of the Georgian buildings on the sites to the east. It shall have a plain brick finish, without modelling, in a colour to match that of the houses on the adjoining sites to the east. It shall have a marked predominance of solid over void, similar to that of the houses on the adjoining sites to the east. It shall have wooden or wooden appearance sash type windows with a strong emphasis on the vertical axis..."

The Board ordered the removal of the condition because it did not consider it reasonable to insist that on even the immediate periphery of the "hard-core" Georgian areas it was necessary or desirable to try to copy the style of a previous period developed for a different building type. It was clear that the intention of the condition was that the architect for the scheme should attempt to copy the existing buildings in the area. Surely, despite the apparent belief of the conservationists, it will not be possible to continue to copy the existing buildings in all the details of their fabric? But I believe that there is a timeless quality about the buildings of the period which is worth attempting to emulate. It should be possible to make it a condition of a permission, or, suitably turned, a reason for a refusal to emulate the spirit of the vernacular building of the 18th

and early 19th centuries of Dublin; if it were possible to define the spirit. It is the search for that spirit which is the essential subject of this text.

The search for the spirit straightaway introduces the subject of style. I will then treat of style (in the sense of classic), morality and tradition.

Three propositions: Form follows Function; Function follows Form; and the expression of Structure (meaning the load-bearing elements of the building)—which have been and, to some extent, are still current criteria for the production of architecture—will then be described and their relevance considered. The need for a city, an artefact implicitly necessary to justify the substance of the text, will be examined.

The preamble will end with some observations on beauty and creativity.

TRAIL 1: AMBIGUITY

The opening of the trail will make a comparison of two temples of, to some extent, similar function but of ambiguously dissimilar composition. They are both built of stone. The first, Queen Hatshepsut's temple across the Nile from Luxor, was built by two lovers, the Queen and her Prime Minister and architect Senenmut, in 1550 B.C.; centuries before the appearance of the Greek Doric petrified-timber temple which Viollet-le-Duc describes as:

> "... this so truthful construction—which is not, as I judge, the tradition of the timber framing of some remotely distant age, as some have contended—but a veritable stone construction ..."

Secondly, beyond, one of the most beautiful buildings in the world, the epitome of petrified timber temples—the Parthenon.

The blatant ambiguity (ambiguity is generally subtle and not a cause of dissension) of the triglyphs at the corners of the Doric temple (not their odd, eccentric location, which is usually the contentious matter, but the impossibility of the existence of two beam ends adjoining each other at the corner) will then be examined. The unaccountability of such rationally minded people, as the classical Greeks are supposed to have been, turns the examination back to the early Greek philosophers to find a source for such an unsettling juxtaposition. Heraclitus with his theory of a combination of opposites making a unity; the fascination of Pythagoras and others with the mysteries of numbers, in particular the number ten, and the Greek method of symbolising numbers with pebbles in a grid-iron drawn on a field of sand; and from there to field theory and quantum physics; all will be used in a search for the meaning of such an aberration.

Viollet-le-Duc considered that the triglyphs were uprights helping to support the roof between clerestory windows, a theory which he developed from the apparently two-way spanning roof construction which is clearly suggested by the columns at the gable ends of the temple. But unfortunately,

Opposite: National Bank of Ireland

the usually unimaginative academicism of the architectural historian and the even more depressingly factual results of archaeological investigations make it virtually impossible to protest his view in these actuarially determined times. There is no longer any doubt but that the Greeks' most beautiful building was made of stone to look like timber. Not so the temple of Queen Hatshepsut. It was made of stone to look like, and unquestionably did look like, stone.

The philosophy of Heraclitus, and the Many Worlds Theory which developed from Quantum Physics, can perhaps solve the ambiguity. But two experiments, one made by Alain Aspect and a team of physicists in 1982, the other an experiment made in 1803 by Thomas Young, suggest a much more exciting proposition, for a long time known in the East, that matter is alive—a theme which will run throughout the book.

The foregoing which will take the form of a brief description of the ambiguity of light acting both as particles and waves will be followed by a sally into the field of perception and what appears to be reality, referring to the ideas of Sartre, Husserl and Richard Kearney. The trail will end with references to Heisenberg's Uncertainty Principle, Bohr's Probability Waves, and an argument that all of the probabilities and possibilities as contained in the modern philosophy of Deconstruction and in the ancient philosophy of Anaximander, together with the discoveries of Quantum Physics, leads to a situation where the old certainties of Firmitas, Commoditas and Venustas, (except for their inspirational value) are no longer adequate as a base for a vital theory of architecture.

Moreover, the meaning of the parts of the Greek temple had been forgotten—collapsed like quantum waves—and all their probable possibilities irretrievably lost, long before the appearance of the great monuments of Imperial Rome on which the accident of the Renaissance was based, and even before the ideas of the Heroic period of Greek culture had themselves collapsed.

This trail will conclude with the assertion that in the light of, and in the knowledge and truth of our discoveries, in particular the fact that matter is alive, we must think, judge and work with new and vital principles.

Opposite, top to bottom:
Mortuary Temple of Hatshepsut; the Parthenon

TRAIL 2: PROCESS

This trail will set out to establish a system of order, which I will call "structure"—an organism which weaves together the total fabric of the environment which will be expressive of, responsive to, and representative of our age.

The constituents, the elements and qualities, which Vitruvius considered would compose architecture and would respond well to the demands placed upon it were Firmitas, Commoditas and Venustas, which can be expressed in a new way. One can produce a revised version of his percipient and useful interpretation of the meaning of architecture. Acceptance of the fact that matter is alive is the key to this revised version. When one knows, as every artisan and artist who has to work with matter knows without question, that matter is alive, it becomes clearly comprehensible how structure works organically both in its fabrication and utilisation.

If the capacity to think is considered to be one of the criteria for life, and it we discover that it is a fact that the furiously active particles composing our made-of-matter building think, then that building is alive and, given a good figure and voice, sparkles with light and breathes and speaks with life. That means also that the artificial barrier which we have erected between vital and inert matter and the distinction that Vitruvius made between Firmitas and Commoditas has been shattered, its divisiveness jettisoned, and the way opened for construction and function to fuse. It becomes possible to replace his terms with the word "fit" using it in a physiological sense in relation to construction and in an aptitudinal (sic.) sense in relation to function. We can use the term "fit-ness" to replace Vitruvius' two terms, but to complete our revised version there are other qualifications required.

My conception of structure can be understood most clearly by analogy with the hadron particle:

"Every particle contains every other particle", but not in a classical, static sense. Rather than "containing" one another, hadrons "involve" one another in the dynamic and probabilistic sense ... In that sense all hadrons are composite structures whose components are again hadrons, and none of them is any more elementary than the others. The binding forces holding the structures together manifest themselves through the exchange of particles, and these exchanged particles are again hadrons. Each hadron, therefore, plays three roles: it is a composite structure, it may be a constituent of another hadron, and it may be exchanged between constituents and thus constitute part of the forces holding a structure together.

Rather than the word "involve" I prefer "cover", which I think expresses the meaning I take from the analogy when I speak of "fabric" and when I also imply biological coverings as qualities of what I term structure. The qualities so far proposed are merely a replacement of what Wotton translated from Vitruvius as "Commodity" and "Firmness" (note the shopkeeper's reversal of the terms) but the meaning of both would today be conceived differently. "Firmness" would not allow a currach to bend easily with the waves, nor a light aircraft to "flap" its wings in bumpy air currents and, at the time that Vitruvius chose the word, it would have been impossible to conceive that the Empire State Building would be firmer by swaying as much as fourteen feet at the top in a high wind than if it were stiff and upright. In the latter case it would crack apart because it would not have been sufficiently resilient—a key word.

Commodity nowadays hardly means more than adequate or, worse, something tradeable—it has lost its archaic meaning of useful or convenient.

"Delight"? It has no more to do with beauty than Venustas; as the universal life-giver and mother she would play a significant role in structure, but her Greek equivalent, the temptress Aphrodite with her golden apple of discord, tempting the simple architect, would be a most unsuitable lady to emulate.

Something equivalent to beauty, as heady as Venus and as spicy as Aphrodite, but deeper, needs to be added in a hadronlike manner to effect the revision, and a system of order for our period will go a little deeper than superficial beauty into the complex of structure.

We need a term to equate with the binding force and the covering of the multi-actioned particle which I am calling "structure". "Love" suggests itself to me as a binding or covering membrane; equally "Idea" could have the same connotations if one thinks of its suffusing quality. But I think "Idea" performs better as a binding force and "Love", because of its biological sense, will serve best for the role of covering. We do not really need "Idea" as an independent quality—the whole sense of multi-containing, multi-involving, unitary particles is idea enough; it is no more than another quality of the particle and so similarly is "Change".

The super-interactivity of the particles of the particle, exemplify the constant movement associated with change, and the strength of the binding force to keep the particle resiliently stable. Love and beauty have always been considered inseparable, but alone "Fit-ness" and "Love" are not adequate to replace "Venustas" or "Delight". We can borrow from either Apollo or Aquinas and use the word "Clarity". Structure then may be defined as Fitness, Love and Clarity.

So, I have given my definition of a system of order for our period. But the word "system" is far too iron-like a corset for structure—I will write of a "process": A Process of Order.

Process implies movement. Movement both cyclical and linear has been graphically expressed in all cultures from the neolithic double-spiral on the kerbstone of Newgrange to the linear city project of Soria y Mata and the graphics of El Lissitzky; and that cyclical and linear movement is ubiquitous in quantum physics.

If I were to give a succinct definition of this covering, this structure, I would call it Magnanimous Illuminated Space.

It is essential to grasp the self-supporting role of each of the parts of structure. Decoration must support construction just as construction always supports function; the same requirement holds for all of these hadron-like qualities. To illustrate how these qualities, particularly light, are selfsupporting and self-regulating and have been present in all the great epochs of the past, a number of buildings will be chosen, described and put forward as exemplars of structure at its clearest.

The creation of a work of art is an orderly process of a series of actions and interactions of the mind and the body so closely interwoven that, like the particles of the hadron, they are inseparable and work in immediate contact and collaboration with materials, tools and techniques to create a concept almost instantaneously grasped—dynamic and static, busy but still.

Finally, this trail will consider the vital role of creativity in structure, the roles of Eros and Psyche, in infusing that quality into the other qualities of structure—Fitness, Love, Clarity, Idea, Change, Light, Space. It is love that irradiates, with the brilliance of the particle, the beauty and truth of structure.

TRAIL 3: HUMUS

To understand the background of the architectural thinking and practice against which the Fitzwilliam Estate was developed, it will be necessary to examine the roots of the style of the Renaissance (I will use the term to characterise the architecture of Italy from the 15th century to the Neo-Classicism of Germany in the early 19th century.) Naturally, particular attention will be paid to the two most important Palladian buildings of Dublin, the Four Courts and the Custom House, but, more will be devoted to the writings of Vitruvius, Alberti, Serlio and Palladio and particular attention to the knowledge, theory and works of Alberti. How the theories of the period affected the vernacular building of the Estate will be left to *Trail 4: The Fitzwilliam Way.*

It is unfortunate that the architects of the Renaissance did not sit on the rock outside the gate of the Acropolis and study that little Ionian cabin dedicated to Nike. Rome was closer, more accessible, and more awesome. It was because of this awe that anything Rome had done was sanctified by Authority. Most architects would now agree that the Greek arts were more refined and more truthful, whilst Roman art, and particularly architecture, was bolder and constructurally (sic.) more inventive. Architects frequently seem to agree on the theory of architecture but as frequently express theories in quite different ways. Sullivan, Wright, Gropius, le Corbusier and Mies van der Rohe, influenced by Structural Rationalism and the English Arts and Crafts Movement said much the same things in writing about architecture, such as "form follows function", the necessity to express truthfully materials

and techniques of construction, to expose the "structure" and so on. And it is interesting to read such writers as Vitruvius and the architects and commentators of the Renaissance such as Chambers and Laugier, Wotton and Alberti, to find that their theories seem, generally, basically the same and to accord with the teachings of the Modern Movement. But a chasm of difference separates the classical, hierarchic, theory of order and this era's classic, serial, theory of order. Before, therefore, beginning to explore the vernacular building of the 18th and early 19th centuries it is necessary, in what follows, to try to determine the motivating force in the expression of Renaissance architecture which fertilizes the vernacular building.

It is generally agreed that Vitruvius, the only Classical architect whose writing has come down to us, in his *Ten Books on Architecture*. He practised and wrote in the time of the emperor Augustus. His specifications of the qualities which an architect should possess:

> He ought ... to be both naturally gifted and amenable to instruction. Neither natural ability without instruction nor instruction without ability can make the perfect artist. Let him be educated, skilful with the pencil, instructed in geometry, know much history, have followed the philosophers with attention, understand music, have some knowledge of medicine, know the opinions of the jurists, and be acquainted with astronomy and the theory of the heavens.

These are more or less the qualities to be expected, even if somewhat optimistically. But Vitruvius was a reasonable man and did not expect great dexterity in all the fields. We would be in general agreement with what he has to say about architecture itself. He writes:

> Architecture depends on Order (in Greek taxis), Arrangement (diathesis), Eurythmy, Symmetry, Propriety, and Economy (in Greek oeconomia).

Opposite, top to bottom:
Four Courts; The Custom House, Dublin

And then he expands on this:

> Order gives due measure to the members of a work considered separately, and symmetrical agreement to the proportions of the whole … Arrangement includes the putting of things in their proper place and the elegance of effect which is due to adjustments appropriate the character of the work… its forms of expression… are these: ground plan, elevation, and perspective… All three come of reflexion and invention. Reflexion is careful and laborious thought, and watchful attention directed to the agreeable effect of one's plan. Invention, on the other hand, is the solving of intricate problems and the discovery of new principles by means of brilliancy and versatility… Eurythmy is beauty and fitness in the adjustments of the members… Symmetry is a proper agreement between the members of the work itself, and relation between the different parts and the whole general scheme, in accordance with a certain part selected as a standard… Propriety is that perfection of style which comes when a work is authoritatively constructed on approved principles. It arises from prescription, from usage, or from nature… Economy denotes the proper management of materials and of site, as well as a thrifty balancing of cost and common sense in the construction of works.

There is little that, with some stretching, we would quarrel with. Perhaps he leans too much towards aesthetics. He has not much to say on function, except under invention (problem solving), and under economy, which he outlines more fully when he writes about the different types of dwellings. But it is particularly interesting to note that he has very litle to say about essential construction—arcuated, vaulted and domical construction. The perception is given that, even in his time, there was a split between the engineer or builder and the architect or decorator. Although he does give advice on materials and techniques of construction, he does not appear to be much interested in the subject. Although he writes about vaulting—"when vaulting is required"—and discusses circular temples in a manner which infers that they would be roofed by a hemispherical dome supported on the cella walls with a surrounding colonnade or simply an open platform roofed with a dome supported on a trabeated construction of columns and architraves, perhaps a full entabulature, it seems clear that his idea of "architecture" is of a trabeated construction based on Greek Orders as developed by the Romans. There is a hint of Roman imperialism and hierarchy under the heading of Arrangement when he writes of putting things in their proper place.

Leon Battista Alberti (1404–72) was the intellectual theorist whose work, *Ten Books on Architecture*, first published in Florence in 1485 and later, in 1550, translated into Italian by Cosimo Bartoli, and closely modelled on Vitruvius, laid the foundation for the future development of Renaissance architecture. Again, it is hard to quarrel with what he has to say about the architect and architecture—it sounds quite familiar stuff. He is worth quoting extensively to show the familiarity, even similarity, of his thinking to the Modern Movement.

> Him I call an architect, who, by sure and wonderful Art and Method, is able, both with Thought and Invention, to devise, and with Execution, to compleat all those Works, which, by means of the Movement of Great Weights, and the conjunction and Amassment of Bodies, can, with the greatest Beauty, be adapted to the Uses of Mankind: and to be able to do this, he must have a thorough Insight into the noblest and most curious Sciences.

Alberti clearly based his work on that of Vitruvius, but whilst his ideas are similar, they are by no means a simple repetition. In that quotation there is a definite reference to function—"the Uses of Mankind"—more explicit than anything to be found in Vitruvius. His definition of architecture is far more intellectual, and theoretical, less specific than that of Vitruvius.

> We consider that an Edifice is a Kind of Body consisting, like all other Bodies, of Design and of Matter; the first is produced by the Thought, the other by

> Nature; so that the one is to be provided by the Application and Contrivance of the Mind, and the other by due Preparation and Choice.?... the whole Art of Building consists in the Design, and in the Structure. The whole Force and Rule of the design, consists in right and exact adapting and joining together the Angles which compose and form the Face of the Building... It is the Property and Business of the Design to appoint to the Edifice and all its Parts their proper Places, determinate Number, just Proportion and beautiful Order; so that the whole Form of the Structure be proportionable. Nor has this Design anything that makes it in its Nature inseparable from Matter; for we see that the same Design is in a multitude of Buildings, which all the same Form, and are exactly alike as to the Situation of their Parts and the disposition of their Lines and Angles; and we can in our Thought and Imagination contrive perfect Forms of Buildings entirely separated from Matter, by settling and regulating in a certain Order, the Dispositions and Conjunctions of the Lines and Angles, conceived in the Mind, and contrived by an ingenious Artist.

Although I have written in the previous Trail of the interdependence of form and construction, I think it is generally the case that a system of construction is chosen to suit an idea of a preconceived form. In the second chapter of the first book, he begins to become specific (the previous quotation, standing on its own, is quite meaningless) and builds up from regional and city planning, through buildings, a defined view of architecture, somewhat akin to what I have in mind, as architecture being a total structure.

> ... if a City, according to the Opinion of Philosophers, be no more than a great House, and, on the other Hand, a House be a little City; why may it not be said, that the Members of that House are so many little Houses;... the whole Art of Building consists in six Things, which are these: The Region, the Seat or Platform, the Compartition, the Walling, the Covering and the Apertures... the Region with us shall be the whole large open Place in which

> we are to build, and of which the Seat or Platform shall be only a Part: But the Platform shall be a determined Spot of the Region, circumscribed by Walls for Use and Service. But under the Title of Platform, we shall likewise include all those Spaces of the Building, which in walking we tread upon with our Feet. The Compartition is that which subdivides the whole Platform of the House into smaller Platforms, so that the whole Edifice thus formed and constituted of these its Members, seems to be full of lesser Edifices: By Walling we shall understand all that Structure, which is carried up from the Ground to the Top to support the Weight of the Roof, and such also as is raised on the Inside the Building to separate the Apartments; Covering we shall call not only that Part, which is laid on Top of the Edifice to receive the Rain, but any Part too which is extended in length and breadth over the Heads of those within; which includes all ceilings, half-arched Roofs, Vaults and the like: Apertures are all those outlets, which are in any Part of the Building, for the Convenience of Egress and Regress, or the Passage of Things necessary for the Inmates... we found three Things by no means to be neglected, which relate particularly to the Covering, the Walling, and the like: Namely that each of them be adapted to some certain and determinate Conveniency, and above all be wholesome. That they be firm, solid, durable, in a Manner eternal, as to Stability: And as to Gracefulness and Beauty, delicately and justly adorned and set off in all their Parts.

Alberti is, in effect, describing how to conceive and perceive a building, and, indeed, the sequence in which all the elements of a structure should be considered. But, interestingly, not from its roof (the essential element) down which is how it is designed, or should be designed, from the ground up which is how it is built. That distinction is rarely made. It appears, however, that he does consider the covering, the roof, to be the most important element of the structure. It is strange, therefore, to discover that in his buildings this is not made more manifest. It may be that the pedimented porticoes and the

Renaissance cliche of door and window crowned by a pediment, oddly, in the interiors as well as the exteriors, as in some way symbolic of the roof. He is correct when he writes, although not very informatively, about:

> The whole Business of the working Part of Building is this; by a regular and artful Conjunction of different Things, whether square Stone, or uneven Scantlings, or Timber or any other strong Material, to form them as well as possible into a solid, regular and consistent Structure. We call it regular and consistent when the Parts are not incongruous and disjointed, but are disposed in their proper Places, and are answerable one to the other, and conformable to a right Ordinance of Lines.

In *Book VI* Alberti turns to the matter of Beauty and attempts to define it:

> ... to be as brief as possible, I shall define Beauty to be a Harmony of all the Parts, in whatsoever Subject it appears, fitted together with such Proportion and Connection, that nothing could be added, diminished, or altered, but for the Worse: A Quality so Noble and Divine, that the whole Force of Wit and Art has been spent to procure it; and it is but very rarely granted to any One, or even to Nature herself, to produce any Thing every Way perfect and compleat. How extraordinary a Thing (says the Person introduced in Tully) is a handsome Youth in Athens! This Critick in Beauty found that there was something deficient or superfluous, in the Persons he disliked, which was not compatible with the Perfection of Beauty, which I imagine might have been obtained by means of Ornament, by painting and concealing any Thing that was deformed, and trimming and polishing what was handsome; so that the unsightly Parts might have given less Offence, and the more lovely more Delight. If this be granted we may define Ornament to be a Kind of auxiliary Brightness and Improvement to Beauty. So that then Beauty is somewhat lovely which is proper and innate, and diffused over the whole Body, and Ornament somewhat added or fastened on, rather than proper and innate.

Alberti seems confused, and his words in conflict with his definition of Beauty, which would rule out ornament. Although linking beauty and ornament as necessary to excite pleasure and delight he does concentrate on beauty rather than ornament. And the manner in which he describes "compartition" suggests that he sees it as a resolution of function and form to serve the ends of "convenience", "pleasure" and "beauty". "Pleasure" is singled as the last thing to be considered in building. So, the fastening on of ornament does not seem to be of the essence of building, being neither "proper" nor "innate" and might, therefore, be thought to be superfluous, particularly by someone who, like Alberti, puts great emphasis on necessity, convenience and usefulness. The difference between modern and classical orders is shown by the statement of Alberti that the last "Thing" to be considered is ornament. There is no pecking order in modern aesthetics or in my process of order in structure. Nothing in structure can exist unless everything exists, sharing equal force in the equation which resolves all things into structure. (Perhaps I am overreacting at the appearance of constructional elements used purely for decorative purposes—not just the pediment over an internal doorway, but the much more offensive subdivision of the building into bays marked by trabeated construction engaged in the wall—perhaps I am not giving due attention to decoration.

He fuses ornament into structure in an innate and proper relationship:

> That which delights us in things that are either beautiful or finely adorned, must proceed either from the Contrivance and Invention of the Mind, or the Hand of the Artificer, or from somewhat derived from immediately from Nature herself. To the Mind belong the Election, Distribution, Disposition and other Things of the like Nature which give Dignity to the Work: To the Hand, the amassing, adding, diminishing, chipping, polishing. and the like, which make the Work delicate: The Qualities derived from Nature are Heaviness, Lightness, Thickness, Clearness, Durability etc.

Intellectual writing, which suggests equally intellectual architecture:

> The chief and first Ornament of any Thing is to be free from all Improprieties. It will therefore be a just and proper Compartition, if it is neither confused nor interrupted, neither too rambling nor composed of unsuitable Parts, neither too many nor too few, neither too small nor too large, not mis-matched nor unsightly, nor as it were separate and divided from the Rest of the Body: But every Thing so disposed according to Nature and Convenience, and the Uses for which the Structure is intended, with such Order, Number, Size, Situation, and Form, that we may be satisfied there is nothing throughout the whole Fabrick, but what was contrived for some Use or Convenience, and with the handsomest Compactness of all the Parts. If the Compartition answers in all these Respects, the Beauty and Richness of any Ornaments will fit well upon it.

Any Ornaments? He is beginning to slip:

> But the principal Ornament both of the Wall and Covering, and especially of all vaulted Roofs (always except Columns) is the outward Coat: And this may be of several Sorts; either all white, or adorned with Figures and Stuccowork, or with Painting, or Pictures set in Panels, or with Mosaic Work, or else a Mixture of all these together.

All mixed together? Jesus, Mary and Joseph.

There is a topic and a word which Alberti frequently discusses and uses. The topic is orientation and the word is "dignity". Orientation is a factual matter, "Dignity" is an evocative word which is seldom used now, and if it is used it is almost always as a pejorative. As used by Alberti it is a non-objective non-subjective quality of reality; it is a substance consisting in reality. Orientation and "dignity" as discussed and used by Alberti project an image of a keenly aware architect. Chapter III of Book I is entitled *Of the Region, of the Climate or Air, of the Sun and Winds*, which affect the Air, and is wholly devoted to those topics. Chapter IV of Book I is entitled *Which Region is, and which is not Commodius for Building*.

… how great an Influence the Air has in the Generation, Production, Aliment, and Preservation of Things, is unknown to nobody. It is even observed that they who draw a pure Air, have better Understandings than those who breathe a moist one: which is supposed to be the Reason that the Athenians had much sharper wits than the Thebans… that Air is the most healthy, which is the most purged and purified, and which may most easily be pierced by the Sight, the clearest and lightest, and the least subject to Variations. And on the contrary we affirm the Air to be pestiferous, where there is a continued Collection of thick Cloud and stinking Vapours, and which always hangs like a great Weight upon the Eyes, and obstructs the Sight… the reason why some cities… are perpetually unhealthy and pestilential, seems plainly to be the hidden Turns and Changes in the Air, from Hot to Cold and fom Cold to Hot. So that it very much concerns us to be extremely careful in our Observation, what and how much Sun the Region we pitch on is exposed to; that there be neither more Sun nor more Shade than is necessary. The Garamantes curse the Sun… because they are scorched with the long Continuation of its Beams. Other Nations look pale and wan, by living in a Kind of perpetual Night. And these Things happen not so much, because such Places have the Pole more depressed or oblique, tho' there is a great deal of that in that too, as because they are aptly situated for receiving the Sun and Winds, or are skreened from them. I should chuse soft Breezes before Winds, but even Winds, though violent and blustering, before a Calm, motionless, and consequently, a heavy Air… I would never build a City upon a steep inaccessible Cliff of the Alps, as Caligula intended… nor in a solitary Desart, as Varro describes that Part of France to have been which was beyond the Rhine, and as Caesar paints England in his Days… The Region itself … should be neither too moist through too great abundance of Water, nor too much parched with Drought, but be kindly and temperate… erect on one side of the Kitchen a large Shed under which you may set your Cart, Plough, Harrow, Yoke, Hay-baskets, and the like Utensils; and let this Shed have a South Aspect, that in Winter Time the Family may divert themselves under it on Holydays... you must take particular Care that the Wall behind the Manger, against which the Horse's Head is to stand, be not damp. The Bone which covers the Horse's Brain is so thin, that it will bear neither Damp nor Cold; and therefore take Care also that the Moon's Beams do not come at the Windows; which are very apt to make him Wall-eyed and to give him grievious Coughs; and indeed the Moon's Beams are as bad as a Pestilence to any Cattle that are infirm.

HALTING SITE

This trail will be more than a summary of the preceding parts and will chiefly entail a sharp criticism of the writing and work of Alberti, Serlio, Palladio and other less important architects of the Renaissance; a refutal, quoting in his own words (basically that architecture is the decoration of construction) the defence of the style by Geoffrey Scott in his book *The Architecture of Humanism*, the last great stand of its proponents; supported by the Jesuit writer Father Laugier, my own observations and critical articles in books and newspapers of the time. I will also compare the wholly inventive developments in music and science of the Renaissance with the totally derivative essays in architecture.

I will list the attributes required to be an architect by Vitruvius and compare them, with my comments, with those required by Alberti. This section will deal with what Vitruvius terms eurythmy, that is, proportion, and in particular with the ideas of Palladio on the subject.

I will discuss the importance of Alberti and Serlio as painters turned architects; the former as the theoretician with a stylistic manner and the latter as the source for the practitioners of the period. I will compare Alberti and Mies van der Rohe on the subject of reason. I will question, through his writings, Alberti's real understanding of building and therefore his right to be considered an architect. I will argue that because of the influence of its manner of thinking which is essentially that of a painter or a sculptor, and the absence on the part of the designers of any solid foundation in the knowledge of building, that the

“architecture” of the Renaissance has to be dismissed as no more than very brilliant exterior and interior decoration.

The trail will end with a quotation from a letter writer to a popular Dublin journal of the time who takes to task a correspondent of the journal at the time when controversy raged over the proposed new Royal Exchange building. It is a plain man’s view of architecture and gives us also a picture of the state of unhealthiness of the environment:

> Mr Essayist proposes Reformation, and to make the Public all become Architects. Sure, such a curious chimerical Project never before entered into any sober, serious Noddle! But I presume he is a young Man, and a little more Time and Experience will do him good; he will at last come to know, that the Public is a many-headed Monster, incapable of being tamed or improved... What Authority has he? Has he executed any Thing? Has

This page: Leeson Park

ULSTER BANK L^D
KZH 701
YZE 747

he given in a Plan?... A few days hence, I was walking with a Friend of mine (a professed Admirer of Mr. Essayist) through Parliament-street; how charming will it be, says he, when we get our Exchange at the End of this, and so he went on describing it in Raptures. Though the Day was uncommonly bright, I do aver, the Shade was so dark, the Smoak and Gloom so thick, that notwithstanding we were half-Way up the Street, we could scarce see a Window in the Castle; I could not help smiling within myself, at perceiving how much my friend had profited by all that Stuff, about Propriety and Beauty, which his Essayist has of late dispensed so liberally; and so no Doubt, it is with most other People... Let our Exchange be a good, plain, substantial Brick Building; it will correspond better with the Houses in the Neighbourhood; but I will even be so extravagant, as to allow Stone; provided it be a plain, modest and convenient Building... How shall I look, when I see my once industrious Friends, Jack, and Tom, and Will, trudging all the Morning about this unclean Town, from the Coffee House to the Custom House, from that to the Market, then along the Quays, rolled up in their blue Cloaks and their rusty Hats, all bespattered as high as their Rumps, come hobbling up the Steps of a grand Temple, such as the Roman Consuls, in their Triumphs, used to march to, (there being a strong Resemblance, you know, between Dublin and ancient Rome) or perhaps a Palace fine enough to entertain the whole Court of Versailles. Risum teneatis? Is this not Horace's picture? Every Thing that is incongruous or un-natural; a fine Woman with a Dirty Dragon's Tail... I suppose that if Mr. Essayist, with his head all fraught with Antique is to direct, we shall certainly have a Dome to crown the Dublin Exchange: But why so? For a very convincing Reason: because there is one on the Roman Pantheon; therefore we in Dublin must have a fine swelling Dome as round as a CUSTARD PUDDING; indeed this comparison will not hold long, I fear; in a very few Years we shall be rather apt to liken it to a large black kettle turned upside down ... I can spy out all his sly Inuendoes about the Parliament and the College; nay he has not spared the Exchange... Upon the whole, I would recommend it to our Citizens, to try and get the better of

Opposite: National Bank of Ireland

a Frenzy that seems at present to have seized them. I don't love to flatter, but I may deserve to be listened to notwithstanding. I am all for the solid and the useful, and for plain, sober, common sense.

GENTLEMEN,
I am your humble servant,
TIMOTHY TICKLETOBY

TRAIL 4: THE FITZWIILLIAM WAY

This trail will be a full description of the planning, construction and decoration of the houses, streets and squares with as much technical detail as is necessary to comprehend the integrity of the whole as structure.

TRAIL 5: ORDINATION OR PROSTRATION

This trail will cover the work of the Estate itself, that of Parliament, the Wide Streets Commissioners and the Paving Board in the development and control of the expanding city. Particular attention will be given to the cooperation of the Paving Board and the House of Industry in the control of plague and of the work of the Paving Board and the Castle in bringing gas light to the city.

TRAIL 6: PERDITION

The collapse of the concept of an urbane city into a physical warren with minor respites in a sad history of spiritual and physical decay.

TRAIL 7: HORIZONS

It should become clear before this final trail that the Estate meets all the qualities required by my process of order, that it is in the vernacular structure that the spirit is to be found and that beyond the framework of its structure the Estate represents the beauty of order.

It is not the intention to make this text a pattern book as treatises in the Renaissance period have been. Rather, will I try to extract the principles on

which the vernacular building of the 18th and early 19th centuries was based. In that way it may be possible to discover the spirit which, despite its elusiveness, if it can be grasped will be worth emulating. Emulating does not mean copying; if anything, it means surpassing, and for that reason alone it is essential to formulate only those factors which are so hallowed by time that they have become virtually abstract principles; and those that are clearly principles and in being so are so valid as to be worth emulating. The core of the matter is then not so much what to emulate, as how to do so.

A clear distinction that can be made about the Estate is that it is principally composed of right angles. The only amorphous shapes that are visible are the trees and the people, and both of these are upright—the next best thing. They

This page: National Bank of Ireland

stand at right angles to the ground, because that is how they resist the force of gravity and grow upwards.

The discovery of the right-angle is a major shock to any developing culture. It is a watershed which brings with it a flood of invention. The right angle, a basic feature of the Estate, is the first principle to emulate. Not far behind in developed cultures comes the grid-iron layout for towns and cities. It has a long and distinguished lineage and is the second principle employed by the Estate to be emulated. A less abstract and therefore more difficult feature of the period to emulate is the straightforwardness of the layout, construction and decoration of the estates—their minimalism.

To include the most demanding imperative of our epoch—to cope with change—I have imagined a cubic-gridded-conical-helix—a concept which cannot be drawn easily but which superficially looks just as simple as a gridded cube. Within that cube, however, it is clear that one can route a rectilinear conical helix. That concept reproduces graphically all the cyclical and linear forms which have previously been mentioned; but perhaps its chief significance is how it represents the changes associated with growth and with infinity in all directions.

And so, in my imagination I return to Fitzwilliam Street and stand with my back against the new offices into which the old convent chapel has been converted and I face across at the relatively new offices of the Electricity Supply Board. I can remember how squalid the old houses had been before they were knocked down and I can imagine how they were in their heyday. The whole street must have been splendid; it runs to the horizon on my right hand, barely hesitating for the ruin of the Hellfire Club; on my left hand it trips slightly over the hospital (it was never intended to be closed) and it ignores the gasometer. I cannot see the bottom of the houses in the basement area and the roofs and the stacks carry my eyes infinitely upwards. There really doesn't seem to be any limit to the structure. There is no beginning and no end ...

This page: National Bank of Ireland

Projects

Arts Building, St. Patrick's College, Maynooth

DATE: 1970–77, Scott Tallon Walker
LOCATION: Maynooth, Co. Kildare—stand-alone building on rural campus
CLIENT: St. Patrick's College / National University of Ireland
USE: Auditorium, lecture theatres, studios, canteen and staff offices
AREA: 5,580m^2

Single-storey building. Rectangular plan with steel structure on 6 metre columnar grid. Excavated space in centre of plan to accommodate auditorium, open internal courtyard to provide light and air to offices within the plan. Cruciform section columns and perimeter I-beams exposed, painted finish. Colonnade on all four sides of building, glazed envelope behind this in black-painted steel frames. Continuous spandrel wall, and openings formed, in grey stock brickwork. Interior floor in hardwood parquet, interlocking square style.

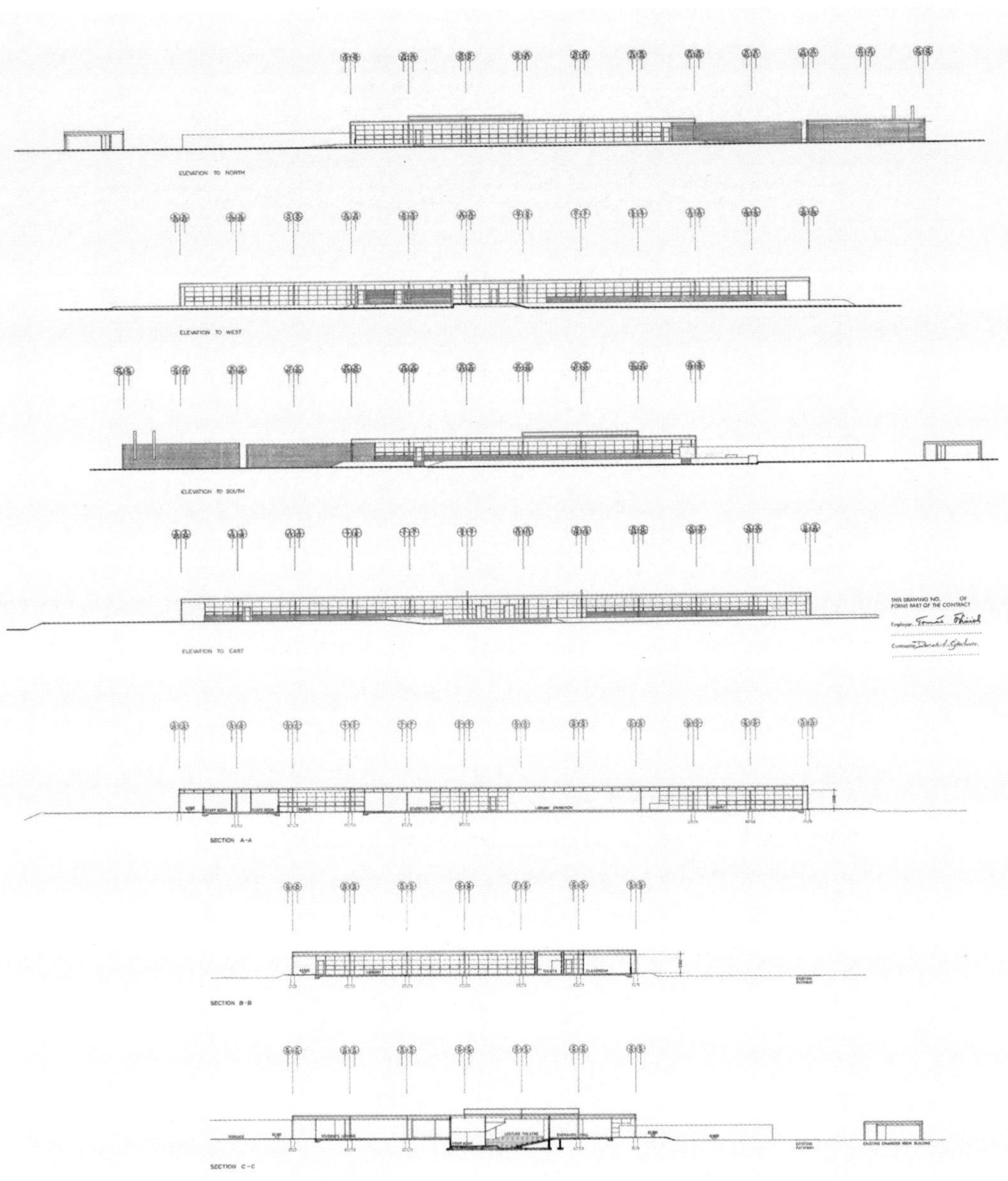
ELEVATION TO NORTH
ELEVATION TO WEST
ELEVATION TO SOUTH
ELEVATION TO EAST
THIS DRAWING NO. OF
FORMS PART OF THE CONTRACT
SECTION A-A
SECTION B-B
SECTION C-C

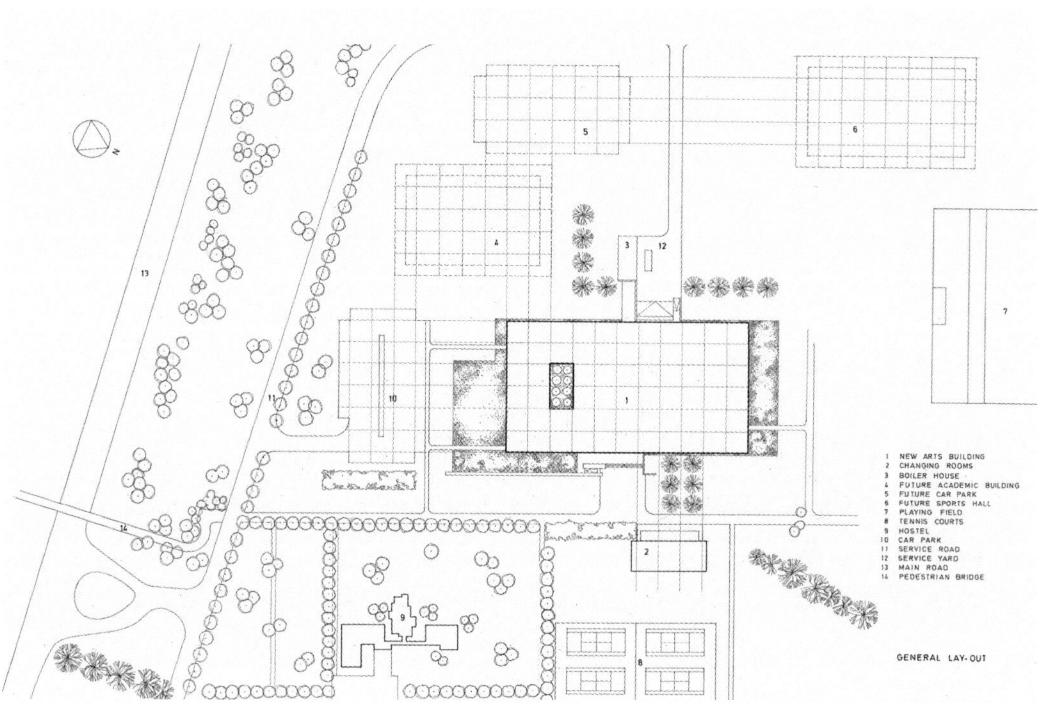
1 NEW ARTS BUILDING
2 CHANGING ROOMS
3 BOILER HOUSE
4 FUTURE ACADEMIC BUILDING
5 FUTURE CAR PARK
6 FUTURE SPORTS HALL
7 PLAYING FIELD
8 TENNIS COURTS
9 HOSTEL
10 CAR PARK
11 SERVICE ROAD
12 SERVICE YARD
13 MAIN ROAD
14 PEDESTRIAN BRIDGE
GENERAL LAY-OUT

Arts Building, St. Patrick's College

Arts Building, St. Patrick's College

St. Columba's

DATE:	1968–71, Scott Tallon Walker
LOCATION:	Rathfarnham, Dublin 16—second-level boarding school campus
CLIENT:	St. Columba's College
USE:	Science laboratories for physics, chemistry and biology
AREA:	300 m^2

Steel frame enclosing upper level laboratories suspended on rusticated bush-hammered white concrete base. Roof structure triangulated space-frame type steel truss, envelope to laboratories double-wall glazing with glass shelving to the interior, maintenance space between two glass skins. Mill-finished aluminium glazing bars to outer skin, rectangular box-section painted steel structure to inner skin. Stairwell, storage space and services enclosed at lower level.

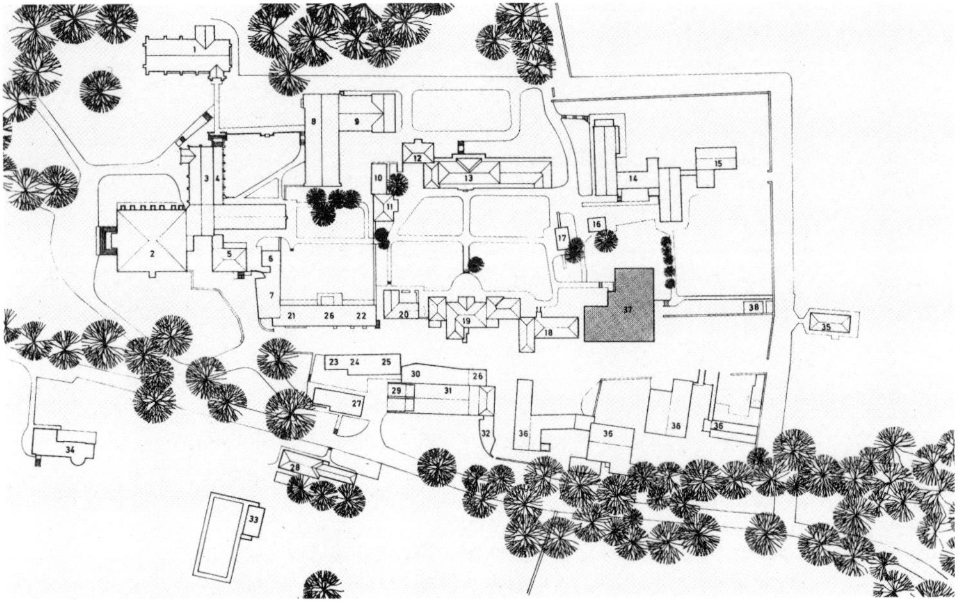

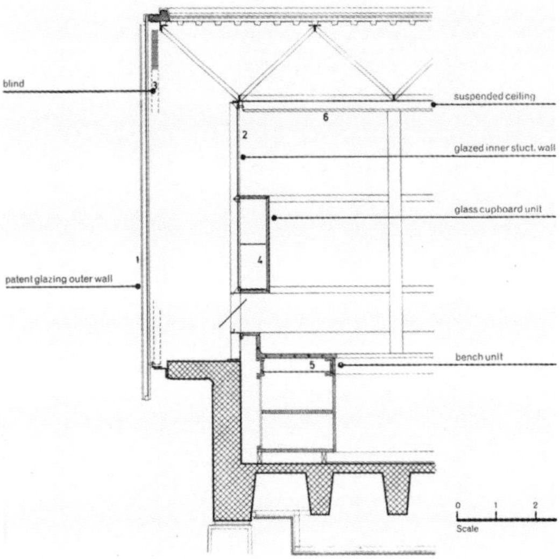
blind
suspended ceiling
6
2
glazed inner stuct. wall
glass cupboard unit
4
1
patent glazing outer wall
bench unit
5
0 1 2
Scale

1 Chapel
2 Warden's house
3 Dining hall and top, middle and lower dormitories
4 Cloisters
5 Linen
6 Senior toilets
7 Study passage
8 Big schoolroom
9 Cadogan
10 Junior toilets
11 Biology laboratory
12 Masterman library
13 Founders
14 Fellows
15 Housemaster's house
16 Hut
17 The cottage
18 Garden house
19 Orpen
20 Surgery
21 Boiler house
22 Maids'quarter
23 Tool store
24 Warden's garage
25 Maintenance shop
26 Garage
27 Bursar's office
28 Kennedy
29 Ball alley
30 Woodwork room
31 Gymnasium
32 Bicycle shed
33 Swimming pool
34 Art room
35 Steward's house
36 Farm buildings
37 New science laboratories
38 Greenhouse

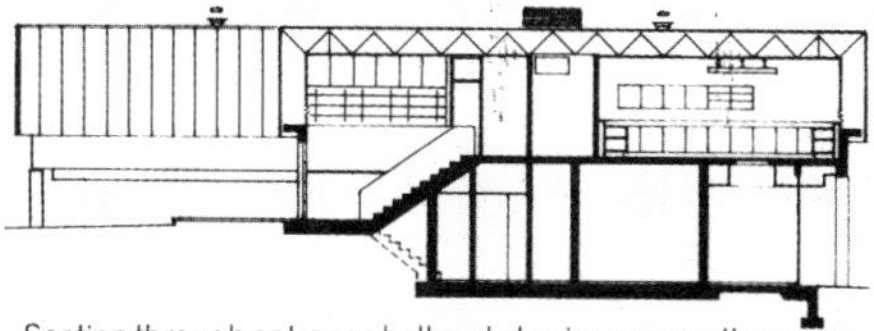

Section through entrance hall and physics preparation room

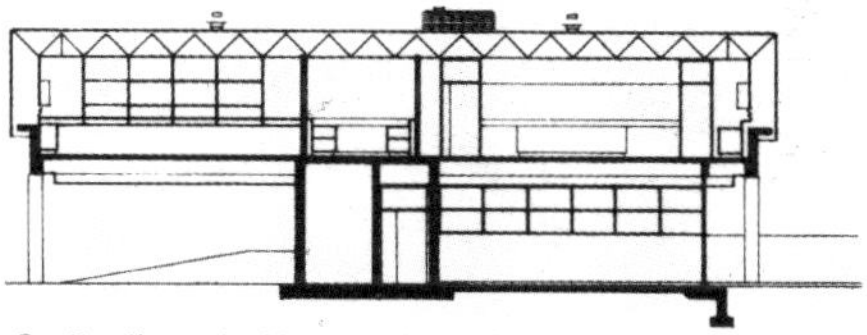

Section through physics and chemistry laboratories

1 Entrance lobby
2 Lobby/cleaners
3 Toilet
4 Lobby
5 Duct
6 Boiler room
7 Workshop
8 Geography room
9 Gas cylinders

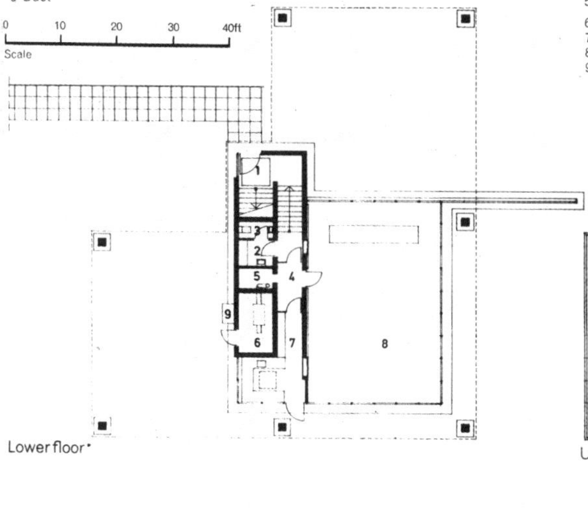

Lower floor

1 Void over entrance lobby
2 Physics laboratory
3 Store
4 Duct
5 Preparation room
6 Removable panel in floor
7 Chemistry laboratory
8 Biology laboratory
9 Space between inner and outer skins

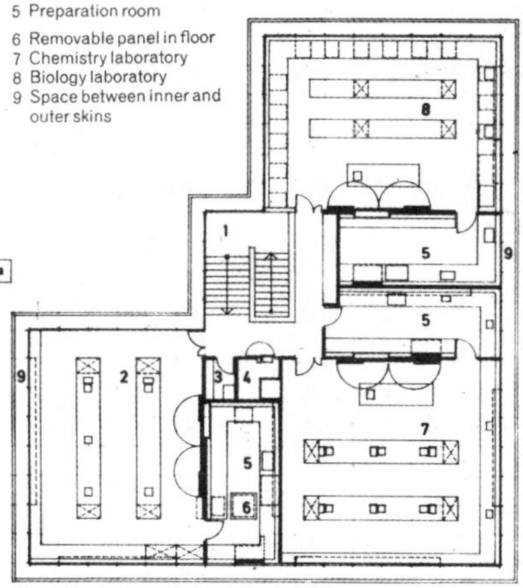

Upper floor

St. Mary's Lane

DATE:	1963–65, Robin Walker—extensively remodelled 2011
LOCATION:	St. Mary's Lane, Dublin 4—within former rear garden of Victorian house
CLIENT:	Walker family
USE:	Private house, four bedrooms
AREA:	290m^2 (including courtyards)

Single-storey structure within pre-existing granite garden walls. Concrete roof slab on intermediate columns and load-bearing walls, exposed at edge, underside board-marked and painted. Timber frames to doors, windows and fixed glazing—all single glazed. Block partitions internally, cork tiled floor on ground slab. Three courtyards internally with mixture of concrete flags and "Japanese"-style planting.

Full-height double sliding doors in pocket wall arrangement. Domestic-scale core containing storage and services, open plan living space with fireplace.

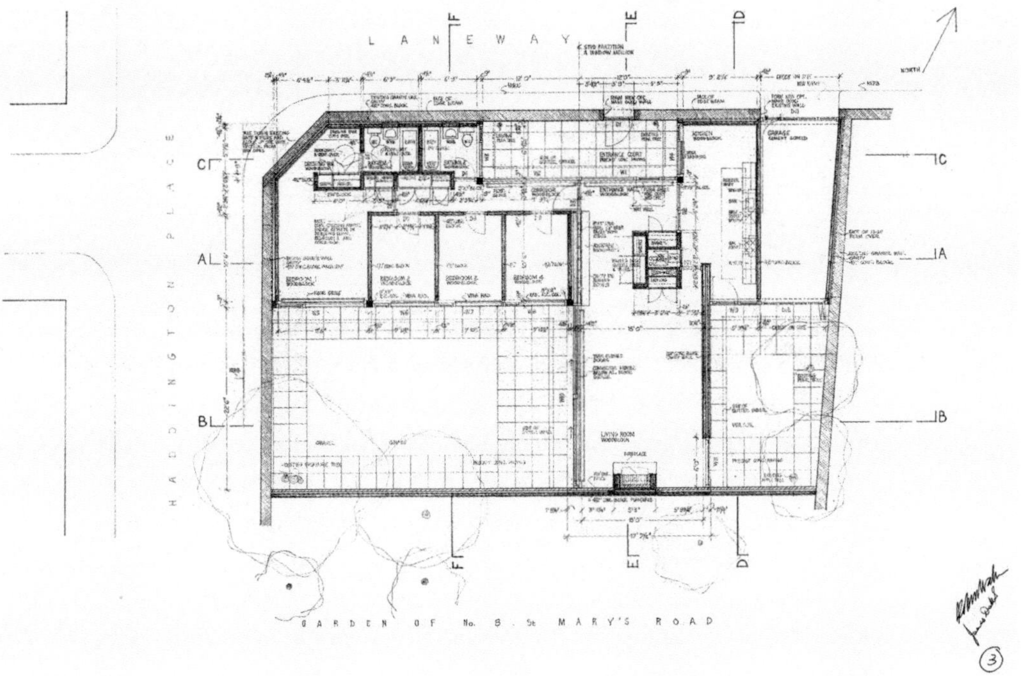
L A N E W A Y
H A D D I N G T O N   P L A C E
G A R D E N   O F   No. 8 . St   M A R Y ' S   R O A D
NORTH
ENTRANCE COURT
GARAGE
KITCHEN
LIVING ROOM
BEDROOM 1
BEDROOM 2
BEDROOM 3
BEDROOM 4
A
B
C
D
E
F

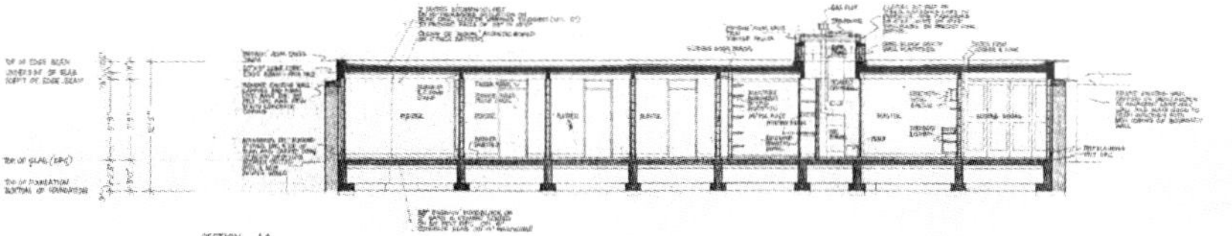

SECTION AA

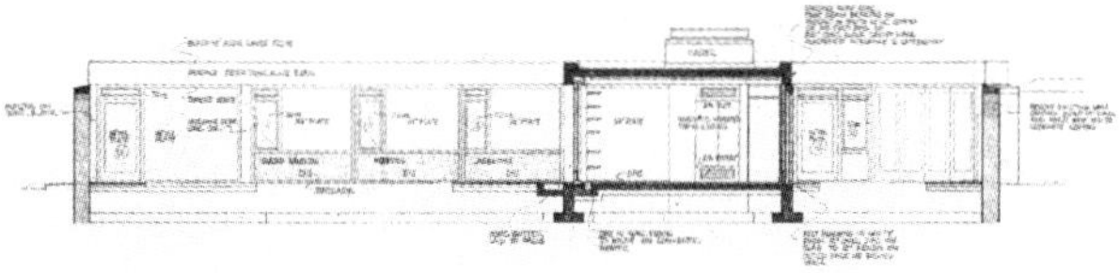

SECTION BB

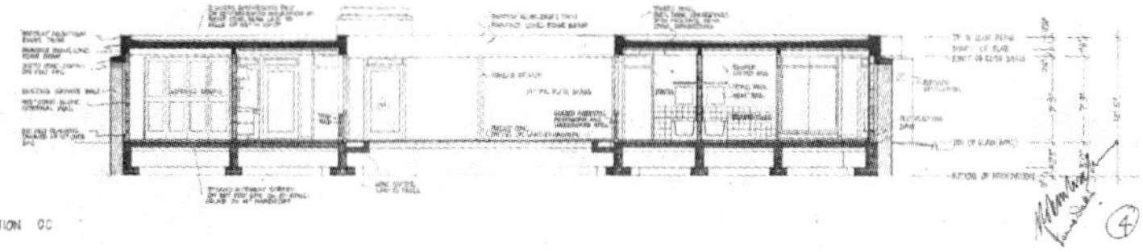

SECTION CC

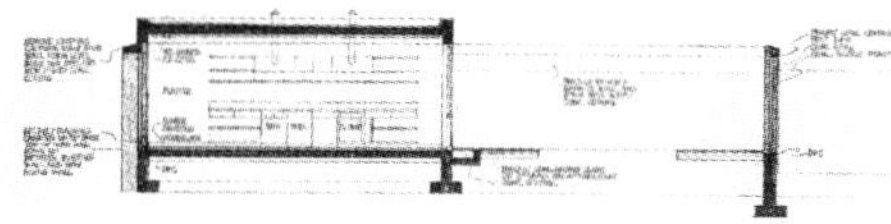

SECTION DD

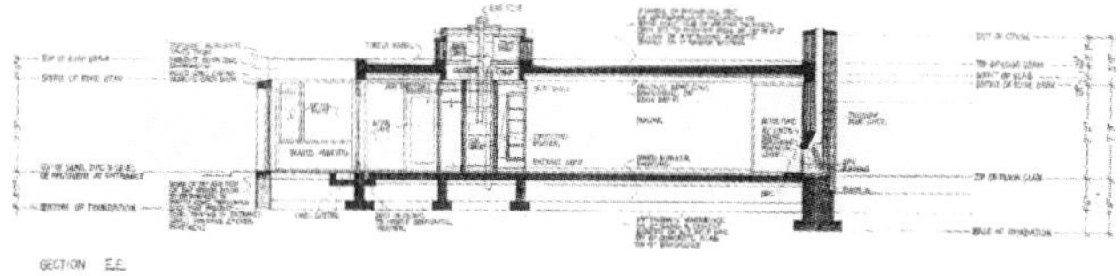

SECTION EE

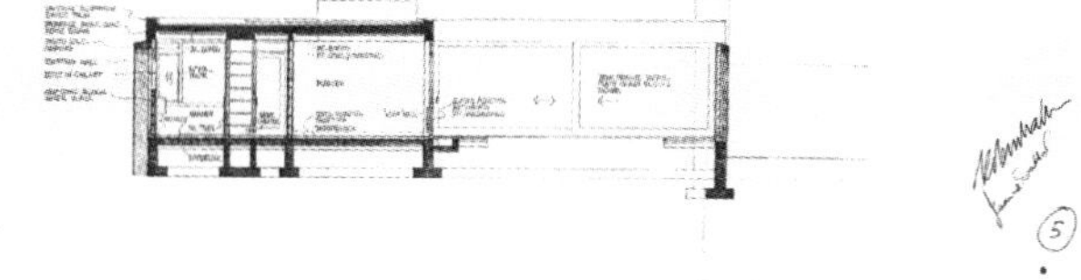

SECTION FF

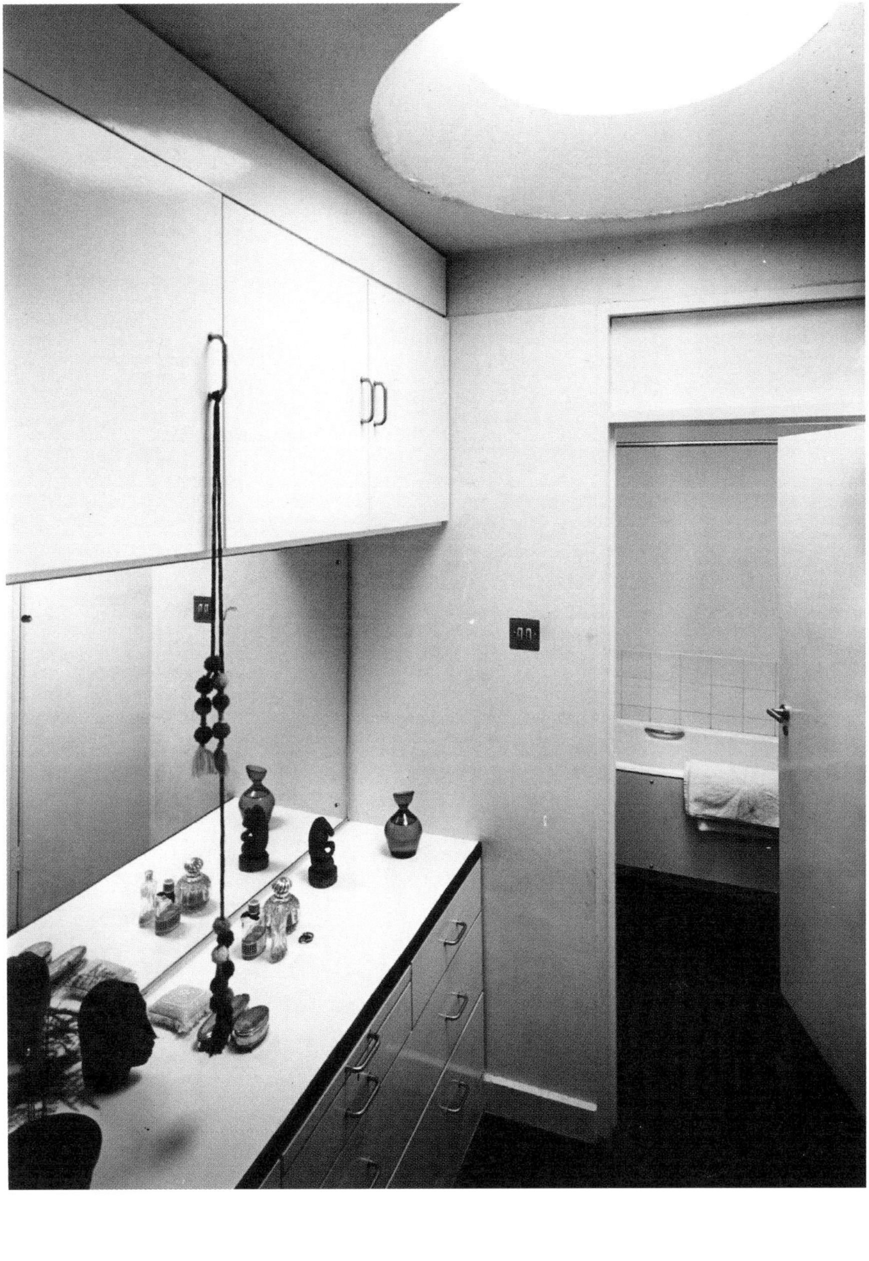

Weekend House Kinsale

DATE:	1963–65, Michael Scott & Partners—extended 2014
LOCATION:	Kinsale, Co. Cork—sloping coastal site at mouth of harbour
CLIENT:	Healy family
USE:	Private house
AREA:	170m² (main house and guest annexe)

Exposed concrete structure on pilotis, waffle-type slabs to roof and suspended floor, soffit exposed. Square plan, fully glazed on all sides. Central built-in arrangement containing kitchen, bathroom and fireplace, vented through roof. Separate subterranean structure containing guest bedroom and sauna to south of site. Cork tiled floor to interiors. Concrete flags to roof finish.

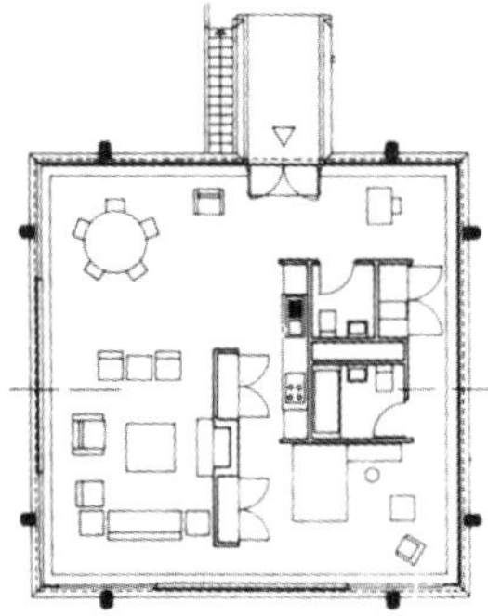

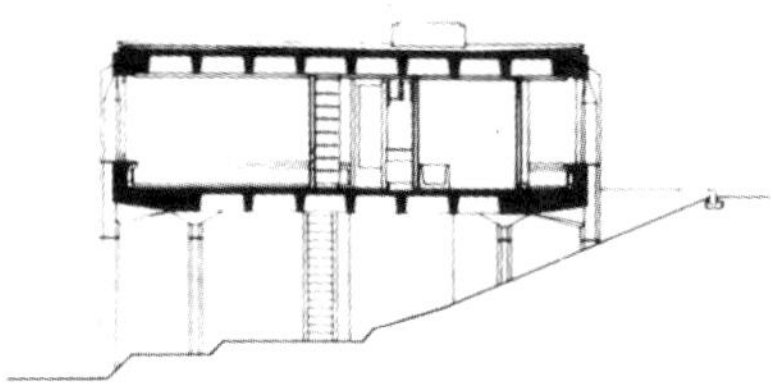

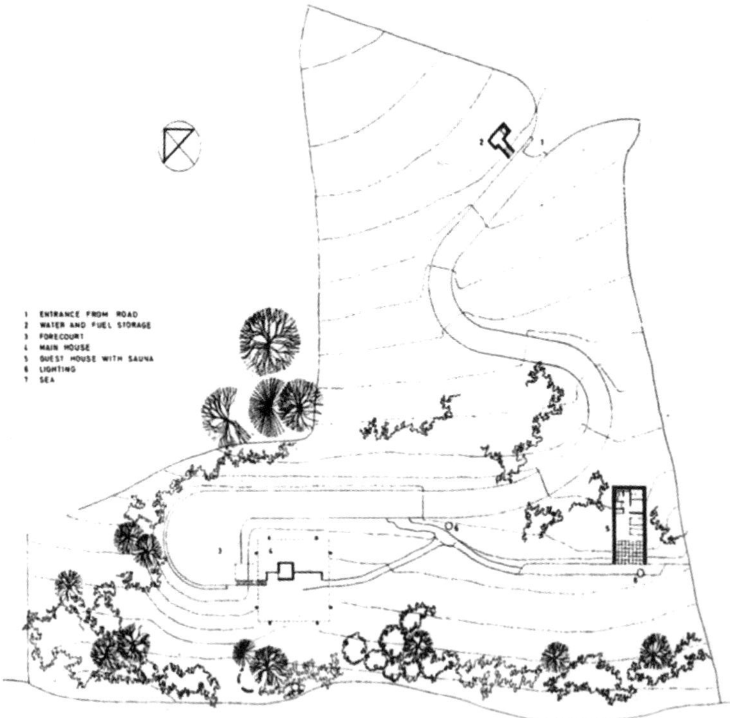

1 ENTRANCE FROM ROAD
2 WATER AND FUEL STORAGE
3 FORECOURT
4 MAIN HOUSE
5 GUEST HOUSE WITH SAUNA
6 LIGHTING
7 SEA

UCD Restaurant

DATE:	1967–70, Michael Scott & Partners
LOCATION:	Belfield, Dublin 4—stand-alone building on suburban campus
CLIENT:	National University of Ireland
USE:	Main refectory building for the university campus—1,370 seats (adaptable for events)
AREA:	5,670m² (including basement courtyards and service spaces)

Square plan. Exposed concrete structure as a trio of nesting tables situated within an excavated basement area, connected by bridges to the surrounding ground level. Post-tensioned acid-etched blonde concrete perimeter beams supported on four columns, one at the centre of each side. Four angle-section concrete ties at the corners retaining the roof slab. Internal concrete to the stairs, mezzanine and lower floor in-situ with smooth close-boarded finish, using a diagrid pattern, voids cut through. Services are concealed in the outer edges of the basement plan. Clear glazing on all four sides with slim rectangular steel tube mullions and transoms, black-painted. The building is controlled on a basis of a 1.2m grid for the two lower levels, expanding to 1.8m for the piano nobile.

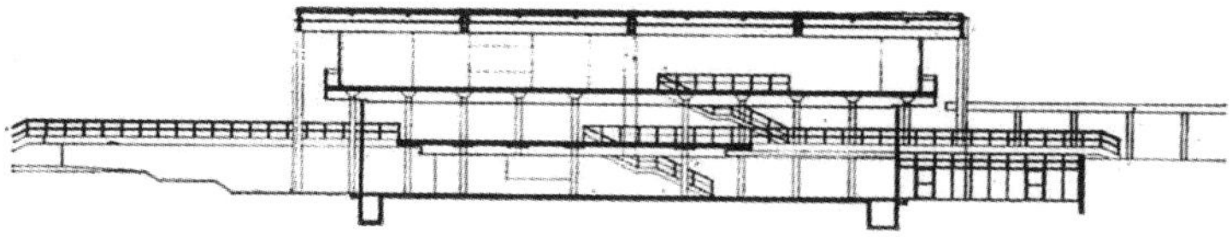

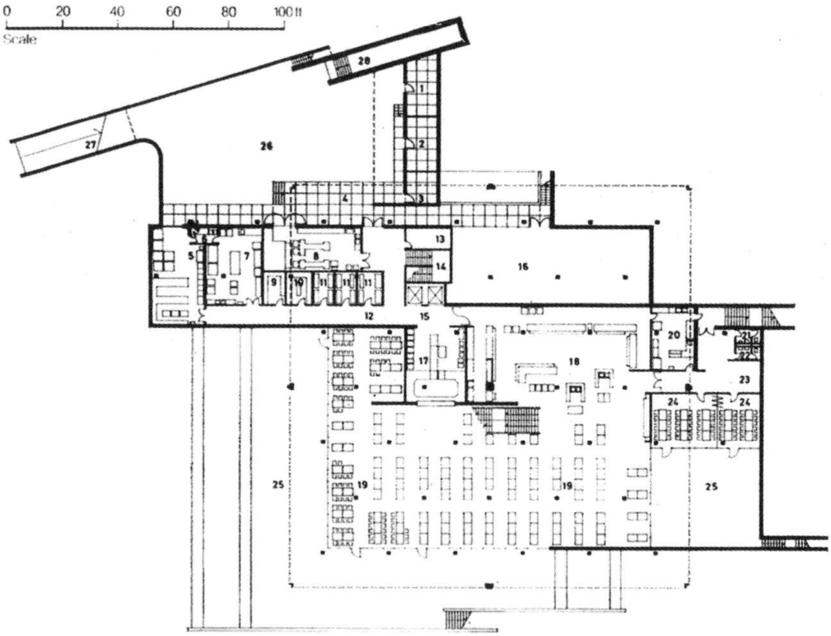
0
20
40
60
80
100 ft
Scale
1
2
3
4
5
6
7
8
9
10
11
12
13
14
15
16
17
18
19
20
21
22
23
24
25
26
27
28

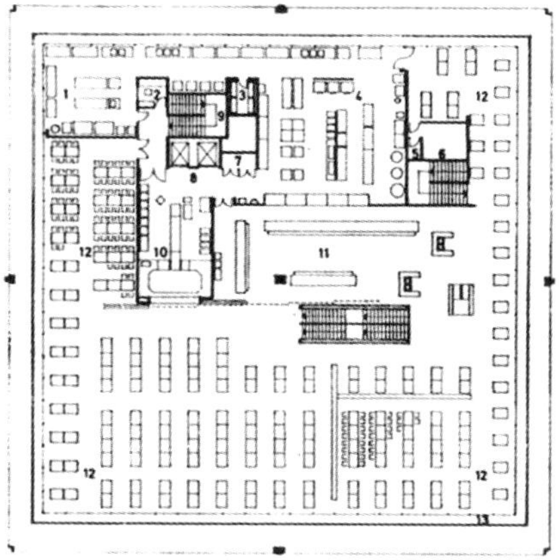
1
2
3
4
5
6
7
8
9
10
11
12
13

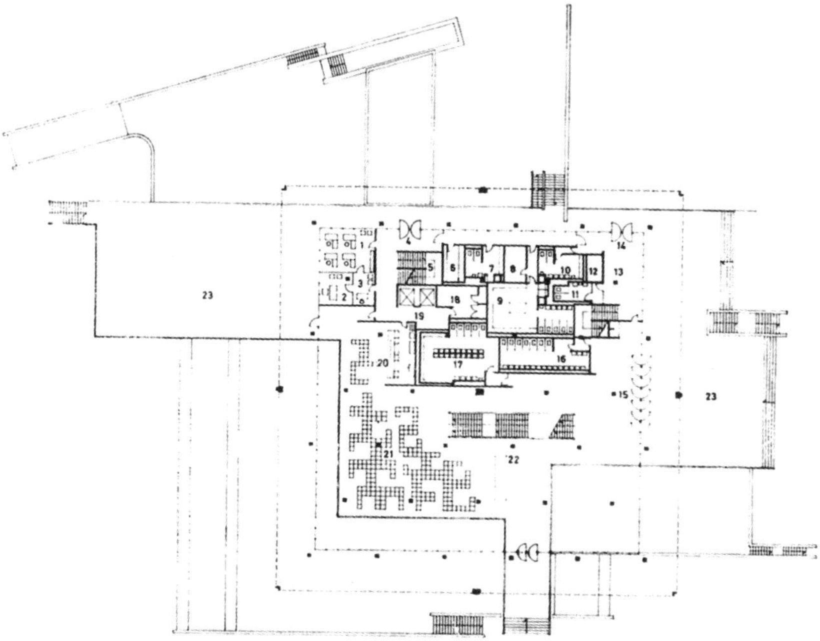
1
2
3
4
5
6
7
8
9
10
11
12
13
14
15
16
17
18
19
20
21
22
23

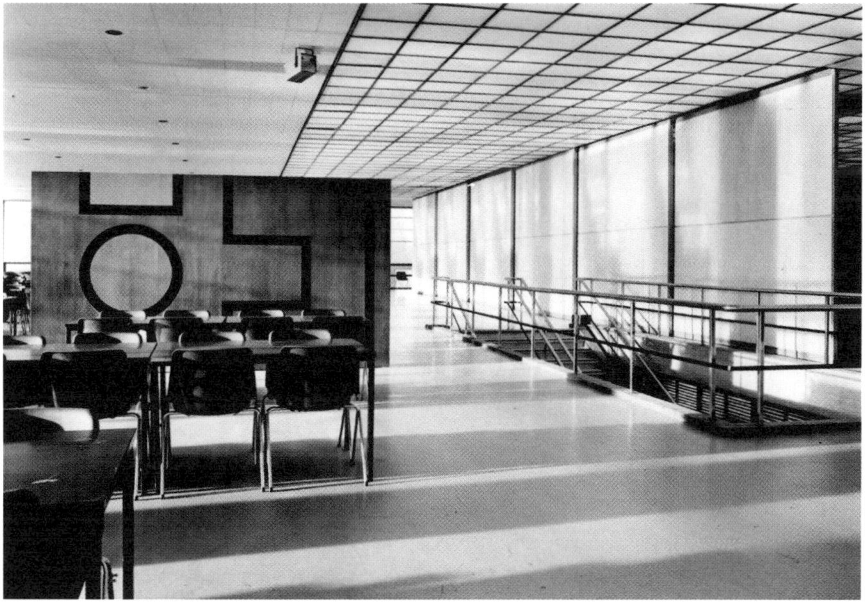

Wesley College

DATE:	1965–69, Scott Tallon Walker
LOCATION:	Ballinteer, Dublin 14—existing parkland site of Ludford House
CLIENT:	Wesley College
USE:	Second-level co-educational boarding school
AREA:	13,000m^2 (excluding external areas)

Concrete frame, exposed floor and roof slabs at edge and soffit, suspended floor slab deep-ribbed type. Corner columns set back to form recessed corners. Continuous spandrels of cream-coloured calcium silicate brick, alternating with black-painted Crittalls type steel-framed glazed screens. Concrete flag terraces linking buildings at varying levels across 6 metre height difference. Buildings linked by a common planning and structural grid. Extensive use of natural finished plywood to interior partitions and furnishings.

Section

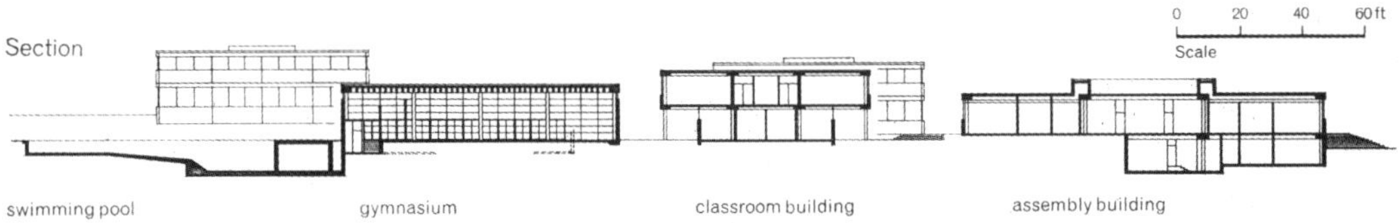

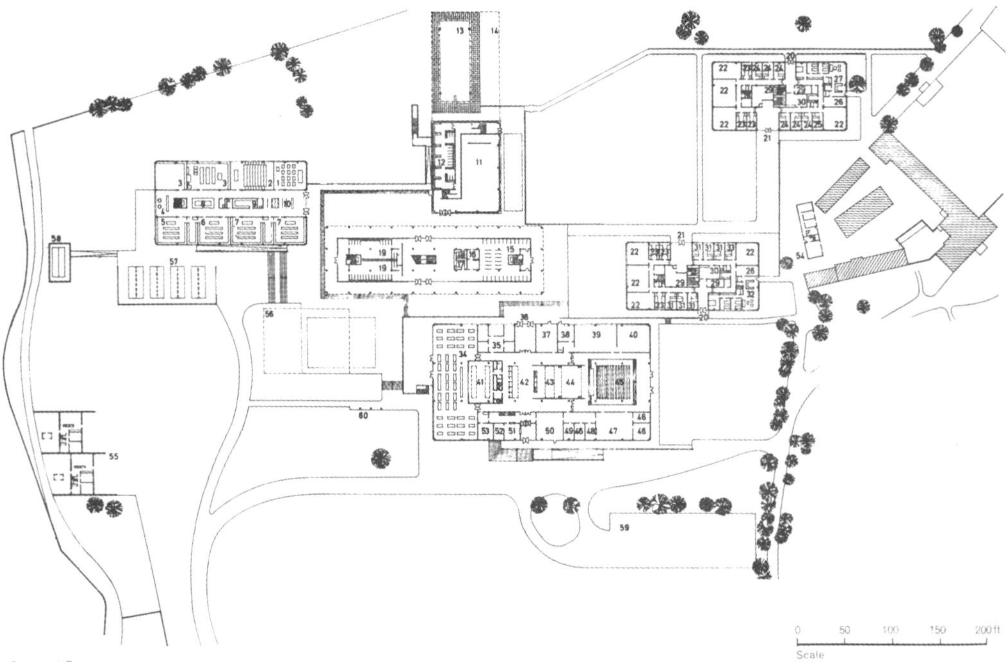

Ground floor

Lower ground floor

Science, arts and crafts building
1 Metalwork
2 Woodwork

Assembly building
9 Plant room
10 Maintenance workshop
11 Female domestic staff lockers
12 Housekeeping staff dining room
13 Teachers' lockers
14 Visitors' toilet
15 Records
16 General store
17 Food store
18 Switch room
19 Substation
20 Incinerator room

Other buildings
21 Bicycle shelters
22 Greenhouse

Ground floor

Science, arts and crafts building
1 Geography
2 Science demonstration
3 Art
4 Library
5 Biology
6 Physics
7 Chemistry
8 Biology conservatory
9 Dark room
10 Cloaks

Gymnasium building
11 Gymnasium
12 Boys' changing
13 Swimming pool
14 Future enclosure

Classroom building
15 Cloaks
16 Dispensary
17 Tuck shop
18 Stationery shop
19 Toilet

Boys' residence building
20 Juniors' entrance
21 Seniors' entrance
22 Dayroom
23 Prefects bedsitter
24 Assistant housemasters' bedsitter
25 Assistant matron's bedsitter
26 Parents reception
27 Housemaster's flat
28 Tea kitchen
29 Boots and coats
30 Linen room

Girls' residence building
31 Assistant housemistress's bedsitter
32 Housemistress's flat
33 Matron's bedsitter

Assembly building
34 Dining area
35 Music
36 Pupils' entrance
37 Prefects' common room
38 Housekeeping staff common room
39 Domestic science room
40 Board room
41 Kitchen
42 Concourse
43 Small hall
44 Stage
45 Assembly hall
46 Special projects room
47 Library
48 Librarian's office
49 Vice principal's office
50 Teachers' common room
51 General office
52 Bursar's office
53 Principal's office

Other buildings
54 Domestic staff
55 Cottages
56 Future chapel
57 Bicycle shelters
58 Roof of greenhouse

59 Car park
60 Flag poles

First floor

Gymnasium building
1 Upper part of gymnasium
2 Girls' changing

3 Upper part of future swimming pool enclosure

Classroom building
4 General classroom
5 Special classroom
6 Light well
7 Book lockers

8 Boys' dormitory
9 Girls' dormitory
10 Roof of science arts and crafts building
11 Roof of assembly building

Other buildings
12 Domestic staff
13 Roof of greenhouse
14 Roof of cottages

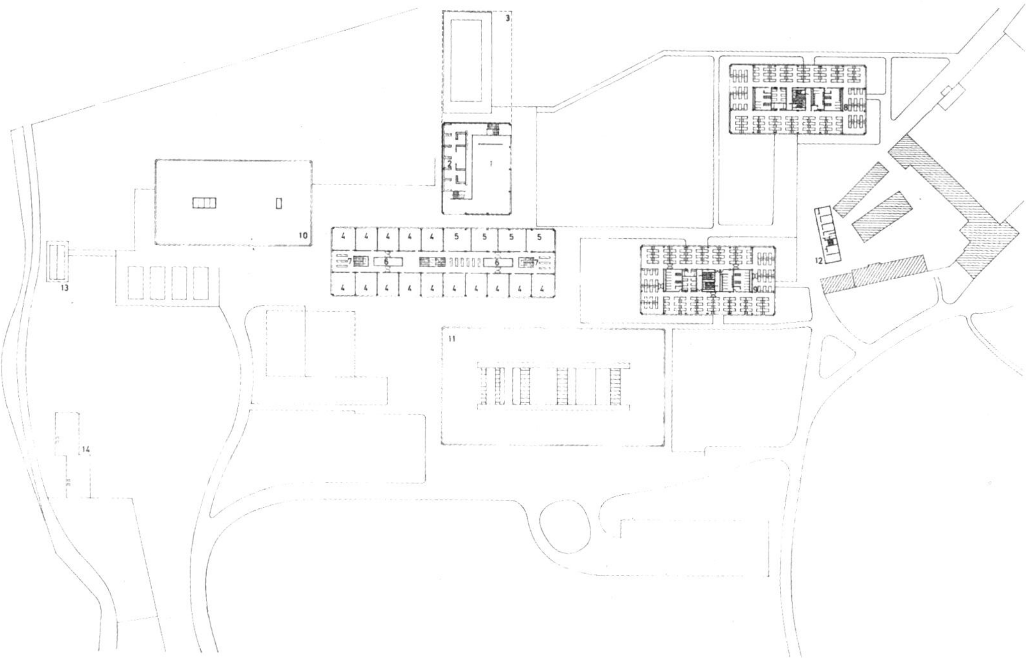

First floor

PMPA

DATE:	1973–78, Scott Tallon Walker—façade replaced 2019
LOCATION:	Wolfe Tone Street, Dublin 1—infill site
CLIENT:	Private Motorists Protection Association
USE:	Offices
AREA:	6,200m^2

A three-storey concrete frame building, with additional penthouse level, bearing on columns only, in four rows with front and back columns in circular section, clad in steel sheeting, painted red finish. The penthouse level is set back from the perimeter and surrounded by a concrete flag paved terrace. The columns are also set back from the perimeter, allowing glazed screens to front and rear to enclose the floor plans at first and second floor levels. The curtain walling is framed in painted finish mild steel frames with 6 mm solar grey float single glazing. This façade is articulated via rebated drainage channels at storey-height intervals. End walls are constructed of cream-coloured calcium silicate brick. The ground floor envelope is set back from the building edge to create a colonnade at street pavement level. Two cores occupy the centre of the pan—one with stairs and lifts, the other with toilets. Two additional staircases are provided at either end of the plan.

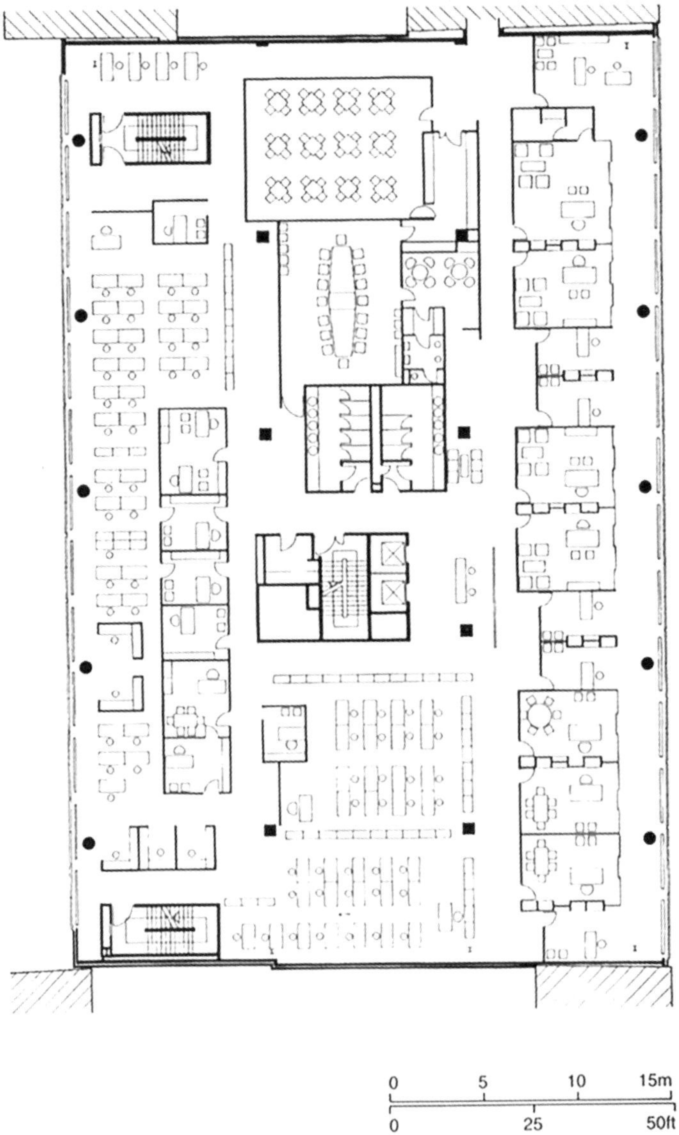
0 5 10 15m
0 25 50ft

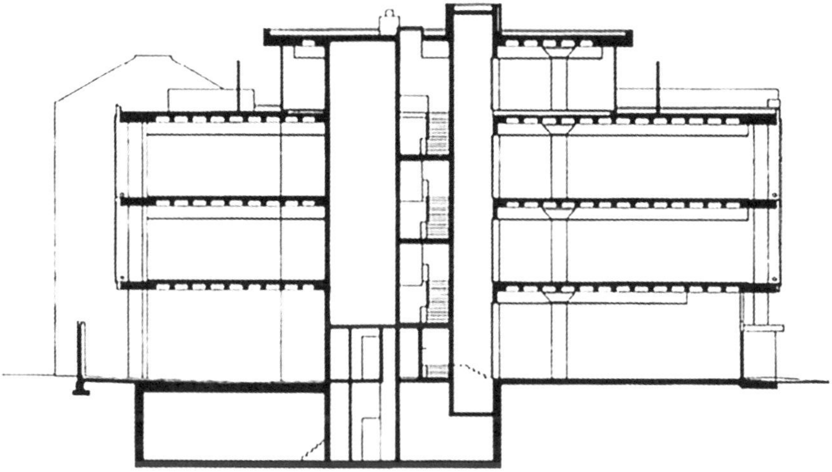

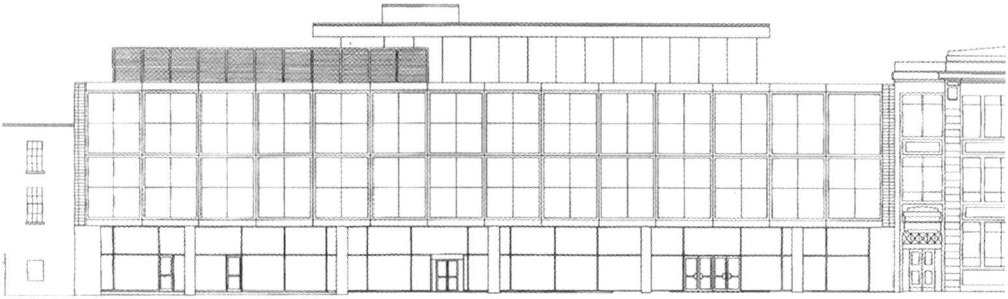

McBIRNEY'S

Bord Fáilte

DATE:	1959–61, Michael Scott & Partners—demolished 2018
LOCATION:	Baggot Street, Dublin 2—stand-alone structure at Grand Canal bridge
CLIENT:	The Irish Tourist Board
USE:	Offices
AREA:	2,660m^2

Exposed fair-faced concrete frame over six storeys, including basement. Concrete core at centre of plan housing stairs, lift and toilets [first use in Ireland]. Four internal concrete columns with disc capitals. Spandrel panels grey stock concrete brick, windows mill-finished aluminium, single-glazed. Basement annexe cast in-situ formed concrete including window surrounds. Basement courtyard including extensive tree planting. Concrete flags to basement courtyard, open car-parking area at street level and forecourt. Asphalt roof with cork insulation.

Royal University

1 Director general
2 Director general secretaries
3 General services secretary
4 General services officer
5 General services
6 Development director secretary
7 Development director
8 Marketing director secretary
9 Marketing director
10 Secretary
11 Boardroom
12 Women's toilet
13 Men's toilet
14 Shower
15 Duct
16 Lift

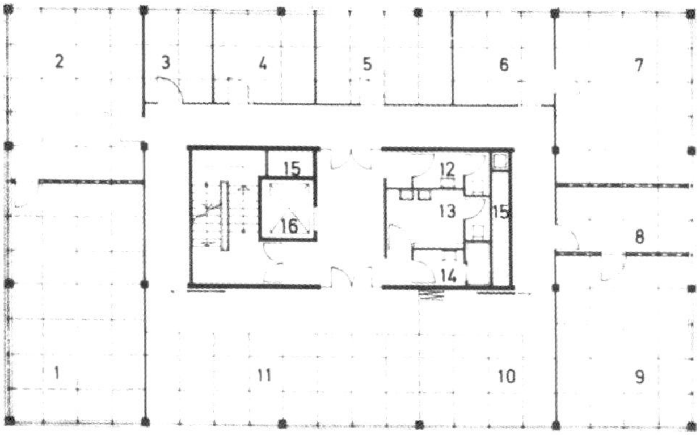

1 Main entrance
2 Reception
3 Waiting area
4 General services
5 Field sports
6 Conference and Congress
7 General office
8 Total
9 Souvenirs
10 Section X
11 Promotions
12 Private secretary
13 Production
14 Distribution
15 Photo
16 Sales
17 Switchboard
18 Duct
19 Lift
20 Men's toilet
21 Women's toilet

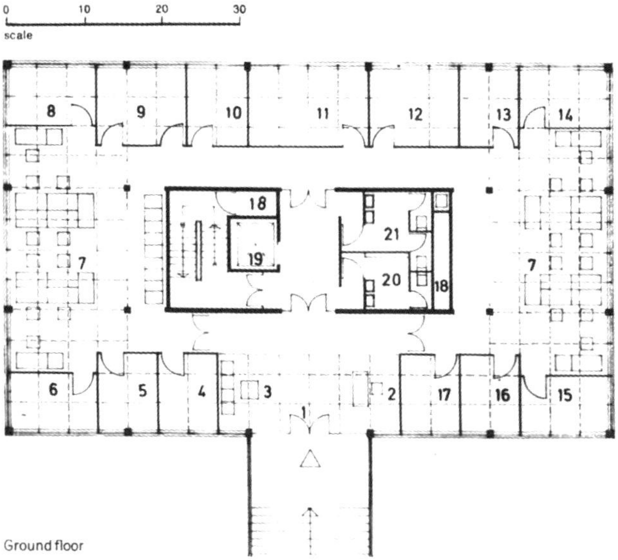

Ground floor

Bótharbuí

DATE:	1970–72, Robin Walker
LOCATION:	Kilcatherine, Beara, Co. Cork—steeply sloping coastal site with ancient wooded area
CLIENT:	Walker family
USE:	Private house
AREA:	420m^2

The house is comprised of three ancient (restored) structures—cottage and two animal sheds—and three new structures (two bedroom blocks and a studio). Site preparation consists only of pre-existing or new drystone walls, slate paving flags and the existing woodland. All buildings are single-glazed with insulation only at ceiling level. The new structures are concrete block with no openings on three sides, one glazed side with projecting balconies facing the sea. Doors and balconies are timber, creosote finish. The timber floors to the new buildings are suspended above ground level, allowing access for open storage below and space for the sunken baths. Floors internally to the ancient buildings are continuous with the exterior slate flags. The finish inside and out to all buildings is whitewash. Roofs are of black-painted corrugated iron sheeting.

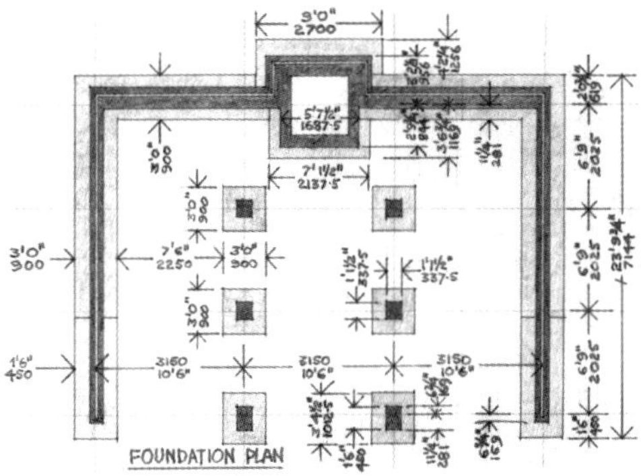
FOUNDATION PLAN

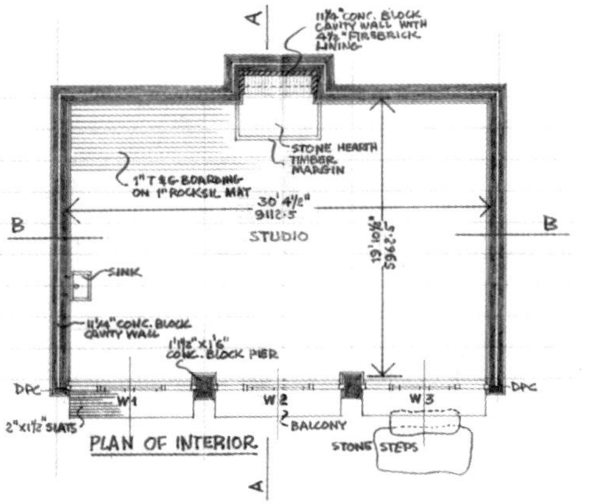
STUDIO
SINK
STONE HEARTH
TIMBER MARGIN
BALCONY
STONE STEPS
DPC
W1
W2
W3
PLAN OF INTERIOR

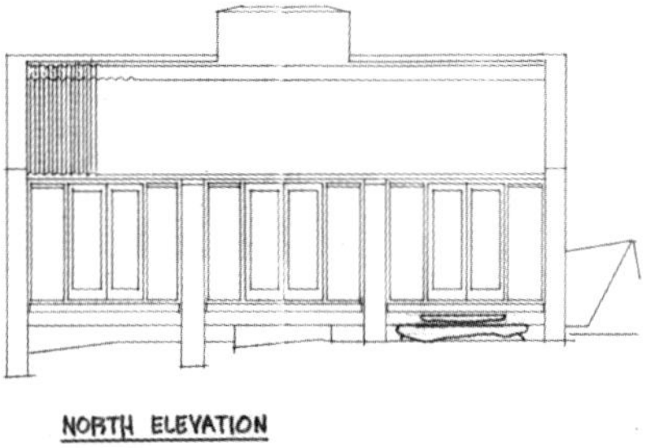
NORTH ELEVATION

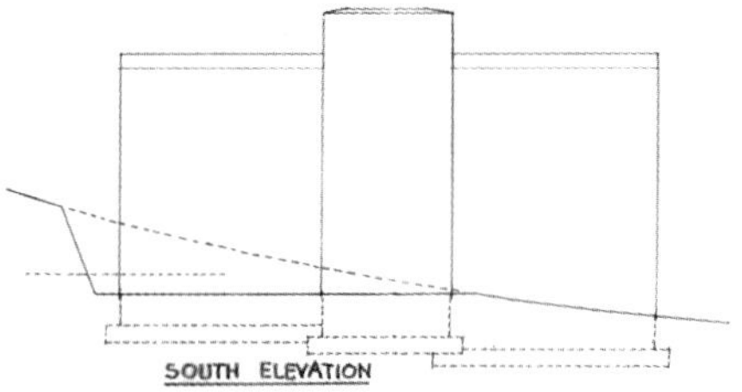
SOUTH ELEVATION

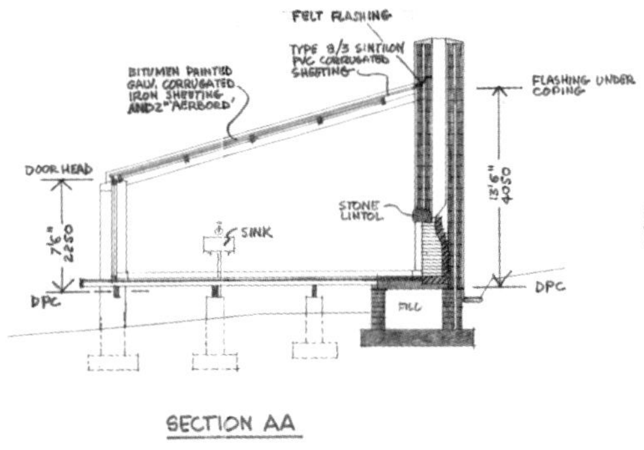
FELT FLASHING
FLASHING UNDER COPING
DOOR HEAD
SINK
STONE LINTOL
FILL
DPC
SECTION AA

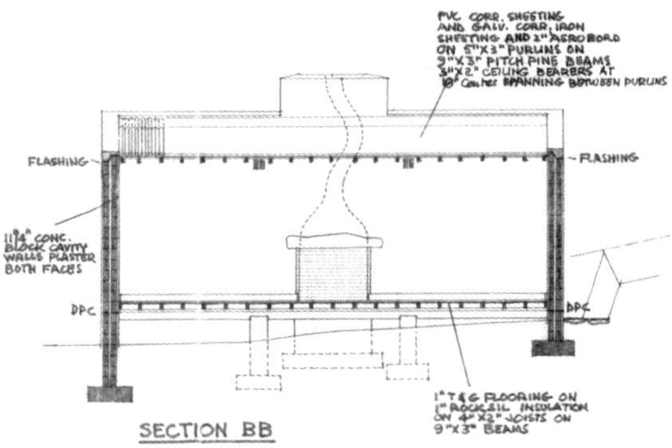
FLASHING
DPC
SECTION BB

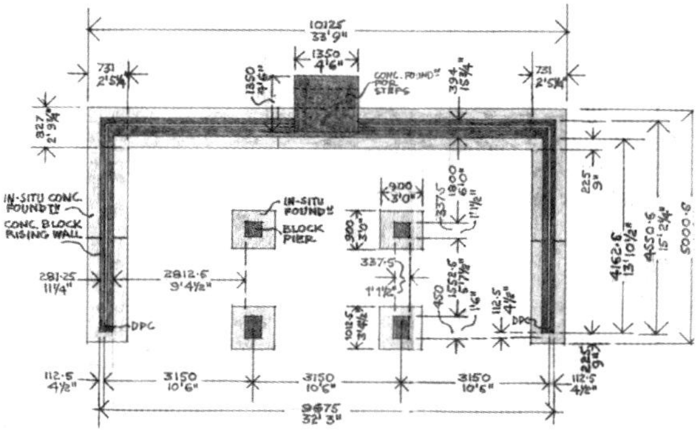

PLAN OF FOUNDATIONS & RISING WALLS

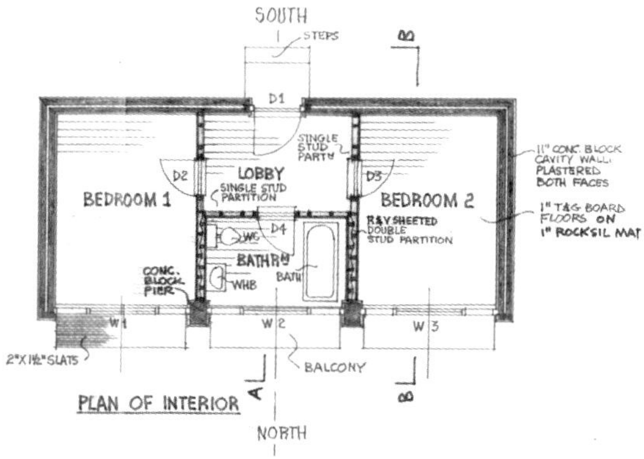

PLAN OF INTERIOR

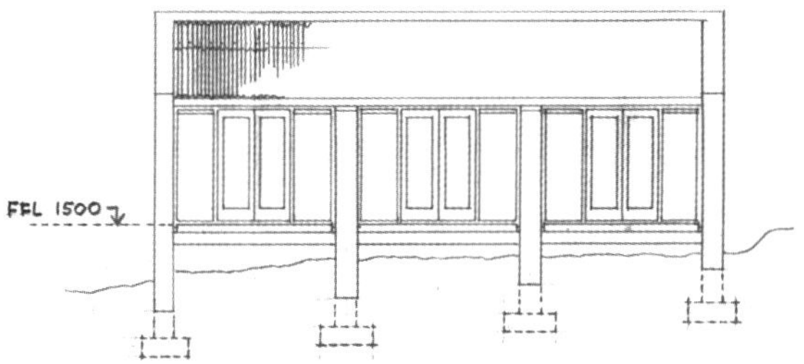

NORTH ELEVATION

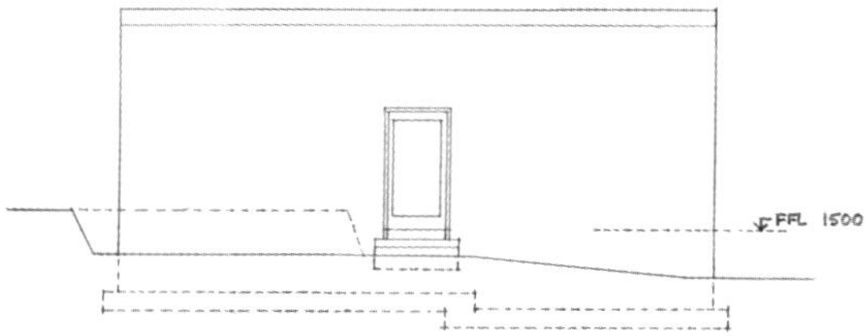

SOUTH ELEVATION

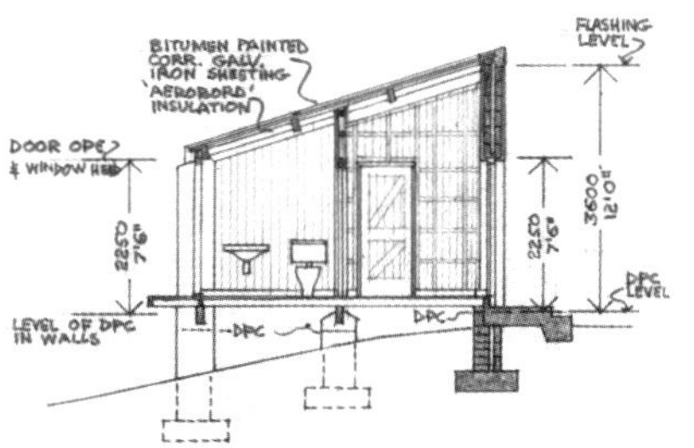

SECTION AA

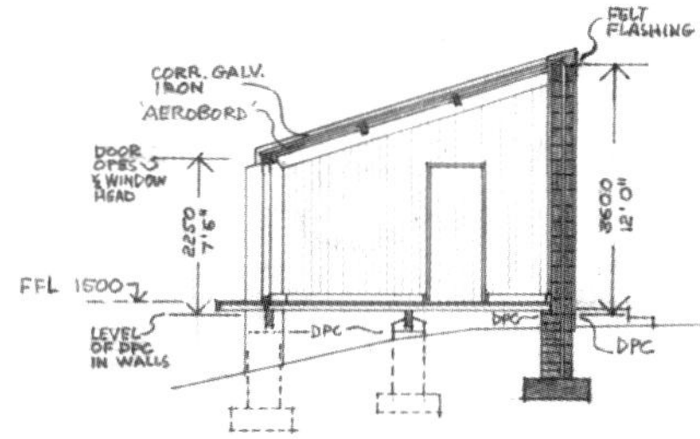

SECTION BB

Champion

58 Heytesbury Lane

DATE:	1973–75, Scott Tallon Walker—demolished 2006
LOCATION:	Heytesbury Lane, Dublin 4—infill mews site
CLIENT:	George and Christine Hetherington
USE:	Private house
AREA:	300m² (including entrance courtyard and garden)

A long, single-storey house with continuous slab roof, interrupted at halfway point to allow an enclosed top-lit winter garden, with entrance courtyard at the mews lane and garden to the rear. Comprises of hallway, kitchen, living room, winter garden and two bedrooms with independent bathrooms. High-level ventilation is provided by opaque white glass louvres continuously along the length of both sides. End walls to front and rear are fully glazed.

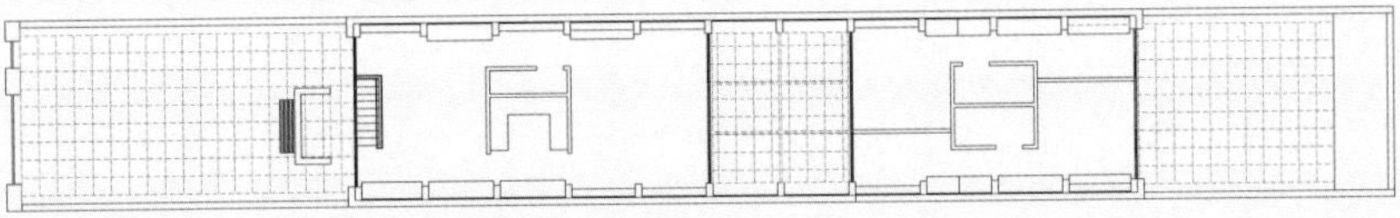

plan

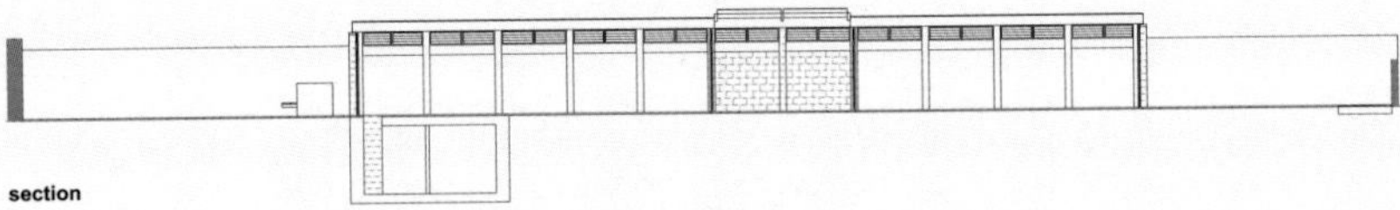

section

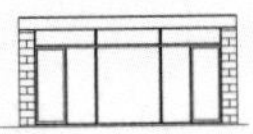

elevation

Kingswood Church

DATE:	1981–82, Scott Tallon Walker
LOCATION:	Kingswood Heights, Dublin 18—suburban site
CLIENT:	Archdiocese of Dublin—Fr. Pat Mulvey
USE:	Catholic church
AREA:	800m²

A small rectangular plan church is surrounded by a single-storey self-supporting concrete block wall, which undulates in and out to provide recessed entrance spaces on the exterior, and chapel spaces and other ancillary rooms accessed from the interior. Within, and set back from, this enclosure a storey-height steel truss with diagonal bracing is supported on just four corner columns, allowing clerestorey glazing on all four sides. A secondary structure of smaller steel trusses spans the space crossways, supporting a profiled steel deck roof, exposed on its underside. A small oculus is formed in the centre of this roof.

ST. JOSEPH

ST. JOSEPH

Critical Reflections

Buildings and Grounds

Tom de Paor

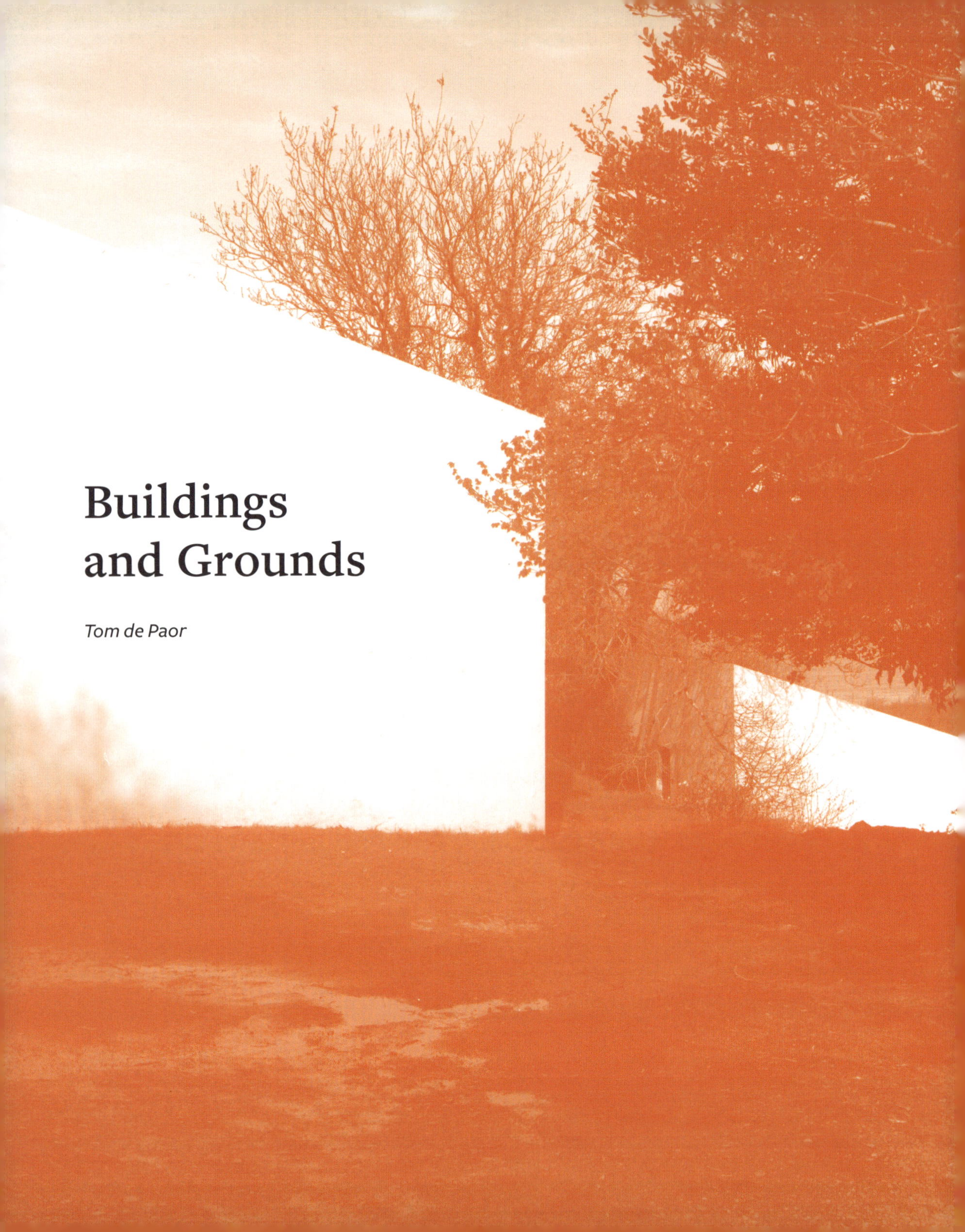

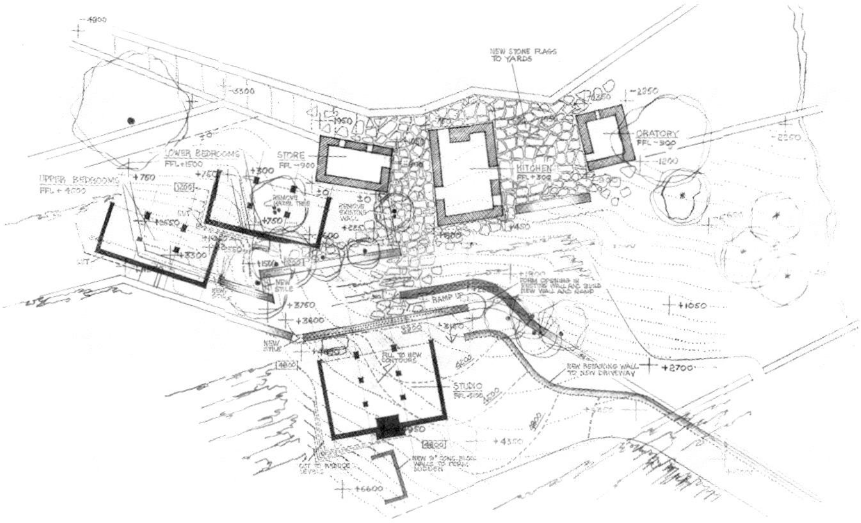

SITE:	Kilcatherine Co. Cork	**POSITION:**	Buildings and grounds
JOB:	Reconstruction and extension	**SCALE:**	1:100

The blueprint unfolds A1 landscape, more map than plan. Only spot heights are indicated—crossed on dotted existing contours, new ones dashed: a setting out of stones, the origins of architecture and landscape.

"New stone flags to yards"

Lettered all caps and laid to falls, stack for wall, lean-to, gable. The existing are hatched, the proposed-black, hand-drawn down hill to earlier iterations, up the page and into the sea.

Soft hot purple underfoot, they are all there, it seems—the long hellos and goodbyes of the double back ramp, the three steps (not quite) to the studio, the pinch of the stiles at the bedrooms; (their splay seems off—less rock found perhaps?), the best one outside the kitchen by the holly (also there) at "plus or minus zero" (nice touch), the contours running indoors (the stones too, today). There is a symbol in the corner by the door—"cable-route revised, 21.11.1973".

This page and opposite: Bótharbuí

This Changing World: Robin Walker's Bótharbuí

Laura Evans

West Cork occupies a unique place in the Irish psyche. Long a place of retreat for the professional and creative classes of Dublin and Cork city, by the 1960s low property prices and an unspoilt landscape had begun to attract craftspeople and artists from elsewhere in Europe, particularly France, Germany, the Netherlands and the Scandinavian countries. Waves of emigration had scarred the landscape, with farmsteads left to fall into ruin by those driven from the land by economic forces. At this time, the place was poorly connected to the rest of the country, owing to a combination of the rugged landscape and its finger-like peninsulas and the relative poverty of the country as a whole. Within this situation of relative isolation the new community flourished, and to this day the area is known as a locus of artistic practice.

Bótharbuí, Robin Walker's holiday home for his family on the Beara Peninsula, can only be understood within the particular context of this time and place. Situated just outside the village of Ardgroom, its remote site was thought to have been historically accessed only by sea, with the steep, narrow driveway via which we approach today added as part of the building works. When Robin and his wife, art critic Dorothy Walker, first came across the site, they found the ruins of a farm cottage and two botháns (a simple, single roomed cottage, once inhabited by farm labourers). Late 19th and early 20th century maps reveal that these structures were part of a landscape that was scattered with similar

smallholdings; the nearest farm was just sixty metres away with many others in close proximity, all with very small, poor quality fields of rough pasture carved out from a native oak woodland that sloped down to meet the shores of Kenmare Bay. These three modest buildings were constructed by taking whatever materials were to hand (primarily stone to form walls and floors, presumably gathered from the shoreline below the site, but also timber from local woods to span between these walls and create roof structures) and assembling them using the skills available in order to form a useful, weathertight enclosure.

Between 1970 and 1972, the Walker family rehabilitated the three existing structures as a store, kitchen and a double bedroom known as "the oratory", and added to them three new buildings: two bedroom blocks—with two double bedrooms and shared bathroom each—and a large, open living room called

"the studio". Each of these structures is completely self-contained, and so the sloping landscape takes the place of the circulation space of a more typical dwelling, a bold gesture in a place which is exposed to the mercurial weather of Ireland's Atlantic coast. This landscape is somehow both cultivated and not; dotted with the ferns, gorse, moss and briars typical of places on the edge of inhabitation, but also the flowering shrubs such as hydrangeas and camellias that are often found in well-tended farmhouse gardens in the area. Simple stone steps and paths connect the individual buildings, providing a stable surface underfoot. There is no artificial lighting, but this is a place where the moon and stars shine brightly on a clear night. The encounter with the landscape is an ancient one, outside of modern time. You cannot stay inside for days on end here; the weather, the seasons and the passage of time must be confronted and experienced as part of the daily rituals of living, from waking up and walking across to the kitchen to make a cup of coffee, to climbing up the hill to the studio to work and back down to use the bathroom, to the kitchen for meals, which might then be carried up to the long dining table in the studio for parties on a summer's evening.

The rural, isolated nature of West Cork meant that the realisation of the project would rely upon the existing skills of local labourers and the use of commonly available building materials. Furthermore, at this time mains electricity had not yet reached the area, so only hand tools could be used in the construction process. These constraints form the backdrop to a truly remarkable project; one in which invention and delight comes not from novelty of material or refinement of detail, but instead from the careful and considered composition and deployment of contemporary standardised, off-the-shelf components and the juxtaposition of this with simple, vernacular construction techniques.

There are echoes of this attitude in the work of other contemporary architects such as Walter Segal, who was coincidentally building another West Cork summer house at exactly the same time—the Lomask House in Schull (1970–71) for London-based American retirees Milton and Martha Lomask, a musician and writer respectively. Although Segal generally eschewed wet trades such as brick and blocklaying, we can see in his work an interest shared by Walker in the potential of dry construction techniques that relied on factory-made components such as plywood sheets or timber laths. Segal is perhaps best known for his role within the self-build movement, enabling people with little prior experience of construction to build their own homes cheaply and quickly through the use of ordinary, widely available materials in their market sizes, deployed on a simple grid in which everything fits together thanks to Segal's exploitation of the pre-existing systems of dimensional co-ordination used within the manufacturing industry. His position in enabling others with less agency to take control of the provision of housing established him as a counterculture figure, part of a wider movement that railed against the suffocating constraints of modern life and capitalism in particular. This same movement inspired many of the European

émigrés to West Cork, driven by a desire to retreat from conventional society and in turn to create new, more socially and ecologically responsible forms of living.

However, Walker's work at Bótharbuí is more contingent—and arguably more sophisticated—in its response to site, topography and vernacular tectonics. The "cleanness" and self-contained delineation of a Segal house could not have been achieved here, and the result is an ambiguous architecture which is a syncretic expression of a particular place and moment in time. It shares certain characteristics with the Upper Lawn Pavilion by Alison and Peter Smithson (1959-62) and the three houses at Turn End by Peter Aldington (1963-7). Both were built by architects at least partly for themselves, and as such, material economy was an important consideration in the design process. Upper Lawn reworks the ruins of an existing cottage and walled garden, and Turn End is knitted closely into the surrounding village structure. Both grapple with their relation to the local and the global, the cultural inheritance of the architecture of a particular place and an increasingly globalised society, where world wars were fought and large-scale international trade and economic co-operation was altering the shape of the building industry. Bótharbuí too is the result of a considered engagement with this changing world.

The rough stone walls of the three existing structures were rebuilt and dampproofed where required, then painted white inside and out. New double pitched roofs of bitumen-painted corrugated iron on a timber structure were added. The oratory was otherwise little changed, but in the store and kitchen, new window openings were formed. The kitchen is a simple, rectangular room

which houses a simple counter along the southern wall, a dining table and a small, intimate living area around a new fireplace. Immediately adjacent to the fireplace, a new, almost full-height, window has been inserted into the thick stone walls. Through this, it is possible to see the sea and the land on the other side of Kenmare Bay, floating above the canopies of the oak trees on the slope below. When the fire here is lit, this window is a counterpoint to the inward focus of the room, establishing a tension between the domestic realm and the natural world beyond. Stone flags run from outside to inside across and between these three buildings, demarcating a shared territory which holds them together at the lowest point of the settlement.

The three new buildings share a tectonic strategy and a kit of very simple, off-the-shelf parts which is used to create a variety of rooms serving different purposes. The two bedroom blocks are identical, each housing a pair of double bedrooms which share a bathroom, all north-facing—an unconventional decision in a cool, damp climate, but here the view to the water below takes

precedence—and simple balconies that look out across the bay sit beyond every room. The studio is a large, open plan room with a fireplace, again oriented towards the landscape. In order to minimise disturbance to the earth, each new building sits on blockwork piers with a small in-situ concrete foundation. Softwood beams and joists in international standard sizes (4" × 2"/100mm × 47mm and 9" × 3"/225mm × 75mm) make up the floor structure, over which insulation and simple tongue and groove timber floorboards are laid. On the north elevations, these joists cantilever 675mm beyond the façade, forming the structure for the shallow balconies—without balustrades—that are finished in 2" × 1" timber slats. External cavity walls and piers are of concrete blockwork a– a common form of domestic construction in Ireland at the time—which is then plastered white. Simple monopitched roofs are formed of 7" × 3" (175mm × 75mm) or 9" × 3" softwood beams, depending on the span, with 5" × 3" (125mm × 75mm) purlins running between them. These are insulated between with 50mm Aeroboard expanded polystyrene insulation and this zone is boarded out internally with plasterboard. The roofs are then finished externally with the same painted corrugated iron sheeting as the three existing buildings. A single rooflight of clear plastic corrugated sheeting illuminates the highest point of the studio. Timber-framed windows and doors, painted black, make up the remainder of the envelope.

These are the most ordinary and economical of materials, and are typical of what would have been used in a great many ad-hoc farm buildings and bungalows constructed in rural Ireland during this period. In this sense, they are somehow anonymous, but at Bótharbuí they are celebrated by being exposed where possible, and elevated by their careful assembly and the thoughtful consideration of space, proportion, orientation and light within the rooms they enclose. There are latent opportunities for profound spatial expression in the deployment of the most banal materials, and this is perhaps the great lesson of Walker's work here.

For me, the most memorable of these moments happens within each of the two identical bathrooms. These rooms have a WC, a basin and a bath, as well as a small timber balcony accessed via full-height glazed timber doors. The sloping nature of the site, as well as the decision to raise these new buildings up on piers, creates an adequately private situation, but also allows for an opening

to be created within the joisted floor into which the otherwise modest bath is placed. Immersion in this bath is an immersion into the landscape; the topography collapses the middle distance entirely, holding you above the canopy of the trees and bringing the cold, salty waters of the bay into experiential convergence with the calm, warm, domestic bathwater.

The "architecture of necessity", such as that seen here, continues to be a source of fascination for many practitioners today. In the early work of Herzog and de Meuron, the celebration of "materials that were not yet canonised" was an incisive response to a loss of traditional craftsmanship and the concurrent evolution of production technologies. As Jacques Herzog writes:

> But back to the worker: I can no longer build upon this tradition since he no longer exists. He had been replaced by the developers of the construction industry who can certainly give me a few suggestions—usually warnings against some technical folly I was about to commit. But their hands can no longer think and their brains are no longer interested in this process. Thus I must try to understand what it is that industry offers me. My images of the built world must be confronted with the reality of the construction industry's products, I have to analyse the products which are available to me...

For contemporary practices, especially smaller ones—for example GAFPA in Belgium, Ted'A in Mallorca, and others working across Europe— the impetus to do more with less, and to respond creatively to the economic context of mass production, continues to shape the conception and expression of their buildings. Within the context of the UK, one of the first tangible impacts of Brexit was a vast increase in the supply costs of all construction materials and components imported from Europe due to the collapse of the value of Sterling relative to the Euro, in the period preceding January 2021. As most building materials in the UK—where I work as an architect—come from overseas, there is now ever-increasing economic pressure to build the maximum with the minimum. Considered alongside the realities of the burgeoning climate crisis, the work of Robin Walker offers a rich seam of possibility for an architecture of modest means that can nonetheless amplify our experiences of life.

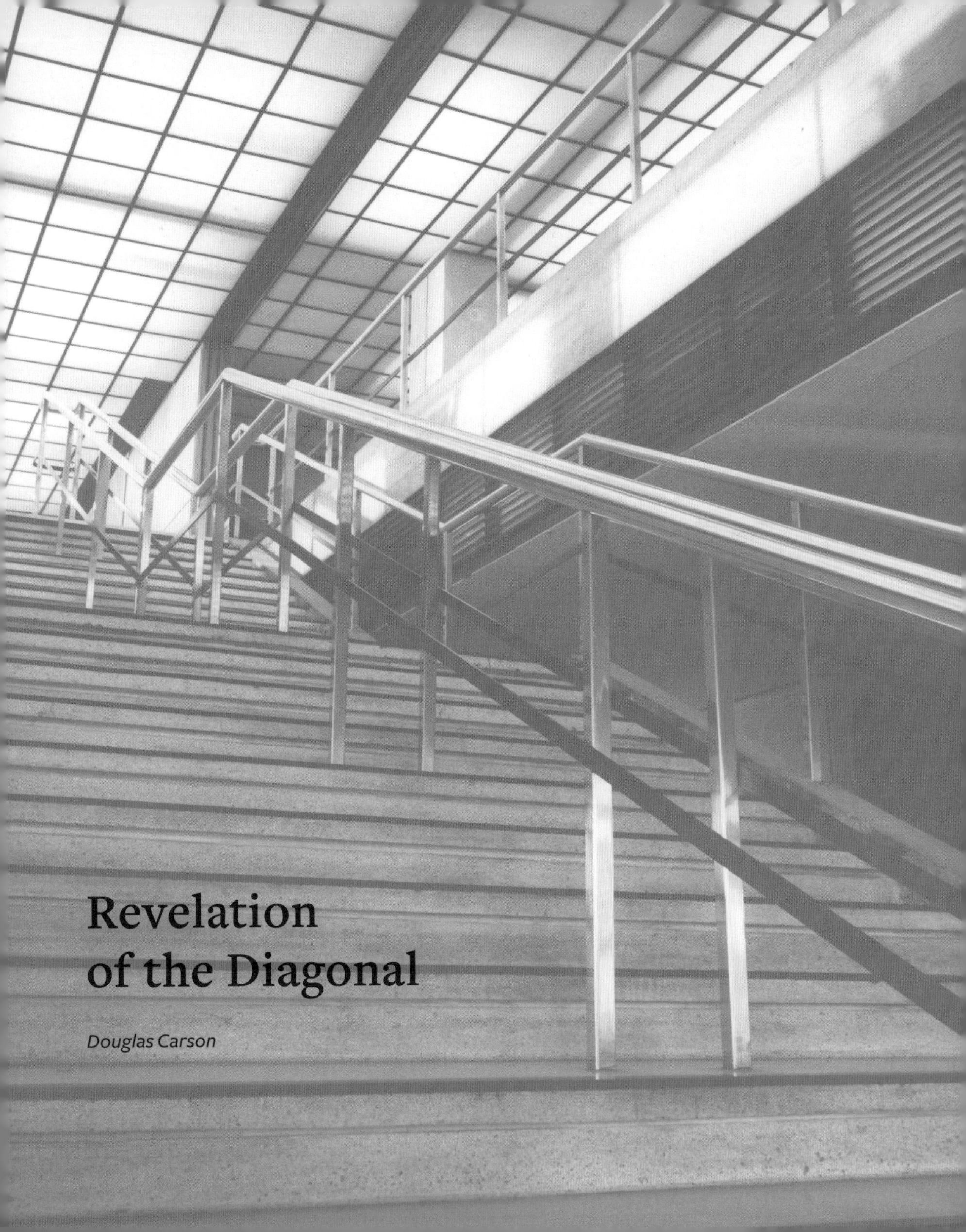

Revelation of the Diagonal

Douglas Carson

1969,
Co. Dublin,
Belfield campus:
Walker's restaurant rises
Above the land on a new plane.
Students are seen below from above,
The vertical distance encouraging generosity.
Also on view while entering: "Newman's Razor";
Patrick Ireland's sculpture (since relocated elsewhere),
Standing in the shadow of bold, corner columns of concrete,
Reflecting light off its polished steel skin to students at breakfast.
The ogham, Irish words for "one", "here" and "now", etched on its surface.

In ogham writing, a single, diagonal stroke across the vertical is the letter M,
The infants' mouth-shape call for milk from the nipple, for their máthair.
The mason's hammer raised, then striking down across the body
Finishing lines as he started, with two mirrored diagonals.

Robin Walker mastered the diagonal in his plans
Reorienting from rigid grids, the eye drawn
Both to the architecture and the land,
Towards vistas of new Ireland.

Doug Carson
October
2020

Opposite: UCD restaurant

A Bark in the Street

Niall McLaughlin

Robin Walker came to teach us in 4th Year in University College Dublin. I'm not certain how long he stayed. It seemed like a short time, but I could be wrong. I remember his freehand drawing of I-beams juxtaposed in open space that was framed and put up on the wall of the school café. It had a dry fascination with its gangling precision.

It was an interesting time at the School. The old orthodoxy, based around Kahn and Corbusier, was being challenged by a younger group of tutors returning from London with an evangelical attachment to ideas developed in the RCA and in Stirling's office. It produced great heat and light, with regular debates splitting teachers and students. I remember a weekly evening lecture series called Great Buildings of the Twentieth Century in which each teacher would present their chosen project to the whole school. The best events had an incendiary quality. When Robin presented Ludwig Mies van der Rohe's Crown Hall, it almost started a riot in the old Red Room. The packed hall was full of standing people shouting across each other. Robin sat impassive in the midst of it. He waited for a gap in the tumult and stabbed his cigar into the air, saying "I'll tell you all why this is the greatest building of the century." There was a momentary silence and he finished with great emphasis "My wife fell asleep in it!"

Robin's presence at public lectures was an important aspect of the theatre of an occasion. He would take his place at the front, light a cigar, and sit bolt

Opposite: Leeson Park

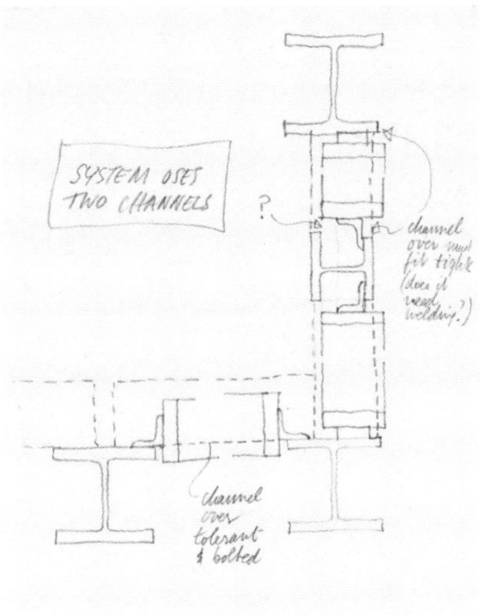

upright throughout. He always had challenging questions. One poor soul suggested that architects should do more to address the tastes of the public. “Who are the public?” Robin boomed back. “Show them to me, who are they, where can I find them?” When Zaha Hadid came to Dublin, the unstoppable force met the immoveable object. Robin, sitting at the front, was unusually agitated. There was a—then innovative—smoking ban in the lecture theatre and his mood did not improve during the long talk. At question time, Zaha asked if she could smoke a cigarette while she answered. “You’ve broken all the rules” bellowed Robin. “You might as well break this one.”

At the beginning of the year, a project was set in which each tutor would design a house with a group of five or six students working as a team. I was appointed to Robin’s team and he took to me quite quickly. I was very precise and careful at pencil drawing and he liked that. For the next month, he would come to my desk, light a cigar and instruct me in making a drawing. He sat looking into space and smoking, while he issued me with exact instructions. “Draw a vertical line 100mm in from the left-hand edge of the page and call it A.” “Draw a 152 × 152 × 23 I-section at the intersection of Grid Line A and Grid Line 2”. He would correct me if I made the slightest misjudgement in the line-weight of a hatch and he would explain the nature of the error and why the correct principle was superior. I recall the thick cloud of smoke, the slight dry crackle of the burning stub, his rough tweed sleeves right beside me, his hairy tie, the hair in his ears, his parchment thin skin and the endless rotation of the pencil between my fingers to keep it sharp. He seemed so old, but I must be older now than he was then.

At the crit for the end of the House project, the younger tutors pounced on Robin’s scheme and denounced it. I don’t remember why. He sat there impassive,

smoking, looking at a space just above everybody's heads. It didn't seem as though what they were saying had any impact on his judgement of what he had made. It was the same when he tutored me throughout the year. I designed a church based on Crown Hall. After weeks of long deliberation, Robin and I decided we would get rid of the basement podium, move some partitions and enter at the short end. Otherwise, Crown Hall remained just as Mies had designed it. I had a terrible final crit. Throughout the ordeal Robin said nothing. Afterwards, he came up to me as I was taking down my drawings and he suggested that I could improve the scheme by making one tiny adjustment to the grounding of a steel column.

I don't think that Robin tutored every student. He just came to the desks of people who suited him. We might spend hours talking, usually about philosophy. We would make some small adjustments to the design and look out the window a lot. Robin regularly agonised over the corner detail at 860-880 Lake Shore Drive by Ludwig Mies van der Rohe. For him, it denied the fundamental principle of transparency that was central to architecture. The hidden steel column was

This page: Crown Hall by Mies van der Rohe
Opposite: Crown Hall sketch by Robin Walker

effectively represented by two cladding elements. It's the famous question that Myron Goldsmith asked Mies: "Why do you weld two W8s to the structural column?" I think that Mies' answer—"It was very important to preserve and extend the rhythm"—tells you that Robin was closer to Myron than he was to the Master. You can see this in his own work, that stubborn insistence on the thing in itself. You can also see it in the difference between Robin Walker's projects and Ronnie Tallon's projects. Eventually, I let Robin down. We were given an exercise to copy a drawing by a famous architect. I had a lazy week and didn't apply myself to the task. In a Thursday night rush, I chose to dash off a bad copy of a sketch by Mies for a house based on a cantilevered steel frame. It must have been obvious why I did it and how little care I took. When my turn came at the crit, Robin asked me to take the drawing down. "You have hurt me personally", he said. "You have lost your self-respect and you have caused me pain". I think—I hope—that he forgave me some time later. I'm not quite sure that I have forgiven myself yet.

CORNER A

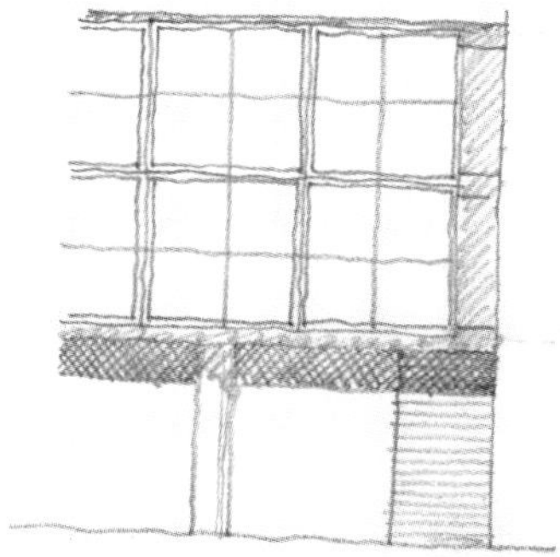

CORNER B

I hardly saw Robin again after that year. I went to work at Scott Tallon Walker after I graduated, but he had gone. On Friday evenings at about five, in that big airy Georgian room overlooking Merrion Square, the old hands would rock back and light their pipes. "Why did Robin stack-bond the blockwork on the gable of the PMPA Building?" one would say. Then the debate would go back and forth until home-time.

Before I left Dublin, I had one surprising and ecstatic connection with Robin Walker. I went to see Motörhead play in the UCD Restaurant Building. The sound was so loud that you could almost see the glass walls pulsing in and out. Diehard fans who stood too close to the speakers were being carried away by St. John's Ambulance. It was like the building was ablaze.

I only saw him once again. It was on Nassau Street just before a rain shower. I was back in Dublin for a few days during a spell of doing contract work in a commercial London office. "What are you doing now?" he asked me, and I told him. "You're shovelling slurry." he barked, and his long legs strode off into the rain.

This page: PMPA
Opposite: Lake Shore Drive by Mies van der Rohe

Prelude and Fugue in C Minor

Elizabeth Hatz

Any work of persistence begins in the discipline of its order, out of which grows a specific and unique tone and temperament. Here discipline is a prerequisite, in essence a base as natural as the components of language or the keys and tones in music. Once transcended, the base forms the backbone where substantial elegance may be fleshed out with inventive ease, when the author knows her craft.

Composition, tune, tone, balance—and sprezzatura.

Bach's Prelude in C minor is built up of a series of sequences, a continually repetitive and relentless geometric pattern where broken chords form occasional sharp and dissonant moments in a continuum of rhythm. The structure seems at first unified and regular, but minor occasional variations give the entire piece a liveliness, almost like a hand-crafted textile, but without breaking the overall consistency of the form. With the different variations it also changes mood, rising and falling, while the relentless rhythm holds it in a firm grip.

The following Fugue has three distinct parts where a short melodic theme is continually varied throughout in a richly changing pattern. Recurring again and again, but always slightly differently, the theme holds the three parts together like a narrative ribbon.

The rigor of the first piece is in the sharp repetitive geometry, and in the second it is in the overall trifold structure and recurring theme. It is the rigor that allows for the graceful deviances, without apparent effort, the sprezzatura.

Opposite: UCD restaurant

For me, these two types of leisurely and lively rigor have something deeply similar with Robin Walker's buildings and is maybe the only way I can come closer to try and formulate the specific enigma of his work.

The sophistication is alive.

I am thinking of St Columba's and of Wesley College, both complex ensembles proudly and carefully enhancing their sites. St Columba's ribbon-like base carrying the repetitive vertical glass body, folding in and out and playing with momentary anchorage to a flowing ground, has precisely that particular and allowing rigor and playful elegance—also varied repetition—that one can feel in Bach's music. Moreover, the slightly equilibristic position and shape of the columns carrying the continuous concrete base ribbon, contradicts the sense of weight and solidity; lifts everything to an almost spirited lightness, but softly, effortlessly. Such gentle refinement. The dark entrance opening on the corner, with its thin slab on top, insisting on lightness, plays again on the very

same tune. The building parts are flowing and repeating, but differently each time; negotiating topography, occasion and locus. Yet always held within the coherence of a whole—and that whole is a plan that breathes of generosity and clarity. The rhythm is in the detail and in the compositional themes of the openings and partitions, how they reinforce and underline each other, just like the repeatedly woven patterns in Bach's prelude. It gives an immediate and tacit sense of beauty.

For the same reason, whenever I cross the UCD campus in Dublin, I invariably choose a path passing the restaurant building. Here the elegance is more explicit and striking, but it is the approach, the handling of the ground and the site itself, that is key to the entire spatial experience. The sections in Walker's work reveal the richness of what one might call "life imagination" in his architectural sophistication. This is not a matter of just forming buildings, it is of building rooms—outside as much as inside. Walker is adept at extending

This page: St Columba's
Opposite: Wesley College

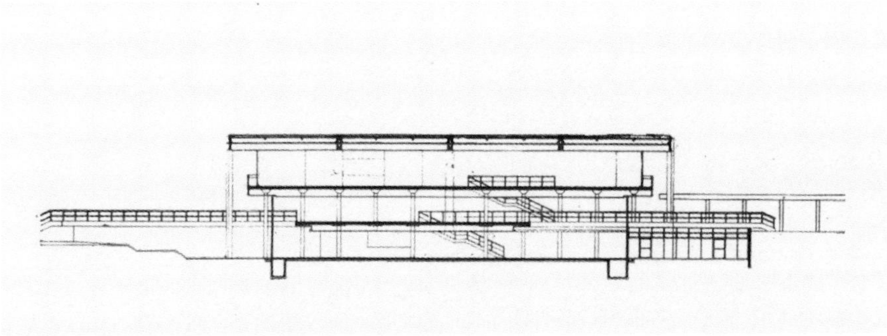

the experience of the threshold between inside and outside, creating that magically allowing zone of what I call half-rooms. The discrete generosity in this is rare and badly needed. For this reason, Robin Walker's architecture is deeply important to our time and to coming times.

In Wesley College, there are two elements, characteristic for Walker's work, that perform a similar accentuation and gentle nuancing of a clear order.

SLIDING MASSING

Firstly, the massing on site: if we compare Walker's work at Wesley College to, for instance, the equally masterly St Catherine's College at Oxford by Arne Jacobsen from a few years earlier, the latter has a handsome, strictly symmetrical regularity in plan, with a central—circular—"quadrangle" (or cloister). It is diametrically different to the rhythmical play of solid and void in Walker's massing, more akin to the Acropolis, I would suggest, than to the Roman regularity of Jacobsen's stoa. This rhythmic device allows for several specific but subtly informal exterior rooms to be formed, acknowledging axial and rectilinear relations and views; but breaking the rigor of uniformity by opening also diagonal vision lines, and picking up gentle shifts in ground levels on site. There is dignity there: in the discrete parts; in the raised platforms offering an overview of the landscape; and in the proud identity of each individual piece that form a strong family of buildings.

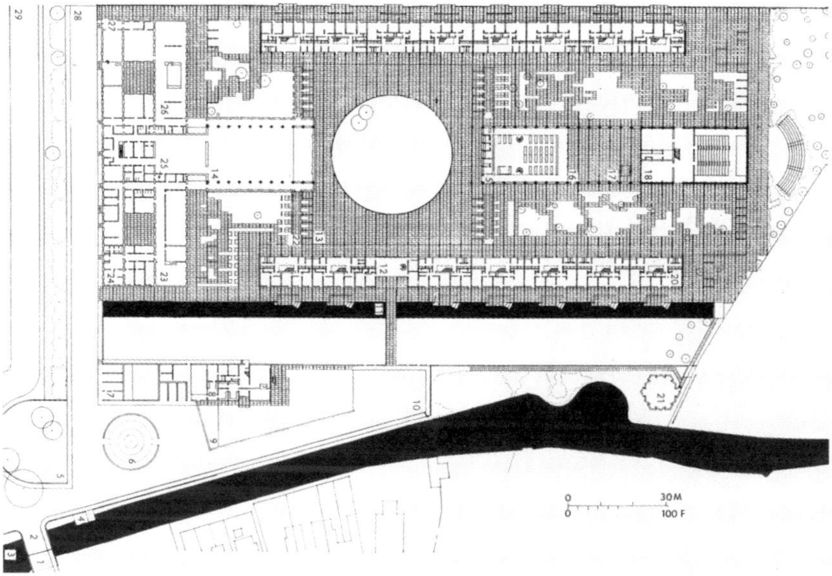

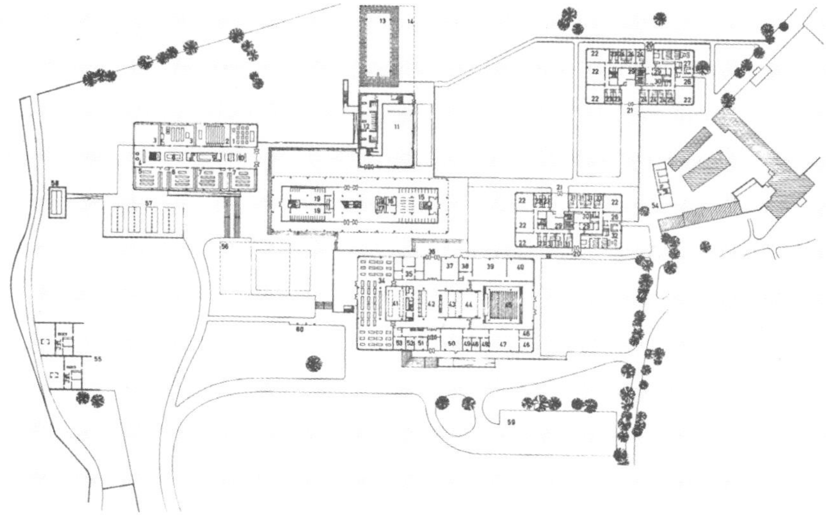

This page, top to botttom: St Catherine's College; Wesley College
Opposite: UCD section

Site specifics and site levels are literarily the foundation of Walker's designs. Even an infill urban situation—like the sites for Bord Fáilte and PMPA—is handled primarily with the utmost care for the subtle ground conditions found there: the primary architectural task the creation of a gently allowing approach and appropriation. The entrance stairs to Bord Fáilte form a Mies-like, elegant, lifted plane, one floating ceremonially above the ground of the city. The lowest level of the building is still anchored to the street though, a version of a Georgian half-basement that grounds the building strongly in its place. Totally decisive there is the ground formed by a sunken courtyard, settling the building subtly into an urban space as a sequence of city rooms; the architecture is spatial, topographic, the buildings are decisively not objects. The lower parts of PMPA form a more solid slab-like building, its calmly repeated punched-out openings offer a dense rhythmic theme that ties the concrete frame pattern of the taller part back to ground.

This page: PMPA
Opposite: Bord Fáilte

SPLIT CORNERS

Architecture is tested hardest where elements join and shift direction, where the strain on material combines with the pressure on spatial coherence, i.e. at corners. The open corner, seen often in Walker's work, is of course partly the gift of modernism and its language of open structure. But it is far more than a structural question, and corners can open in so many ways. At Walker's building for St Columba's College, the corners appear to break open by walls seeming to glide past each other horizontally, creating horizontal layers that emphasise and enhance the varying levels of the site. It is also a way of moderating the building's structural power by dislocating the visual load line: making it just slightly less obvious as a form. Where the corner is literarily open, as in the entrance door, it is a dark mass—visually, from afar, appearing as a void; yet sensually a mass, a frail presence. This is the sophistication of Robin Walker's architecture: nothing is left bluntly descriptive, everything is moderated and refined, poetical.

In the UCD restaurant the corners are...vanished. The central columns dominate and act rather like prominent sculptural steles, assuming all the architectural and structural intensity, whilst the slender L-shaped corner columns seem more like stabilising cords. They are there, but they are already "open"—split open—to allow shadow to reduce their corporal impact. One recalls Robin Evans seminal essay on the Barcelona Pavilion[1], where he points out how the columns seem like thin cords holding two horizontal planes together, rather than pillars carrying a load.

At Wesley College all corners are split "open". What does that corner void do? In miniature it creates a room, where only the eye can dwell. It manifests an absence (of a solid)—but at Wesley the solid is still there, appearing like a kernel in a fruit, only half revealed. The gap created also implies several thin profiles when there is a window, and this softens and diffuses the form, making the construction more ambiguous. On the other hand, the split corners emphasise and reveal a thickness where it would normally be hidden. So, the

This page: UCD Restaurant
Opposite: St Columba's

built fabric is both loosened up and reinforced. That very detail makes the eye interested and gives a feeling that this fabric not only holds a built object, a well-defined enclosed interior, but suggests an implied space, a room more extensive and enigmatic between built and unbuilt. It is this kind of over-tone, flowing over the continually repetitive and relentless geometric pattern of a building's structure— like a type of architectural sprezzatura—that makes Robin Walker's architecture so different, so subtle, and so urgent.

1 "Paradoxical Symmetries", in *Translations from Drawing to Building and Other Essays*, Robin Evans, Cambridge Mass: MIT Press, 1987.

This page: Bótharbuí
Opposite: Wesley College

Chronology

1959–61
Bord Fáilte
Baggot Street, Dublin 2

1963–65
St. Mary's Lane
Dublin

1963–65
Weekend House Kinsale
Kinsale, Co. Cork

1965–69
Wesley College
Ballinteer, Dublin 14

1967–70
UCD Restaurant
Belfield, Dublin 4

1968–71
St. Columba's College
Rathfarnham, Dublin 16

1970–72
Bótharbuí
Kilcatherine, Beara, Co. Cork

1973–75
58 Heytesbury Lane
Dublin 4

1970–77
Arts Building, St. Patrick's College
Maynooth

1973–78
PMPA
Dublin 1

1981–82
Kingswood Church
Kingswood Heights, Dublin 18

Biographies

Robin Walker (1924-1991) was an architect. A graduate of University College Dublin and Illinois Institute of Technology, he worked for both Le Corbusier and Mies van der Rohe, was a partner in RIBA Gold Medal winning practise Scott, Tallon Walker, and taught at UCD.

Patrick Lynch is an architect. A graduate of the universities of Liverpool and Cambridge, he completed his PhD at London Metropolitan University in 2015, and since 2016 has been an honorary professor at Liverpool, and teaches Landscape Architecture at The Bartlett UCL. He practices in London.

Simon Walker is an architect. A graduate of University College Dublin, he teaches at SAUL, the School of Architecture of the University of Limerick, and practises in Dublin.

Níall McLaughlin is an architect. A graduate of University College Dublin, he is a professor at The Bartlett School of Architecture, University College London, and practises in London.

Tom de Paor is an architect. A graduate of University College Dublin and the Technical University of Dublin, he teaches at the Graduate School of Design, Harvard University, and practises in County Wexford.

Douglas Carson is an architect. A graduate of University College Dublin, he also teaches there and practises in Dublin.

Laura Evans is an architect. A graduate of Trinity College Dublin, The University of Limerick and London Metropolitan University, she teaches at Kingston University and practises in London.

Elizabeth Hatz is an architect. A graduate of the Architectural Association, she teaches at SAUL, the School of Architecture of the University of Limerick and at KTH Royal Institute of Technology Stockholm, where she practises.

Canalside Press
66 Regent Studios
8 Andrews Rd
London E8 4QN
+44 (0)20 7278 2553
info@canalsidepress.com
www.canalsidepress.com

All opinions expressed within this publication are those of the authors and not necessarily of the publisher.

Designed by Emma Kalkhoven
Printed by KOPA, Lithuania

Thanks to Claudia Lynch for her help with proofreading this book and for her acute critical contributions.

British Library Cataloguing-in-Publication Data.
A CIP record for this book is available from the British Library.

ISBN 978-1-3999-0535-0

PHOTOGRAPHIC CREDITS

Sue Barr: Back cover, endpapers, 8, 10, 14, 17, 18, 38, 80, 84, 89, 234, 240 (bottom), 241, 246, 247, 248-249, 250, 278, 280, 328

Noreile Breen: 326

John Donat: 28, 46, 49, 50, 54, 60, 61, 62, 64, 104, 108, 127, 128, 131, 133, 136, 140-141, 148-157, 158-181, 192-199, 200-209, 210-221, 222-233, 258-267, 292, 294, 300, 301, 302, 306, 307, 308, 309, 310, 312-313, 320 (top and middle), 321, 322 (bottom and middle), 323 (top)

Laura Evans: 282-290

David Grandorge: 26, 32, 36

Patrick Lynch: 16, 22, 24, 29, 34, 239, 242-243, 244-245, 252, 253, 254, 256, 257, 311, 316-317, 325

John Meagher: 6

Henk Snoek: Cover, 58, 182-191, 314-315, 320 (bottom)

Dorothy Walker: 7

Robin Walker: 238, 240, 322

Simon Walker: 66, 268, 270-275, 232 (bottom)

Creative Commons CC-BY-SA-2.5 :
Amanderson2 116 (top)
TomAlt 116 (bottom)
kmf164 110 (top)
George E. Koronaios 110 (bottom)